練就影響力，
邊緣人也能散發獨特魅力

從眾行為╳互惠原則╳蝴蝶效應，
人脈不廣又如何？
將心理學融入日常，打造你的絕佳競爭力

藍迪，江城子 編著

你以為自己很有影響力，
其實只是自我感覺良好？

為了增加影響力而迎合他人，
當心成為牽線木偶！

不守規矩又帶點「叛逆」思想的人，
最適合當管理者？

目 錄

目錄 ─────────────

目錄 ————————————————

目錄

前言

　　為什麼有些人長相並不出眾，卻總是吸引眾多人聚集、圍繞在他身邊？為什麼有些人地位並不高，但一開口總讓人自覺或不自覺地就照著他的意思去做？

　　答案很簡單：他們擁有強大的影響力。如美國歷史上非常有名的林肯總統，外貌和舉止「像個鄉下人」，被眾多政敵譏諷為「長臂猿」，但他卻成功地在總統角逐中勝出。馬丁·路德·金恩是個黑人，他在種族歧視最嚴重的時期，為爭取黑人的平等地位而抗爭，不僅得到黑人的擁護，還得到很多白人的支持……

　　影響力，指的是用一種為別人易於接受的方式，改變他人思想和行動的能力。與拿「槍」威逼他人按照自己意思去做的權力不同，影響力是非強制性的，它透過影響他人內心的方式來達到目的。顯然，相對於權力而言，影響力的影響更強大、可靠且持久。

　　每個人都有影響力，差別只在大與小而已。政治家運用影響力來贏得選舉，商人運用影響力來銷售商品，推銷員運用影響力誘惑你乖乖奉上金錢。即使你的朋友和家人，也會在不知不覺間把影響力施加在你身上。

　　拿破崙·希爾曾說過：「生活在別人的影響下，就等於生命不屬於自己，就等於被別人的意志俘虜，這樣的人就算再優秀，也無法登上領袖的位置。」的確，影響力弱的人，只能生活在他人的陰影下。

　　一個有強大影響力的人，身邊總會有很多朋友，因為他們總會不自覺地被他的吸引；一個有強大影響力的領導者，做起事來感覺會更輕鬆，下屬也更願意真心接受他的領導；一個有強大影響力的員工，不但更容易被上司欣賞，輕鬆讓上司接受自己的建議，也能更廣泛地影響其他同事。

前言

    成功從來不缺機會，缺的只是方法。專注於打造你強大的影響力，就從現在開始吧，這是走向成功的必經之路。不要得過且過，也不要急於求成。《道德經》中說道：「合抱之木，生於毫末；九尺之臺，起於累土。」只要持之以恆，你就能成為一個一言九鼎、揮灑自如的人。

編者

上篇　營造你的影響力

　　影響力是一種獨特的魅力，它與能讓其他人在短期實踐中感覺到的能力；它更與可評估的智力不同。影響力無形無聲，但力量強大。拿破崙希爾曾說過：「生活在別人的影響下，就等於生命不屬於自己，就等於被別人的意志俘虜，這樣的人就算再優秀，也無法登上領袖的位置。」

　　影響力從弱小到強大是需要過程的。人們一般首先接受的是所見所聞的影響力。對大多數人而言，他們認為你值得信賴，品格令人敬佩，那麼你就是他們認為對生命有影響力的人。如果他們對你認識越深，你的信用越好，那麼，你的影響力就提高得越快。中國古代大思想家荀子說過：「天下者，至重也，非至強莫之能任；至大也，非至辨莫之能分；至眾也，非至明莫之能和。」不可否認，當一個人具備荀子所言的這些條件，那麼，他就擁有極大的影響力。

　　心動不如行動，現在就開始營造你的影響力吧，相信不久的將來，你一定會擁有超凡的影響力。

第一章
無處不在的影響力

▌影響力是一神奇的力量

什麼是影響力？

影響力是指能夠左右或改變他人或群體的心理和行為的能力。美國著名雜誌《財富》是這樣詮釋影響力的：影響力看不到、摸不著，只能感覺到它的影響或效果；不論是名人、偉人或是普通人，每個人都擁有能影響他人的力量；影響力來自不同方面，一些有智慧的人有能力影響那些擁有權力和地位的人，有些人似乎更勝一籌，他們改變了社會大眾的行為方式，他們是身為顛覆者的角色創造者；影響力與影響力之間是會相互作用的。

每個人都渴望擁有影響力，因為影響力是種獨特的魅力，時時刻刻影響著周圍的人，並能給予對方一種神奇的力量。

希特勒十分擅長運用自己的內在力量，以激起人們對他的敬畏和忠誠。見過希特勒的人似乎很難向別人傳達他的氣質對自己造成的影響。那似乎是種從他身上向外輻射的精神磁場，它可能非常強烈，似乎能讓人實際觸摸到。

事實上，影響力無形無聲，但力量強大。人與人的交往就是意志力與意志力的對抗，影響力便在此處彰顯出來。影響力是種讓人樂於接受的控制力；影響力也是一種出色的個人能力和綜合特質，是一個人在團體中價值的展現。總之，影響力能讓你的個人品牌散發光芒，能讓他人心甘情願成為你忠誠的信徒。

有意思的是，影響力與權力不同，它不是強制性的，它發揮作用時是個十分微妙的過程，它總是從潛意識層面改變他人的行為、態度和信念。當然，它確實涉及權力的某些層面，但它是透過說服來進行的微妙過程。與赤裸裸的權力相比，影響力沒那麼直觀——從它的本質來看，影響力比較間接而複雜。別人甚至意識不到你在使用影響力的技巧。正是這種非直觀的、更微妙的本性賦予影響力一種內在的神奇的力量。

距今兩千多年前，印度阿育王統一了全印度。

有一天，阿育王召集群臣問道：「現在天下還有什麼地方不屬於我？誰敢不服從我？」群臣同聲回答：「全印度都被大王統一了，沒有一個不稱臣服從大王的。」

其中有位大臣站起來說：「啟奏大王，以臣所知，大海中的龍王不屬於大王。因為龍王向來不遣使問候大王，也未進貢任何寶物。由此可見，他不屬於大王。」

阿育王想考驗自己的福德與威力是否能懾服龍王，因此發動了千乘萬騎的兵將，敲鐘擊鼓，旌旗展揚地來到海邊。阿育王屬聲向大海呼喊道：「龍王，你在我的國界內，為何抗拒不來見本王？」他雖再三呼喊，龍王卻安然不動，視若無睹。

阿育王問群臣說：「有什麼妙法，能使龍王不得不出來？」

這時有位尊者稟告阿育王說：「時機若到，就可使龍王出來。現在因為龍王的福德在大王之上，所以他不出來歸服，大王如果不相信龍王的福德較大，可用黃金二斤，一斤造龍王像，一斤造大王像。兩尊金像完成後，比量其輕重，就可明白誰的福德大。較重的一尊福德也較大。」

阿育王便依照尊者的辦法命人造像，造成以後，稱驗的結果還是龍王的像重，阿育王的像輕。

尊者說：「龍王的福德，超乎大王之上，所以他的像較重。大王的福德不夠，所以比龍王的像輕。若想輕者變重，必須修德培福，才能如願。」

阿育王聽聞尊者的開示後，知道自己福德淺薄，深感慚愧，因此下定決心，廣種福田。從此每天精修佛法，又做大（禮拜），即使手已磨破，仍然虔誠地禮拜三十五佛。

阿育王把私人財產全數供養三寶與布施貧民。又在各城各邦建寺造塔，廣造佛像，印贈佛經，不計其數。如此福德，使供在密壇上的龍王金像，向

他曲身合掌。

尊者說：「這樣的福德還不夠大，要使龍王像向大王頂禮，全身伏地，大王的福德才夠大。」

於是，阿育王接受耶舍尊者的指導，取阿闍世王所藏的佛陀舍利四升，將七寶碎為粉末而造八萬四千寶塔。又受護法神的協助，將此寶塔舍利，分遍閻浮提一同安置供養。此外，更派遣高僧前往各國宣揚佛法，使佛法傳遍全世界。

如此，三年不斷的精修佛法，廣種福田。到了最後，連阿育王自己睡覺用的枕頭也拿去賣掉來供養三寶。這時，龍王的金像，立即伏地向阿育王頂禮。

尊者就向阿育王說：「現在可將兩尊金像，再稱驗其輕重。」真是不可思議，阿育王像的重量此時超過了龍王像的重量。尊者說：「大王可以征服龍王了。」

阿育王非常高興，便如前次一般，帶領大軍來到海邊。這時，龍王立即化成一位青年婆羅門來到阿育王面前，長跪問候請安，並貢獻許多珍寶，自稱小臣。

透過阿育王征服龍王的故事，我們知道，一個人在影響他人的過程中，如果把「強權就是公理」當作影響別人的手段，那就注定要失敗。有時，對方或許表面上同意和贊許，但時間一長，就會出現問題。因此，每個想要成功的人都要懂得，影響別人不是強迫別人接受你的觀點，不斷嘮叨直到對方同意，而是採取合理的方式給予對方建議，使對方心平氣和地接受你的行為。

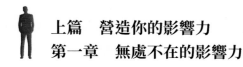
▌影響力助你走向成功

擁有影響力的人，往往是社會中最具成功特質的人。

對任何人來說，如果渴望獲得成功，或想正面影響所處的世界，首先就必須立志成為有影響力的人。如果你想建立健全的家庭，就必須能正面影響你的家人，特別是你的孩子；如果想在辦公室如魚得水，首先你就要有影響同事的能力。

不管你的人生目標為何，如果你能透過修練而成為具有影響力的人，那麼，你就能更快、更有效率地實現目標。每個想成功的人，都應該重視影響力的修練。俗話說「好風憑藉力，送我上青雲」，影響力就是這樣的「好風」，只要善於運用，成功必定指日可待。

其實，每個人都有自己的「亮點」，也都有自己的影響力，只不過或大或小而已。目前，你的影響力可能微不足道，但你一定要將它發揚光大。一旦成了氣候，你可能就是一個主宰沉浮、執牛耳的人。

綜觀各行各業的優秀人才，哪位又不是贏在影響力？像體育圈中，被美國《體育新聞》雜誌評選全球體育界最有影響力人物中，對第 25 位的 NBA 火箭隊中鋒姚明的點評是：他從銳步（Reebok）那裡得到的錢與雷霸龍‧詹姆士相當。而隨著 NBA 在中國擴張市場，姚明也成為這個世界上人口最多、經濟發展最迅速國家的喬丹式人物。在《亞洲週刊》選出的 50 位亞洲最有影響力的人中，CoCo 李玟也名列其中，成為唯一入榜的藝人，她入選的原因是：她的歌聲有巨大的影響力，她的一舉一動，也深深影響亞洲的許多華人。

每個人都應該有自己的抱負和追求，而不僅為一日三餐而為他人做嫁衣裳。所以，我們要發揮自己的影響力，即使你是一株小草，也要讓人聞到你的芳香，學會呵護和發展自己，慢慢成長為一棵能遮風避雨的參天大樹。

這天，公司兩位中階主管一起吃午餐。

「你接到通知了嗎，小黃被任命為總經理了，這真讓我意外！當時他和小李、小曹一起競爭，現在他升官了，那三人關係怎麼協調？」

「上面顯然認為小黃更能夠勝任。」

「雖說有一定道理，可是小李的工作業績也很出色，小曹就更不用說了，他在我們這行的資格最老。幾年前，我跟小黃一起工作過，他雖然不錯，但有待學習的地方還很多。」

「我不太了解小黃這個人，但他看起來總是很有涵養的樣子。在他身邊工作的人，都說小黃有種獨特的力量在影響他們。我想那就是涵養吧！」

「可是涵養又能代表什麼呢？小李是公司的銷售總監，他負責的銷售區的業績是本公司最高的。話說回來，我不是不喜歡小黃，只是不了解他在跟兩個實力這麼強的人的競爭中是怎麼贏的。」

「是呀，上面好像就是比較喜歡他。」

如果你曾在某些大公司做過事，就必然聽過或參與過這樣的談話。而對上級選人判斷的疑惑反應，就與電腦中的無用文件一樣多。

一般來說，上級在晉升人選時，都會認為自己的決定絕對客觀、正確。他們會說，這位人選在較低職位上已經證實是個能幹的人，應該給他承擔更大責任的機會。然而當績效高的管理者與影響力高的管理者共同競爭時，前者經常會被忽視，原因就是影響力高的人除了工作績效達到標準之外，還能給人有管理能力的鮮明印象。他們對上級施加了影響力，因此就有晉升更高職位的機會。而事實上，他們在晉升之後，確實也能創造更高的績效，這也證明了上級當初的判斷是正確的。

許多人的成功經歷告訴我們：無論從政、經商、經營、管理還是做學問，無論你是企業家還是領班、工人，如果想要成功，那就要立足於本職工作，從培養與施展自身的影響力做起。

當然，影響力從弱小到強大是需要過程的。人們一般首先接受的是所見所聞的影響力。對大多數人而言，他們認為你值得信賴，品格令人敬佩，那麼你就是他們認為對生命有影響力的人。如果他們對你認識越深，你的信用越好，那麼，你的影響力就提高得越快。中國古代大思想家荀子說過：「天下者，至重也，非至強莫之能任；至大也，非至辨莫之能分；至眾也，非至明莫之能和。」不可否認，當一個人具備荀子所言的這些條件，那麼，他就擁有極大的影響力，而這時，他離成功就不遠了。

　　是的，我們每個人都能擁有影響力，那麼就讓我們盡情發揮、好好運用影響力吧，讓影響力成為我們追求人生成功道路上的墊腳石。

▌營造你在職場的影響力

　　你是否注意過，往昔那些受人敬重的同事絕大多數都已更上一層樓，有不錯的發展；而那些被看輕的同事大多都不怎麼樣，很少有好的前途。

　　這種現象說明了一個問題：在職場上，只有影響力強的人才能發展得更好更快。

　　同事之間存在著合作與競爭的矛盾，中彼此的關係會變得十分微妙而複雜。所以，要學會在與同事的利益競爭及合作中提升自己的影響力，以便恰到好處地與同事攜手共創和諧局面。在與同事相處時，應注意把握以下幾方面。

　　首先，不要想和所有同事做朋友。職場人要清楚，進公司的目的不是交朋友，而是要把工作做好。所以，應該理性看待工作中的人際關係。「物以類聚，人以群分」，對不同類型的人，不要因為不能做朋友而傷腦筋，只要保持正常的工作關係即可。同時也要明白：不是所有人都能做朋友，你也不可能成為所有人的朋友。

其次，利益溝通的核心是維持雙贏。同事關係主要以利益為主，當兩人發生衝突時，一定是妨礙了彼此的利益。利益溝通的關鍵是：維持雙贏。如果任何一方在衝突中失去重大利益，那麼以後的衝突就會更嚴重。只有在相互妥協中達到雙贏，才能和諧相處。不要因為與上司的友誼，就處處覺得自己高人一等，這樣除了成為眾矢之的、受到嫉妒和不屑的目光外，更可能成為大家暗中作對的目標；當然，也不要因為朋友的關係，就處處照顧某個下屬。

最後，太顧慮同事的感受會影響決策。太過顧慮同事的感受會影響你的決定，因為出於保護同事而做出偏心的決定，會引起其他員工的不滿而增加自己工作的困難，甚至使自己的威信大打折扣。另外，如果你在公司的朋友是異性，在工作場合要盡量避免過多的接觸，哪怕只是會心的微笑和目光交流，否則可能會被傳為辦公室戀情，很多上司最忌諱這種情形。如果這戀情完全是子虛烏有，只因謠言而影響自己及朋友在職場的發展，豈不冤枉？

其實，每個人都有自己獨特的生活方式與性格。辦公室裡總有些不容易打交道的人，比如傲慢的人、死板的人、自尊心過強的人等。所以必須因人而異，採取不同的交際策略。可以說，當你掌握與不同人打交道的技巧時，它就能迅速成為你的殺手鐧，幫助你提升影響力。

問：如何應對太傲慢的同事？

答：與性格高傲、舉止無禮、出言不遜的同事打交道難免讓人不快，但有些時候你不得不和他們接觸。這時，你不妨採取這些措施：

一，盡量減少與他相處的時間。在和他相處的有限時間裡，要盡量充分表達自己的意見，不給他表現傲慢的機會。

二，交談言簡意賅。盡量用短句清楚說明自己的意圖，給對方乾脆俐落的印象，也讓他難以施展傲氣，就算想擺架子也擺不了。

問：如何應對太過死板的同事？

答：與這類人打交道，不必在意他的冷面孔，反而應該熱情洋溢，用熱情來化解冷漠，並仔細觀察他的言行舉止，找出他感興趣的問題和比較關心的事進行交流。

與這種人打交道一定要有耐心，不要急於求成，只要你和他有了共同話題，相信他的死板就會蕩然無存，而且會表現出少見的熱情。這樣一來，就可建立比較和諧的關係。

問：如何應對好勝的同事？

答：有些同事狂妄自大，喜歡炫耀，總是隨時找機會自我表現，想表現出高人一等的樣子，在各方面都要占上風，對這種人，許多人雖看不慣，但為了不傷和氣，總是處處讓著他。

可是，在有些情況下，你對他的遷就、忍讓，卻會被他當作是種軟弱，反而更不尊重或者瞧不起你。對這種人，你要在適當時機挫其銳氣，使他知道，山外有山，人外有人，不要不知天高地厚。

問：如何應對城府較深的同事？

答：這種人對事物不缺乏見解，但不到萬不得已或水到渠成的時候，他絕不輕易表達自己的意見。這種人和別人交往時，一般都工於心計，總是把真面目隱藏起來，希望更了解對方，從而在交往中處於主動地位，周旋於各種矛盾中而立於不敗之地。

和這種人打交道，你一定要有所防範，不要讓他完全掌握你的全部祕密和底細，更不要被他所利用，從而陷入他的圈套中而不能自拔。

問：如何應對口蜜腹劍的同事？

答：口蜜腹劍的人，「明是一盆火，暗是一把刀」。碰到這樣的同

事，最好的應對方式是敬而遠之，能避就避，能躲就躲。

如果在辦公室裡有這種人打算親近你，你應該找個理由想辦法避開，盡量不要和他一起做事；實在分不開，不妨每天記下工作日記，為日後應對做好準備。

問：如何應對急性子的同事？

答：遇上性情急躁的同事，頭腦一定要保持冷靜，對他的莽撞，完全可以採用寬容的態度一笑置之，盡量避免爭吵。

問：如何應對刻薄的同事？

答：刻薄的人在與人爭執時好揭人短，且不留餘地和情面。他們慣常冷言冷語，挖人隱私，常以取笑別人為樂，行為離譜，不講道德，無理攪三分，有理不讓人。他們會讓得罪自己的人在眾人面前丟盡面子，在同事中抬不起頭。

碰到這樣的同事，要盡量不去招惹他。吃點小虧，聽到一、兩句閒話，也應裝作沒聽見，不惱不怒，與他保持相應的距離。

總之，現代社會中的同事關係是錯綜複雜的，每個人都有必要學習並運用一些人際交往的技巧，掌握與同事交往的「分寸」，找到發揮自己影響力的「最佳平衡點」。

不可忽視的家庭影響力

有情人結為眷屬後，都希望能相親相愛，白頭偕老。然而，婚姻生活中這種美好的願望通常無法成為現實，許多年輕人結成伉儷不久後就產生了矛盾，夫妻情感也隨之出現裂痕，於是不得不發出「婚姻是戀愛的墳墓」之類的嘆息。

為什麼會出現這種情況呢？主要是夫妻間缺乏影響力的緣故。當雙方都失去吸引力而無法影響彼此的思想與行為時，就是婚姻走向破裂之時。

蝶戀花，蜂愛蜜，這是生靈間相互吸引的磁力。在幸福的家庭中，夫妻雙方的相互支持與共同奮鬥無疑是愛情的巨大磁場。因此，聰明的夫妻總是懂得運用各種妙方提升自己在愛人心中的影響力以保持家庭生活的快樂、婚姻的長久。

婚姻的發展有個從精神到物質、從感情愉快到身體愉快的過程，只有雙方都感受到相愛的快樂，婚姻才會不斷發展、走向成熟。

有個社區委員會要評選出一對最恩愛的夫妻。幾經篩選後，有三對夫妻入圍。於是，委員會通知這三對夫妻，讓他們星期六上午到委員會辦公室參加最後的評比。

三對夫妻如約來到，他們一對對相擁著坐在辦公室外的長椅上，等待社區委員的召見。

委員將第一對夫妻請進辦公室，讓他們說說他們恩愛的過程。妻子說，她前幾年癱瘓了，臥病在床，醫生判斷她能站起來的可能很小，她絕望到幾乎要自殺。但丈夫始終對她不離不棄，不斷鼓勵她勇敢面對現實，並多方打聽為她求醫，更難能可貴的是，數年如一日任勞任怨地照顧她。在丈夫的關愛下，她終於站起來了。她的故事十分感人，委員們聽後無不為之動容。

第二對夫妻進來了。他們兩個說，結婚 10 年，他們兩個之間還沒有紅過臉、吵過架，他們一直相親相愛，相敬如賓。委員們聽了，暗暗點頭。

該輪到第三對夫妻了，卻很久不見他們進來。

委員們等得有些不耐煩，就走出辦公室看個究竟。只見第三對夫妻仍然坐在門口的長椅上，丈夫的頭靠在妻子的右肩上，已經睡著了。委員正要上前叫醒丈夫，妻子卻用手指放在唇邊做了個「噓」的動作，然後小心從包裡

拿出紙筆,寫下一行字交給委員。她只用左手做這些動作,而且動作輕柔,生怕驚醒了丈夫,她的右肩一直紋風不動,穩穩托著丈夫的腦袋。

委員們看了那字條,因為字是女人用左手寫的,所以字跡歪歪扭扭,但大家還是看清楚了:「別出聲,我丈夫昨晚沒睡好。」一個委員在後面續了一句:「但我們要聽你們兩個的講述,不叫醒你丈夫會影響我們的工作。」女人接過紙筆,又用左手歪歪扭扭地寫下:「那我們就不參加評選了,沒什麼能比讓我先生好好睡上一覺更重要。」

委員們都愣住了,這女人為了不影響丈夫睡覺,居然放棄評選,真是有點本末倒置。但他們還是決定等一會兒。

一小時後,丈夫醒了,妻子的右手終於能夠活動,她從包裡拿出一張紙巾,想將丈夫嘴角流出的口水擦乾淨,但手才舉到半空,紙巾就掉了,丈夫驚問她怎麼了,她溫柔一笑:「沒事。」這時,有個委員早就等不及了,拉著這個男人就往辦公室走,女人這才伸出左手悄悄按摩右肩。她發現幾個委員關切地看著她,於是帶著歉意笑說:「沒事,被他的頭壓得太久,肩膀麻了。」

男人被請進辦公室後,委員便問他怎麼睡得那麼沉,男人不好意思地笑笑:「我家住一樓,蚊子多。昨晚半夜的時候,我被蚊子叮醒,才發現家裡的蚊香用完了,三更半夜的,商店一定不開門。我擔心妻子會被叮醒,所以就幫她趕蚊子,後半夜就沒睡覺。」委員們一聽都愣住了,一時間,整個屋子靜悄悄的。

第二天,最恩愛夫妻評選結果揭曉了。委員會臨時增加了兩個獎項:將第一對夫妻評為「患難與共夫妻」,將第二對夫妻評為「相敬如賓夫妻」,而真正的最恩愛夫妻獎,卻頒給第三對夫妻。

是啊,恩愛的力量是偉大無窮的,它可使醜的變美,惡的變善,空虛變充實,消極變積極,失望變希望,落伍變先進,軟弱變剛強。當然,如果你懂得運用,其效如神。倘若不懂得運用,所得到的效果就會截然相反。它的

作用猶如特效藥，可以治人，也可以害人。

有位美國著名法學教授曾說過：「婚姻中的許多道德規範 —— 宗教的、社會的、家庭的，已經被許多家庭拋棄了，在這個國度裡，痛苦的婚姻已經列為心理健康問題的榜首。」由此可見，夫妻雙方都應努力營造自己的影響力，以吸引對方更多的關注。其實，要做到這點並不難，當最初的激情過去後，婚姻所需要的，是一如既往的保鮮，讓不間斷的關愛來延續美，讓合適的距離產生美，讓加深的信任鞏固美，讓寬容的理解滋潤美。

蘇武年輕時是漢武帝的中郎將。天漢元年，匈奴示好，漢武帝派蘇武率團出使匈奴。臨行前，這個歷史上以剛烈節義著稱的男子，不無感傷地寫下了一首〈留別妻〉：

結髮為夫妻，恩愛兩不疑。
歡娛在今夕，嬿婉及良時。
征夫懷遠路，起視夜何其。
參辰皆已沒，去去從此辭。
行役在戰場，相見未有期。
握手一長嘆，淚為生別滋。
努力愛春華，莫忘歡樂時。
生當復來歸，死當長相思。

沒有豪言壯語，有的只是一個丈夫對妻子的安慰疼惜與戀戀不捨。全詩彌漫著一股淡淡的憂傷，似天淡月涼時的惆悵。如此恩愛的夫妻，實在令我們羨慕不已。

婚姻生活本來就是平淡的，它是由一個個平淡的愛情細節組成的，只要夫妻雙方都能將每一個生活細節演繹得愛意融融，只要在每一個生活細節裡都注入關愛的心意，那麼，他們對彼此的影響力都是最大的，他們所擁有的婚姻，就是最完美的婚姻。誰能說不是呢？

▌談判中的雙向影響力

日本某公司向 A 公司購買電石。這是他們合作交易的第五年，在年度非正式議價會議上，日方試圖壓低進貨價 —— 每噸壓低 20 美元，即從每噸 410 美元壓到每噸 390 美元。據日方講，他們已拿到多家報價，有每噸 430 美元，有每噸 370 美元，也有每噸 390 美元。據 A 公司了解，每噸 370 美元是一家小公司報的價，每噸 430 美元的電石是一家生產能力較小的 B 工廠所供的貨。

於是，A 公司與這家 B 工廠接觸，最後達成共識：在即將舉行的正式議價會上，雙方派出代表共 4 人組成談判小組，由 A 公司代表為主談判人。談判前，B 工廠廠長與 A 公司代表還達成了價格共識，B 工廠可以每噸 390 美元成交，但因工廠需訂單連續生產。A 公司代表說，不能對外透露價格。A 公司代表又向其主管彙報，分析價格形勢。主管認為價格不取最低，因為他們是大公司，講品質，講服務，談判中可以靈活，但要謹慎，若能拿到每噸 400 美元以下則可成交，拿不下時，把價格定在每噸 405 —至 410 美元之間，然後主管再出面商談。A 公司代表將此意見向 B 工廠廠長轉達，並達成共識，和 B 工廠廠長一起在談判桌爭取該條件。議價會上，經過交鋒，價格僅降了每噸 10 美元，以每噸 400 美元成交，比 B 工廠廠長的成交價高了每噸 10 美元。B 工廠代表十分滿意，日方也滿意。

從這個案例中，我們知道，談判是對自己觀點的闡述，正當利益的維護。對談判中意外情況的處置，對談判走向的控制和引導，卻有賴於影響力的作用。在談判中，影響力越大的一方，所取得的效果也就越理想。

談判中的影響力總是雙向的，成功的談判，雙方都是贏者。這就要求談判者在談判前與談判過程中掌握一定的技巧。

首先，寬鬆的環境很重要。既然是談判，那麼雙方就需要交流，誰都喜

歡輕鬆的交流環境，因為人在輕鬆和諧的氣氛中，更容易聽取不同意見。高明的談判者往往都從中心議題之外開始，逐步引入正題。什麼天文地理、軼聞趣事，對方喜歡什麼，他們就聊什麼，讓雙方把緊繃的神經放鬆下來。輕鬆和諧的談判氣氛，能夠拉近雙方的距離。這樣切入正題後就容易找到共同語言，化解雙方的分歧或矛盾。在拉近距離的同時，高明的談判者會隨著話題不斷深入，用擠牙膏的方法，順利地使對方作出一個又一個承諾，直到滿足自己的目標為止。

其次，要懂得化解衝突的藝術。雖然我們都在追求雙贏，但不是任何問題都能達到雙贏，通常當談判陷入僵局的情況下，都是因為談判者採取立場式的談判方法。這時的情況只有一種：必須有一方作出一定的讓步來達成協議。但這樣，談判就會變為一場意志力的較量，看誰最固執或者誰慷慨。這時，談判就會陷入一場持久的僵局中，不利於雙方之後的進一步合作。這時候，我們就需要淡化立場，轉而追求共同的利益，因為許多人在感情用事下，往往忽略了在雙方對立的立場背後，既存在衝突的利益，也可能存在共同的或可以彼此相容的利益。當然，讓步的談判並不等於失敗的談判。在談判中最忌諱的是隨意作出不當的讓步。有經驗的談判者會用對自己不重要的條件去交換對對方無所謂、但自己卻很在意的一些條件。這樣的談判才會是雙贏的談判。

第三，要學會隱藏自己的感情。在人際交往中，人的情緒高低可以決定談判的氣氛，如何對待談判者的情感表露，特別是處理談判者的低落情緒，甚至是憤怒的情緒，對今後雙方的進一步合作有深遠的影響。當然，我們期待談判對手的感情表露能有助於談判順利進行，但個人的情緒有一定的傳染性，有時處理不當，讓矛盾激化，還會使談判陷入不能自拔的境地，雙方為了顧及「臉面」而都絕不作出任何讓步，結果雙方便很難再合作下去。因此，對待和把握談判者的感情表露也是解決問題的一個重要方面。

　　最後，不妨提出最佳選擇。要想最快地達到談判目的，就需要做多方面的準備，較好的方法是根據實際情況，提出多樣選擇方案，從中確定一個最佳方案當作達成協議的標準。有了多種應付方案，就會使你有很多餘地。同時，你的最佳選擇越可行，越切合實際，你改變談判結果的可能就越大。因為你已充分了解和掌握達成協議與不達成協議的各種利弊關係，進而就更能掌握談判的主動權。而掌握了維護己方利益的方法，就能輕易迫使對方在你所希望的基礎上談判。

　　既然是談判，就會有提出要求的一方和拒絕的一方。談判中的拒絕更是一門藝術，只有處理好拒絕環節，你的影響力才會大大增強。以下是談判中常見的幾種拒絕技巧：

- **提問法**：所謂提問法，就是面對對方提出的過分要求，透過一連串問題提出質疑。這一連串問題足以使對方明白，你不是個可以任人欺騙的笨蛋。無論對方回答或不回答這一連串問題，也不論對方承認或不承認，都已經使他明白自己提出的要求太過分了。

- **藉口法**：現代社會中，任何一個企業都不是孤立的，它們的生存與外界都有著各種關係。因此，無論是在談判中，還是在企業的日常運作中，總會碰到一些企業無法滿足的要求。尤其是面對過於強勢的大通路、企業原來的「貴人」或是企業非常要好的夥伴等，如果簡單地拒絕，那麼很可能會使企業遭到報復性的打擊，或者是背上「忘恩負義」的惡名。因此，對付這類對象，企業最好的辦法是用「藉口法」來拒絕他們。

- **補償法**：所謂補償法，顧名思義是在拒絕對方的同時，給予某種補償。這種補償往往不是「現貨」，也就是並非可兌現的金錢、貨物或某種利益等，相反，可能是某種未來情況下的允諾，或者提供某種資訊和某種服務。這樣，如果再加上一番並非不做而是做不到的苦衷，就能在拒絕

一個朋友的同時，繼續保持你和他的友誼。

- **條件法**：赤裸裸地拒絕對方必然會惡化雙方的關係。不妨在拒絕對方前，先要求對方滿足你的條件：如對方能滿足，則你也可以滿足對方的要求；如對方不能滿足，那你也無法滿足對方的要求。這就是條件法。條件法的威力在於，在拒絕對方的同時，又避免了對方因此而與你交惡。

▌提高行銷中的影響力

　　和市場打交道的人，都很熟悉這樣一個著名的銷售數字法則，1：8：25，即 1 位顧客形成購買，可以間接影響 8 位顧客，並使 25 位顧客產生購買意向。以此類推，如果你得罪了 1 位顧客，那麼也會帶來相應的損失，而帶來的損失需要你付出 25 倍的努力來彌補。這就是傳播效應，即影響力的威力。

　　在企業的實際銷售工作中，這個魔術般的法則一直在發揮作用。雖然 1 位顧客所引起的消費不一定就是具體的 25 位，但這是一個比喻，這個法則的內涵在於應該關注每一位顧客，應該真心對待每一個消費者。因此，如何留住自己的顧客、如何創造新的顧客、如何讓顧客滿意才是這個法則的根本所在。只有讓現在的顧客滿意了，才可能產生回頭客、更多的顧客。

　　為此，在行銷過程中，我們應有目的地營造與提高自己的影響力：

- **永遠把自己放在顧客的位置上**：你希望如何被人對待？上次你自己遇到的問題是如何得到滿意的解決方案？把自己擺在顧客的位置上，你就會找到解決此類投訴問題的最佳方法。
- **用於任何情況下的詞語**：不要說「我做不到」，而要使用一些肯定的話，如，「我會盡力」、「這不是個簡單的問題」或「我要問一下我的上司」；永遠不要說「這是個問題」，而要說「一定會有辦法的」；跟你

的顧客說「這是解決問題的辦法」，而不要說「要解決問題你必須這麼做」；如果客戶向你要求一些根本不可能做到的事該怎麼辦，很簡單：從顧客的角度出發，並試著這樣說：「這不符合我們公司的規定，但我們會盡力去找其他的解決辦法。」

- **保持相同的談話方式**：有些銷售人員可能不太重視這點，他們思路敏捷、口若懸河，說話更是不分對象，節奏像開機關槍一樣快速。如果碰到的客戶上了年紀，思路跟不上，會根本不知道你在說什麼，很容易引起反感。有家公司裡，有位擅長專案銷售的銷售人員，他不是能說善道的人，銷售技巧也沒有多少高招，但他與工程中的監理很有緣，而監理一般都是 60 歲左右即將退休的老工程師，他對老人心理好像很有研究，每次與監理慢條斯理地談完後必有所得。最後，他代理的產品在這個工程中被採用，而老工程師就是堅定支持者。很多同事不解地問他原因，老工程師笑著說：「我喜歡這個年輕人的談話方式。」

- **表現出你有足夠的時間**：即使你已超出負荷，上司又盯著你，但千萬不要在顧客面前說：「我沒時間。」而要用一種輕鬆的語調和耐心的態度對待顧客，這是讓顧客滿意的最佳辦法。若顧客感覺到你會努力幫他，即使要等很久才能滿足他的要求，甚至就算最後真的幫不了他，他也會很高興。

- **永遠比客戶晚掛電話**：銷售員工作壓力大、時間寶貴，尤其在與較熟的客戶打電話時，很容易犯這個毛病：與客戶嘰裡呱啦沒說幾句、不等對方掛電話，就「啪」地先掛上了，客戶心裡肯定不愉快。永遠要比客戶晚掛電話，這也表現出對客戶的尊重。

- **與客戶交談中不接電話**：銷售員就是有接不完的電話，與客戶交談時不太可能沒有其他電話打來。不過，大部分銷售員都很懂禮貌，接電話前會在形式上請對方允許，一般來說對方也會大度地說「沒問題」。即便如此，對方在心底還是會不高興：「好像電話裡的人比我更重要，為什

麼他要講那麼久。」所以，銷售員初次拜訪客戶或拜訪重要的客戶時，更不要接其他電話。

- **隨身攜帶記事本**：拜訪中隨身攜帶記事本有很多好處，可以記下很多你擔心會忘記的事，比如：時間、地點和客戶姓名、頭銜，記下客戶需求，答應客戶要辦的事情，下次拜訪的時間，也包括自己的工作總結和體會。對銷售員來說，這絕對是個好的工作習慣。還有一個好處就是，當你誠懇地邊做筆記邊聽客戶說話時，除了能鼓勵客戶說出他的更多需求外，客戶心中也會油然生起一種受尊重的感覺，你接下來的銷售工作自然會更順利。

- **不要怕說「對不起」**：當顧客講述他們的問題時，他們等待的是有人情味的明確答覆。若你直接面對顧客的投訴，最好先明示歉意，若要以個人名義道歉的話，就要表現得更加真誠。對客戶說你明白他的不滿，然後明確告訴他，你將盡一切努力幫他，直到他滿意為止。

- **不要迴避顧客的問題**：面對問題，千萬不要說「我根本沒聽過」、「這是第一次出現這種問題」等，這種處理方式只會對顧客產生極差的效果，還會損害公司形象。因為顧客只關心自己的問題，根本就不想知道這種情況以前是否發生過，他們認為你所受的訓練及獲得的經驗只有一個目的：就是關注他並幫他解決問題。那麼，你何不做給他看呢？

- **重視顧客的滿意程度**：你應該努力了解顧客下意識的反應，重視顧客的滿意程度。比如這樣問他，「我所講的對您是否有幫助？」「這樣能滿足您的要求嗎？」「我還有什麼能為您做的嗎？」等等。

- **跟進問題直至解決**：若你不得不把顧客打發到另一部門，一定要打電話給負責此事的同事說清楚，然後，還應打電話給顧客，以確認問題是否已得到解決。這樣，顧客就能感受到你的真誠。

在銷售活動中，行銷人員只有提升了自己的影響力，才能留住顧客，而只有留住顧客，產品的影響力才會大幅提高。

這樣測算你的影響力

處於競爭的年代，一切都要靠實力，靠實力說話，靠實力辦事，影響別人靠的也是實力。只有實力增強，別人才能信服，才能心甘情願地接受你、追隨你。影響力的力量是無窮的。影響力首先應該從自我開始，只有把自己征服了，才會有力量來震撼他人。

下面這則心理調查表就可用來測定你是不是個有影響力的人。

迅速而誠實地回答以下問題，你將會知道自己是怎樣的人，並使你領會「影響力」，更有效地運用「影響力」。

1. 你在某一運動、活動或知識領域中是不是專家？

    （a）是　　（b）否

2. 你是否覺得自己很有教養？

    （a）是　　（b）一般　　（c）否

3. 假如你經營一家運動用品店，一位顧客走進店裡，說要買一艘獨木舟和一枝棒球棒，你將先賣哪一種？

    （a）我將先賣棒球棒，因為它便宜，如果你要別人買東西，最好把自己置於購買者的情緒中

    （b）我先賣獨木舟，因為比較貴，生意做成了，我的進帳也多

4. 你是否覺得你能應付許多場合？

    （a）是　　（b）某些場合可以　　（c）否

5. 你的身高？

　　（a）170cm 以下

　　（b）170 ～ 180cm

　　（c）180 ～ 190cm

　　（d）190cm 以上

6. 你更樂於接受以下哪種陳述？

　　（a）我對語法沒有把握

　　（b）我的口才很好

7. 認為下面的陳述是「對」還是「錯」：「你要活出成功的生活，並不需要別人喜歡你，重要的是讓他們敬畏你。」

　　（a）對　　（b）錯

8. 你如何評估自己的魅力？（客觀的評價，不必太謙虛或太自負）

　　（a）非常出眾　（b）出眾　（c）一般　（d）差　（e）很差

9. 你通常偏愛哪種款式的衣服？

　　（a）奇裝異服，讓人一眼就忘不了。

　　（b）時髦的。我不會領導潮流，但也不是守舊派。

　　（c）傳統服裝

　　（d）歐洲款式

　　（e）非常隨便，不喜歡穿套裝

　　（f）湊和湊和

　　（g）便宜的就好

10. 你是否在意別人如何看待你？

　　（a）是，非常在意

　　（b）有一些

　　（c）有點兒

（d）很少

（e）一點也不

11. 你喜歡電視裡的喜劇情節嗎？

　　（a）是　　（b）有一些　　（c）不喜歡

12. 有人說：只要目的正當，可以不擇手段，你認為如何？

　　（a）同意　　（b）有些場合是對的　　（c）不同意

13. 你更樂於接受以下哪種陳述？

　　（a）生活中言行一致很重要

　　（b）言行一致被過分強調了

14. 你用什麼態度面對以下陳述？「如果你給別人一些東西，他們不會感激你，他們只喜歡那些爭取而來得之不易的東西。」

　　（a）同意　　（b）不同意

15. 你覺得讚揚別人是容易還是困難？

　　（a）我會很自然地稱讚別人

　　（b）說實話，我很少這樣做

16. 當你要和別人討論還價，如買賣汽車或要求加薪，你更樂於使用以下哪種策略？

　　（a）我將提出遠遠高於實際希望得到的要求

　　（b）我將提出比實際希望高 15% 左右的要求，這樣買賣雙方才都有餘地

　　（c）我不喜歡討價還價，我更願意立即告訴對方怎樣才公平，省略協商過程

17. 下面幾種說法你更傾向哪一種？

　　（a）掌權者不必多解釋，只需要說：「去做這件事！」

　　（b）當他要某人做某件事時，常會說明這麼做的理由

所有的回答都有如下指定的分數，將你的答案相對的分數加起來就是總分，最高總分 85 分，最低 17 分。

1. a－－5，b－1
2. a－5，b－3，c－1
3. a－1，b－5
4. a－5，b－3，c－1
5. a－1，b－3，c－5，d－2
6. a－1，b－5
7. a－1，b－5
8. a－3，b－3，c－5，d－2，e－1
9. a－1，b－4，c－5，d－3，e－3，f－2，g－1
10. a－1，b－2，c－3，d－4，e－5
11. a－1，b－2，c－5
12. a－5，b－4，c－1
13. a－1，b－5
14. a－5，b－1
15. a－5，b－1
16. a－5，b－3，c－1
17. a－1，b－5

　　分析：

　　如果你的總分在 73～85：你確實是個具備影響力的人。你綜合了身體特徵、心理性格和政治態度，使人們遵從你，不管你是否在意，你是理所當然的權威人士。

　　如果你的總分在 59～72：你很有權威人士的氣質，你在這方面的天性

與前一種人並不完全相同，你可能在你的專業方面有特殊影響力。但當你走進一個不舒適或不熟悉的環境時，你的影響力就會下降。

如果你的總分在 40 ～ 58：你的影響力可能比自己意識到的更大，有許多人被你的言行影響。事實上，你不是那種花費時間和總統、部長共進午餐的人，而是那種被下屬尊敬的人，如老闆。

如果你的總分在 31 ～ 40：你可能對周圍的人不具太大影響力，也許你喜歡保持低調的形象或成為被其他人施加影響力的人。

如果你的總分在 17 ～ 30：你終究是個代罪羔羊。別人要你做什麼你就做什麼。當你走進店門，店員的眼睛就亮了，他們知道就算他們要把整個店賣給你，你也會買下來。你有被別人擺布、被占便宜的習慣。如果你是這樣，那麼，你首先應該學會如何說「不」。

第二章
做最好的自己，彰顯影響力

▌擁有全方位的自知之明

俗話說：任何能意識到自己天賦的人都不可能成為無用之輩，也沒有哪個出色的人誤判了自己的天賦時能逃脫平庸的命運。

這也就是說，一個人要能真正在社會上立足，就必須擁有全方位的自知之明。

然而，任何人都不是天生就有自知之明，特別是年輕的時候。也有些人一輩子都不曾了解自己，既不知道自己的短處，也不曉得自己的長處。只要你認真觀察，這樣的人在生活中比比皆是。

在動物界，鷹有著尖利的雙爪和帶鉤的喙，以及凶悍猛烈的衝擊力，當牠向羊俯衝而去時，羊面對如此強勁的對手，只有束手就擒。可是，對於在旁觀望的烏鴉，情況就大不相同了。烏鴉沒有鷹的尖利雙爪，沒有鷹帶鉤的喙，更沒有鷹凶悍猛烈的衝擊力，所以，在羊的心目中，這並不可怕。當烏鴉撲向羊時，首先，羊不會驚慌，甚至會嘲笑牠：一隻平庸的黑鳥，也敢在我頭上動土。此刻的羊，面對突襲而來的烏鴉，只需不加理睬，就能對「利令智昏」的烏鴉達到以守為攻的效果。結果，烏鴉突襲羊的目的不僅沒有得逞，反而成為牧羊人的獵物。

烏鴉之所以在襲擊羊的行動中失敗，是因為牠沒有自知之明。烏鴉只看到鷹獵羊的成功，卻看不到鷹獨有的長處和優勢。當然，牠更發現不了自己的短處和劣勢。本來，烏鴉不具備捕獵羊的條件，而又要去做這種力不從心的捕獵，結果只能失敗。

生活中，導致失敗的原因，往往是當事者沒有自知之明，既沒發現客觀世界的奧祕，也未發現主觀世界的長短。歸根結柢，還是他們不了解自己，但他們並不知道這一點。

孔子問子貢：「你和顏回哪一個強？」子貢答道：「我怎麼敢和顏回相

比？他能夠舉一知十；我聽到一件事，只能聯想到兩件事。」

子貢的自知是明智的，子貢的從容更是胸懷博大。他雖不及顏回聞一知十，但卻以其獨特的人格魅力名傳千古。

戰國時期，齊威王的相國鄒忌相貌堂堂，身高8尺，體格魁梧，十分漂亮。與鄒忌同住一城的徐公也長得一表人才，是齊國有名的美男子。一天早晨，鄒忌起床後，穿好衣服、戴好帽子，信步走到鏡子前仔細端詳全身的裝束和自己的模樣。他覺得自己長得的確與眾不同、高人一等，於是隨口問妻子：「妳看，我跟城北的徐公比起來，誰更漂亮？」

他的妻子走上前，邊為他整理衣襟邊回答：「您長得多漂亮啊，那徐公怎能跟您比呢？」

鄒忌不大相信，因為住在城北的徐公是公認的美男子，自己恐怕還比不上他，所以他又問侍妾說：「我和城北徐公相比，誰更漂亮呢？」

他的妾連忙說：「大人您比徐公漂亮多了，他哪能和大人相比呢？」

第二天，有位客人來訪，鄒忌陪他坐著聊天，想起昨天的事，就順便又問客人說：「您看我和城北徐公相比，誰漂亮？」客人毫不猶豫地說：「徐公比不上您，您比他漂亮多了。」

鄒忌如此做了三次調查，大家一致都認為他比徐公漂亮。可是鄒忌是個有頭腦的人，並未就此沾沾自喜，認為自己真的比徐公漂亮。

恰巧過了一天，城北徐公登門拜訪鄒忌。鄒忌第一眼就被徐公氣宇軒昂、光彩照人的形象怔住了。兩人交談時，鄒忌不住打量著徐公。他自覺長相不如徐公。為了證實這一結論，他偷偷從鏡子裡看看自己，再轉過頭瞧瞧徐公，結果更覺得自己的長相比徐公差。

晚上，鄒忌躺在床上，反覆思考著這件事。既然自己長得不如徐公，為什麼妻、妾和那個客人卻都說自己比徐公漂亮呢？想到最後，他總算找到問題的結論。鄒忌自言自語道：「原來這些人都在恭維我啊！妻子說我美，是

因為偏愛我；妾說我美，是因為害怕我；客人說我美，是因為有求於我。看起來，我是受了身邊人的恭維讚揚而認不清真正的自我了。」

這則故事告訴我們，人在一片讚揚聲中一定要保持清醒的頭腦，特別是居於領導地位的人，更要有自知之明，才不至於迷失方向。

人貴有自知之明。可怕的自我陶醉比公開的挑戰更危險。自以為是者不足，自以為明者不明。自明，然後能明人。流星一旦在燦爛的星空中炫耀自己的光亮，也就結束了自己的一切。自高必危，自滿必溢。勝利時就自認完美無缺，成就大就居功自傲，名聲高即目中無人。在這方面古人有經典論述，「三人行，必有我師焉」，「知人者智，自知者明」。

要真正了解自我，就必須換個角度看自己。首先，要「察己」。客觀地審視自己，跳出自我，觀照自身，如同照鏡子，不但看正面，也要看反面；不但要看到自身的優點，更要覺察自身的瑕疵。這包括對自己的學識能力、人格品質等進行自我評估，切忌孤芳自賞、妄自尊大。其次，要不斷完善自我，有則改之，無則佳勉。須知天外有天，人外有人，尺有所短，寸有所長。

只有真正了解自己的長處和短處，避己所短，揚己所長，才能對自己的人生座標準確定位。當你認識到自己的不足時，也就是進步的開始。

▌個人修養是影響力的根基

修養是個人影響力的基礎，所有一切吸引人的長處均來源於此。古人云：「修身，齊家，治國，平天下。」把「修身」列在首位，便說明良好的個人修養是成就事業的前提。

在當今的社會，上到國家元首互訪，下至平民百姓的交往；從政壇巨頭的微笑到商界名人的握手，無一不展現著文明禮儀與修養的美德。古代有許多修養頗高的人。像北宋范仲淹發出「先天下之憂而憂，後天下之樂而樂」

的感悟；明朝的清官海瑞安貧樂道，公正嚴明。他們都是修養的典範。

　　人生最珍貴的不是地位、名譽、金錢，而是修養。修養是智慧的心聲，是思想的明燈，是靈魂的美韻。與有修養的人談話，如品香茗，如沐陽光，如坐春風。因為，修養中蘊藏著美好而成功的人生，它高貴而典雅，清新而透明。它像薄霧未散的清晨令人遐思，又像靜謐安逸的黃昏讓人憧憬，不去認真體味，就難以感覺它的濃郁和美好。

　　修養是決定人生成敗的重要因素，良好的修養是支配人生的強大動力之一，能助你在競爭中輕鬆取勝，能讓你在追求成功的道路上越走越廣闊，能讓你的人生因此而改變。歷史上，凡成大器者，除了智慧、才學、謀略和機遇之外，良好的個人修養不能不說是獲得成功的重要條件。誠然，任何時代都不乏懷才不遇者，他們或不修邊幅，或桀驁不馴，或目光短淺，或淺嘗輒止。我們不能將他們的失敗完全歸咎於學藝不精或運氣不佳，而忽略了個人修養對人生成敗的決定作用。

　　人之成敗不在於文化深淺，用功多少，智力高低，一半在自己的人生修養上。對於現代人來說，即使學歷再高，學到的也只是「工具」而非人生的真諦。「工具」有李逵的板斧，有姑娘的繡花針，但是沒有良好的個人修養，「工具」「永遠也不會轉化為健全的人格和高尚的品格。

　　「淡泊以明志，寧靜以致遠。」這是傳統文化中修身養性的較高境界，有修養的人懂得，只有淡泊世事之後，才能洞明凡塵；只有清心內收之時，才能高瞻遠矚。修養者，修身養性，修心養正，修正錯誤邪佞，頤養正大光明。儒家以「明明德，親民，止於至善」為修行總綱；道家以「性命雙修，返璞歸真」為修行準則；佛家以「明心見性，見性成佛」為修行捷要。我們生活在這個世界上，就要修正身心，涵養性情，諸惡莫做，眾善奉行。不求超凡脫俗，但求無愧我心。因此，我們說，良好的修養有助於我們達到一種至高的人生境界。

　　為了生活而忙碌奔波的我們，可曾靜下心來，回過頭去，認真沉思並發現這樣的問題：我們掌握了謀生手段，卻不懂得生活的真諦；我們不斷地聚斂物質財富，卻逐漸失去了自我價值；我們讓年華付諸流水，卻不曾將真誠傾注其中；我們行駛的道路寬了，眼光卻越來越狹隘；我們學會了追趕時間，卻沒有學會耐心等待；我們可以征服外部空間，卻難以走進內心世界；我們購買了很多，可從中得到的快樂卻越來越少；我們話語太多，真愛太少……

　　當我們接觸一個人之後，常會給他一些類似這樣的評價：「這個人修養高，有風度」；「這個人有學養，談吐文雅」；「這個人太差勁，連句客氣話都不會說」；「這個人俗不可耐，滿嘴粗話」；「這個人太邋遢，衣服皺巴巴，連臉也沒洗乾淨」……由此我們可以看出，只有那些學養高、有修養的人才會被人尊重，受人歡迎。

　　公德心是社會意識的一種表現，而公德心又是建立在個人的道德修養水準之上。試想，如果一個人不注重自己的修養，他會有良好的公德心嗎？不會！因此，個人禮儀是根本，人要有良好的公德心，必須先從自身做起，從身邊做起。要完善個人修養，首先要致力於讀書求學，完善自身的認知水準；認知到達一定水準，就有了明辨是非的能力；有了分辨是非善惡的能力，就要端正自身的心態，不違背良知，努力使一言一行都符合道德標準。這樣，自己的修養便得以完善，便有了推進社會公德的基礎力量。

　　修養使一個人定力增加，修養使一個人道德提升，修養使一個人學問豐富，修養使一個人人格完善。有修養者光明磊落，胸懷坦蕩，正氣凜然，與人為善，不與人爭。修養助我們達到「得意泰然，失意坦然」的人生境界。唯有達到這種境界，才能使我們的心田得到徹底的滋潤。

　　當然，修養不會像蘑菇一樣，一陣雷雨之後就能從山土裡鑽出來，也不會像一首動人的歌曲，一夜之間就能唱紅大江南北。修養要靠平日的累積，

它需要深厚的文化底蘊作為基礎，需要優良的人品作為載體，需要勤勞刻苦、威武不屈的精神作為後盾。所以，從現在起，馬上修練你的修養吧，讓你的影響力升值。

為卓越建立良好的習慣

亞里斯多德說：「人的行為總是一再重複。因此，卓越不是單一的舉動，而是習慣。」有科學資料顯示：一個人一天的行為中，大約只有 5% 屬於非習慣性，而剩下 95% 的行為都是習慣性的。即便是打破常規的創新，最終也可以演變成為習慣性的創新。

所以，一個人在實現成功的過程中，除了要不斷激發自己的成功欲望，有信心、熱情、意志、毅力等之外，還應該搭上習慣這輛成功的快車，實現自己的目標。

有位動物學家做了一個實驗：他將一群跳蚤放入實驗用的大量杯裡，上面蓋上一片透明的玻璃。跳蚤習性愛跳，於是很多跳蚤都撞上蓋上的玻璃，不斷發出叮叮咚咚的聲音。過了一陣子，動物學家將玻璃片拿開，發現所有跳蚤竟然都還在跳，只是都已將跳的高度保持在接近玻璃即止，以免撞到頭。結果竟然沒有一隻跳蚤能跳出來 —— 依牠們的能力不是跳不出來，只是牠們已經適應了環境。後來，那位動物學家就在量杯下放了一個酒精燈並點燃了火。不到 5 分鐘，量杯燒熱了，所有跳蚤自然發揮求生的本能，每隻跳蚤再也不管會不會撞到頭，全都跳出了量杯。這個試驗證明，跳蚤會為了適應環境，不願改變習性，寧願降低才能、封閉潛能去適應環境。

同樣，人喜歡按習慣做事，為什麼？因為習慣具有力量，習慣的力量叫做慣性。成功是一種習慣，失敗也是一種習慣。習慣有好壞之分，好的習慣助人成功，壞的習慣使人受挫。所以，我們有必要建立好習慣，克服壞習慣。

根據行為心理學的研究結果：3 週以上的重複會形成習慣；3 個月以上的重複會形成穩定的習慣，即同一個動作，重複 3 週就會變成習慣性動作，形成穩定的習慣。

為了達到卓越，我們應建立以下這些良好的習慣：

- **積極思考**：要想養成積極思考的習慣並不難，當你在實現目標的過程中，面對具體的工作和任務時，你的大腦裡去掉了「不可能」三個字，而代之以「我怎樣才能做到」時，就可以說你已養成了積極思考的習慣。
- **高效工作**：確定你的工作習慣是否有效率，是否有利於成功，可以用這個標準來檢驗：也就是在檢視自己工作的時候，你是否會為未完成工作而憂慮，也就是有焦灼感。如果你該做的事情沒做，或已做了而未做完，並經常為此感到焦灼，那就證明你需要改變工作習慣，找到並養成一種高效率的工作習慣。

  而要使工作有效率，最好的辦法就是制定計畫並嚴格按計畫行事。有個名叫約翰·戈達德（John Goddard）的美國人，當他 15 歲的時候，就把自己一生要做的事情列了一份清單，被稱做「生命清單」。在這份排列有序的清單中，他給自己列出要達成的 127 個具體目標。比如，探索尼羅河、攀登喜馬拉雅山、讀完莎士比亞的著作、寫一本書等。44 年後，他以超人的毅力和非凡的勇氣，在與命運的艱苦對抗中，終於按計畫一步步地實現了 106 個目標，成為卓有成就的電影製片人、作家和演說家。

  俗話說：「吃不窮，喝不窮，沒有計畫就受窮。」盡量按照自己的目標，有計畫地做事，這樣才可以提高工作效率，快速實現目標。
- **敬業**：敬業是渴望成功的人對待工作的基本要求，一個不敬業的人很難在他從事的工作中做出成績。

美國標準石油公司有個叫阿奇伯德的小職員，起初他並未特別引人注意。然而，他的敬業精神很強，隨時隨地都會注意維護和宣傳企業的聲譽。在遠行住旅館時總不忘在自己簽名的下方寫上「每桶四美元的標準石油」字樣，給親友寫信，或甚至打收條時也不例外，簽名後總不忘記寫那幾個字。為此，同事們都叫他「每桶四美元」。這事後來被公司的董事長洛克斐勒知道了，他邀請阿奇伯德共進晚餐，並號召公司職員向他學習。後來，阿奇伯德便成了標準石油公司的第二任董事長。

· **不斷學習**：哈利‧杜魯門是美國歷史上著名的總統。他沒讀過大學，曾經營農場，後來經營一家布店，經歷過多次失敗，當他最終擔任政府職務時，已年過五旬。但他有個好習慣，就是不斷地閱讀。多年的閱讀，使杜魯門的知識非常淵博。他的信條是：「不是所有的讀書人都能成為領袖，然而每一位領袖必須要是讀書人。」

在當今競爭激烈的時代，更要求我們建立終生學習的觀念，只有這樣，才能立於不敗之地。

· **鍛鍊身體**：我們都知道，健康是「革命」的本錢，是成功的保證，健康能夠成就自己。所以，我們要養成鍛鍊身體的習慣，鍛鍊身體就像努力爭取成功一樣，貴在堅持。

· **自我控制**：任何一個成功者都有著非凡的自制力。

三國時期，蜀相諸葛亮親自率領蜀國大軍北伐曹魏，魏國大將司馬懿採取了閉城休戰、不予理睬的態度對付諸葛亮。他認為，蜀軍遠道來襲，後援補給必定不足，只要拖延時日，消耗蜀軍的實力，一定能抓住良機，戰勝敵人。

諸葛亮深知司馬懿沉默戰術的厲害，幾次派兵到城下罵陣，企圖激怒魏兵，引誘司馬懿出城決戰，但司馬懿一直按兵不動。諸葛亮於是用激將法，派人送給司馬懿一件女人衣裳，並修書一封說：「仲達不敢出戰，

和婦女有什麼兩樣。你若是個知恥的男兒，就出來和蜀軍交戰，若不然，你就穿上這件女人的衣服。」

「士可殺不可辱。」這封充滿侮辱輕視的信，雖然激怒了司馬懿，但並沒使老謀深算的司馬懿改變主意，他強壓怒火穩住軍心，耐心等待。

相持了數月，諸葛亮不幸病逝軍中，蜀軍群龍無首，悄悄退兵，司馬懿不戰而勝。

現代社會，人們面臨的誘惑越來越多，如果人們缺乏自制力，那麼就會被誘惑牽著鼻子走，偏離成功的軌道。

讓自己每天進步一點點

日本在第二次世界大戰中，被原子彈炸得體無完膚，可是短短幾十年後，卻成為經濟強國，它成功的原因究竟是什麼呢？

當時日本在二次大戰結束後，經濟一片蕭條，日本企業界從美國請來一位姓戴明（William Edwards Deming）的管理學博士，戴明博士去日本之後就告訴日本人一個觀念 —— 每天進步一點點。他說，企業只要能夠每天進步一點點，這個企業就一定能夠茁壯成長。就這麼一個再簡單不過的觀念被日本人採用了，所以，日本的企業都在研究每天如何進步一點點。這個信念造就了松下、本田、三菱的成功，使日本快速成為經濟強國，這就是後來日本人所說的「改善管理」。

日本人幾乎都未發明任何新的東西，他們通常都是模仿，模仿別人已經有的東西然後加以改善，就像新力發明隨身聽，雖然他們不是發明收音機的人，可是能夠把收音機改良為隨身聽，就是源於這個信念。到現在，日本的先進企業評比，最高的榮譽獎是「戴明博士獎，」可見日本人對戴明博士之尊重。

後來，陷入困境的美國福特汽車公司又把戴明博士請回去，他們開始相信戴明博士。戴明博士依然告訴福特公司：「每天進步一點點！」不久後，福特公司從倒閉邊緣變成了一年營業額超過 60 億美元的巨人。

　　實際上，人生也就是一個追求比昨天卓越的過程。

　　每個人對成功的看法都不一樣，但有一點毋庸置疑，成功就是每天進步一點點 —— 只要我們今天比昨天進步一點點，明天能比今天進步一點點，這樣的過程就是成功。

　　有首兒歌膾炙人口，「啊門啊前一棵葡萄樹，啊嫩啊嫩綠地剛發芽，蝸牛背著那重重的殼呀，一步一步地往上爬。啊樹啊上兩隻黃鸝鳥，啊嘻啊嘻哈哈在笑牠，葡萄成熟還早得很吶，現在上來幹什麼？……啊黃啊黃鸝兒不要笑，等我爬上它就成熟了！」蝸牛努力地往葡萄樹上爬，過程是艱辛的，但因為有目標、有理想，也甘願忍受這份艱辛。我們每一個人都可以擁有蝸牛的精神，我們可以不斷地攀登自己生命的高峰，每天進步一點點，終有一天，我們可以在無限風光的巔峰俯視和欣賞這個美麗的世界。

　　每天進步一點點，這是蝸牛的精神，也是成功的絕招。只要每天踏踏實實地做一點，哪怕事情再小，時間長了，當你回望的時候，你會發現，你已經走了很遠。

　　有個美國教練，他始終以「每天進步一點點」這個觀念作為執教之道，從而成就了很多球隊。洛杉磯湖人隊以年薪 120 萬美元聘請他來當教練，幫助他們提升戰績。教練來到球隊之後要求 12 個球員：「可不可以罰球進步一點點，傳球進步一點點，抄截進步一點點，籃板進步一點點，外線投籃進步一點點，每個方面都能進步一點點？」球員一想：這麼容易，進步一點點當然可以了。很快，湖人隊成為 NBA 總冠軍。教練總結說，因為 12 個球員一年在 5 個技術項目中分別進步 1%，所以一個球員進步 5%，而全隊進步了60%。

生活中，只要我們每天進步一點點，那麼一年就進步 365 個一點點，持續這樣做，人生中任何一點點差距都有可能在幾年後差距十萬八千里。每天進步一點點是我們工作中所需要的，也是我們要做一輩子的事。這就是我們每天的目標。

很久以前，有個很有才華但不得志的少年，他整日鬱鬱寡歡，不知道為什麼自己總是找不到成功的途徑，於是他來到一個寺院求教一位很有名的長老。

少年在禪師面前不斷傾訴自己的不滿與壓抑，禪師始終微笑看著他，整整一天，他才傾訴完內心的苦悶，然後他請教禪師，如何才能找到成功的方法。禪師將一把小茶壺遞給他，對他說：「你什麼時候用它把院子裡那口井澆滿，就能找到自己的成功了。」

少年來到井旁，一下子愣住了，原來那口井的井口和水面的差距有好幾公尺，就這麼澆要什麼時候才能澆滿？雖有疑慮，但他也沒有更好的辦法，於是就照著禪師的話去做。

1 年，2 年，3 年……直到少年變成青年，井裡的水不僅沒升高反而降低了不少，原來這口井比四周的農田高一些，當農田缺水的時候，井裡的水就會流到農田下幫助灌溉，青年著急了，他跑到禪師身邊求救。禪師還是笑咪咪地聽他訴說，最後，遞給他一個更小的茶壺，告訴他：「繼續澆水。」青年沒有辦法，只有繼續澆水。

又是 1 年，2 年，5 年，直到 10 年，青年變成了中年人，他已經沒了當年的浮躁，雖然井水仍在下降，但他已能微笑面對一切。雖然他還是一無所有，但因為 20 年來他不間斷的努力，四周的農田始終生長得很好，即使在乾旱的年頭，也可以為農民帶來豐足的收穫。周圍的百姓把他當做農田的守護者，而他從自己的付出中，得到了尊敬、滿足、踏實以及喜悅。20 年前的憂慮、哀傷已經不復存在，有的只是成就感。水井依然未滿，但他的心已經滿足。他明白了：成功不只是財富的累積，而且是人生的累積、幸福的累

積，只要今天比昨天好，就是一種進步、收穫。

如今，飛速發展的科技，越來越快的節奏，越來越浮躁的人心，功利性和短視近利讓很多人迷失了自我。他們對人生的追求變成只看眼前，只爭朝夕，希望今天播了種子，明天就能收穫果實。他們到處尋找祕笈，他們到處問人：給我一部葵花寶典吧，讓我明天就能發財。殊不知即使拿到武功祕笈，也仍需要刻苦練功，假以時日才能成為武林高手。

做不到一步登天，但能做到一步一腳印；一鳴驚人不容易，但一股勁做好一件事是做得到的；一下子成為天才不可能，但每天進步一點點就有可能。每天進步一點點，聽起來好像沒有一飛沖天的氣魄，沒有誘人的豐碩成果，沒有轟動的聲勢，但若仔細琢磨：每天，進步，一點點，那就是在默默創造一個意想不到的奇蹟，在不動聲色中醞釀一個真實感人的神話。

▋永遠不滿於現狀

有一個徒弟跟隨師父學藝多年，自認為已經把師父的本領都學到了，便去向師父辭行。

「師父，我已經把您的手藝全學到了，可以出師了吧？」

師父看看得意洋洋的徒弟，笑著說：「你去裝一大碗石子來吧，要裝得滿滿的，直到裝不下為止。」

徒弟很快裝來滿滿一碗石子。師父問：「滿了嗎？」「滿了！」師父隨手抓起地上的沙子，沙子慢慢地滲入石子中，沒有溢出來。「滿了嗎？」師父再問。「滿了！」師父又倒了一杯水下去，仍然沒有溢出來。

徒弟這才明白師父的良苦用心，從此踏踏實實地跟師父學手藝。

一個人永遠不要有「滿」的感覺。唯有「不滿」，方可不斷進步，最終由「不滿」趨向於「滿」。

　　許多人取得一點小小的成績就沾沾自喜，以為自己有了很大的收穫，非常了不起，甚至對別人不屑一顧。這也就是人們常說的驕傲自滿。其實，這是一種心理的盲點，也是心理不成熟的表現。平凡的人之所以一事無成，就是因為太容易滿足於現狀。

　　年輕時輕而易舉獲得成功，若從此心滿意足，那就會是獲得最後成功的障礙。「10 歲神童，15 歲才子，過了 20 歲就只是平平凡凡的人了。」這句話正說透了其中的含義。

　　北宋時期，民間出現一個名叫方仲永的「神童」。方仲永五歲就會作詩，才華無與倫比。如果他進書院讀書，長大後一定是天下難得的人才，還有那與生俱來的才能，可是他絕對的優勢。可方仲永的父親認為仲永是天生神童，不必接受後天的教育，同樣可以出類拔萃。結果，方仲永長大之後，智力比平常人都還不如。

　　這個故事告訴我們：一個人不能滿於現狀，要不斷學習、不斷設定新的目標，只有這樣，才可能有更輝煌的人生。

　　現實中，貧困的人常能白手起家；反之，繼承父母財產的人卻往往家道中落。如此看來，沒有欲望的人，就好比沒上發條的鐘錶一樣。而要想讓鐘錶走動，就必須費些力氣上緊發條。

　　美國富豪比爾蓋茲從微軟退休時，正在進行一項轟轟烈烈的計畫，那就是捐出他總數 580 億美元的個人財產。在接受英國 BBC 電視節目「Newsnight」採訪時，比爾蓋茲表示，這是他和妻子共同的決定，「我們希望以最能產生正面影響的方法回饋社會」。

　　所謂「最能產生正面影響的方法」，就是向社會捐獻他的全部財產，一分都不留給孩子。而在之前，比爾蓋茲也曾公開過他的遺囑：其個人財產的98% 將捐獻給他和妻子名下的基金會。事實上，比爾蓋茲在慈善方面已經做得夠多了，他之前的捐款就有數百億美元之巨，即使只捐很少的錢也無損

個人形象，他怎麼能不為自己的子女留一些錢呢？他難道忍心讓孩子白手起家，根本不考慮以防萬一？其實，比爾蓋茲為我們樹立了良好的榜樣，他雖然沒有留錢給孩子，但他留給孩子如何做人的道理，留給孩子自力更生、靠自己的勞動來創造自己的生活的能力。試想，如果他的孩子得到那麼多錢，是否會止步不前、安於現狀呢？

顯然，比爾蓋茲明白這個道理：只有那些不滿於現狀、渴望不斷讓自己進步、隨時希望登上更高層次的人生境界，並願為此挖掘自身全部能力的充滿激情的人，才有希望達到成功的巔峰。

摩托羅拉公司是世界財富百強企業之一，是全球晶片製造、電子通信的領導者。公司在完善自身的過程中有一套獨特的方法 —— 設立了「暢所欲言箱」和「建議箱」，員工可隨時抽取表格，署名填寫有關建議和意見，公司主管必須及時給予答覆。有一次，一名員工因員工餐廳的菜太鹹提出意見，很快得到回饋並做出改善。對員工的各種合理化建議，公司都有答覆，即使目前執行不了，也要有說明，以保護大家的積極性。

同時，每個員工都要積極參加公司組織的 TCS 小組的活動，TCS 就是「讓顧客完全滿意」的英文縮寫。這個「顧客」的內涵是廣義的，除了產品使用者之外，還包括公司內部的每一道工序。其目標是以最完善的工作品質，贏得下一道工序的滿意 —— 員工利用業餘時間，針對工作中的某一難題，透過集思廣益來決定問題、選定方案、採取行動、評價結果，尋找出解決問題的最佳辦法。

美國《幸福》雜誌在評價摩托羅拉公司時指出，摩托羅拉公司是品質管制的堅持者、技術革新的先驅者、新產品的實踐者。

當有人試探地詢問摩托羅拉公司是否還有缺點時，該公司的高級管理人員笑著回答：「我們的缺點就是對現狀永遠不滿。」總之，正是由於摩托羅拉公司這種永不滿於現狀，追求令顧客完全滿意的新思維，使得摩托羅拉公

司最終成為美國榮耀的企業之一。

　　誠然，與「不滿於現狀」觀點恰恰相反的是「知足常樂」，當前，很多人都提倡無欲無求、要滿於現狀，並認為這才是人生的最高境界。實際上，這兩個觀點並不矛盾，一個人在奮鬥的過程中，不要滿足現狀，但要接受現實、滿足現實。

　　做個永遠不滿足現狀的人，你的人生將會更精彩。

▌學習能力就是競爭力

　　很多人離開學校後，往往把書本一扔，以為從此再也不必讀書學習了。其實不然，學習是一輩子的事。忽視學習的人，就會在激烈競爭的社會中被淘汰。

　　活到老，學到老。大凡傑出的人，都是終身孜孜不倦追求知識的人，在漫長的人生經歷中，即使再忙再苦再累，他們也不放棄對知識的追求，學習既是獲取知識的途徑，也是在逆境中的精神支柱。在他們看來，知識是無止境的，學習也應該沒有止境，學習使他們的思想、心理和精神永遠年輕，也使他們的事業日新月異。

　　有人問愛因斯坦：「您可謂是物理學界空前絕後的人才了，何必還要孜孜不倦地學習？何不舒舒服服地休息呢？」愛因斯坦沒有立刻回答這個問題，而是找來一支筆、一張紙，在紙上畫上一個大圓和一個小圓，說：「目前情況下，在物理學這個領域裡可能我比你懂得略多一些。正如你所知的是這個小圓，我所知的是這個大圓。然而整個物理學知識是無邊無際的，對於小圓，它的周長小，與未知領域的接觸面小，對自己的未知感受得也較少；而大圓與外界接觸的周長大，所以感覺自己的未知較多，會更努力去探索。」這是多好的比喻、多深刻的闡述啊！

「生命有限，知識無窮」，任何一門學問都是無窮無盡的海洋，都是無邊無際的天空……所以，誰都不要以為自己已經達到最高境界而停步不前、趾高氣揚。如果真是那樣，必定很快就被趕上，很快被後來者超過。

在 21 世紀的今天，學習具有全新的內涵，學習的內容和範圍將大大拓展，和以往不可同日而語。科學研究證明，人類在最近 30 年所獲得的知識約等於過去 2,000 年的總和，而未來若干年內科技和知識還會在許多領域出現更驚人的突破。預計到 2050 年左右，人類現今所掌握的知識屆時將僅為知識總量的 1%。由此可見，人的一生中，最重要的是具備學習能力。因為一個人只有具備學習能力，才能夠主動獲取新知識，適應「知識爆炸」的形勢。

學習能力要求一個人不僅要學習各式各樣的知識，還要學會學習的方法，建立終身學習的理念，與時俱進。一個人的學習能力往往決定了一個人競爭力的高低。一個人如果想在激烈的競爭中立於不敗之地，就必須在生活與工作中不斷創新，而創新則來自知識，知識則源於一個人的學習能力。

管理學大師杜拉克（Peter Ferdinand Drucker）說：「真正持久的優勢就是如何學習，就是怎樣使自己能學得比對手快。」是啊，學習是一種生存能力的表現，透過不斷學習，專業能力就會不斷提升。所以，一個人不論處於人生的哪個階段，都不應停止學習。

▌別為自己找藉口

漢武帝經常出巡以向民眾示意治國之決心。有一次，他將要出巡，路過宮門口時看到一位頭髮全白的老人，穿著很舊的衣服，站在門口十分認真地檢查出入宮門之人。

漢武帝問老人：「先生是否早任此郎官之職？為什麼年紀已老還做郎官？」

老人答：「我姓顏名駟，江都人。從文帝起，經三朝一直擔任此職。」

漢武帝問；「你為什麼沒有升官機會？」

顏駟答：「漢文帝喜好文學，而我喜好武功；後來漢景帝喜好老成持重的人，而我又年輕喜歡活動；如今您做了皇帝，喜歡年輕英俊有為之人，而我又年邁無為了。因此，我雖經過三朝皇帝，卻一直沒有升官。」

顏駟幾十年沒有升遷，真的沒有自己的原因嗎？他歷仕三朝，經過三種用人風格的皇帝，都沒有升遷的機會。那就該從自己身上找原因，怎能總怪時運不濟呢？就好比一名公司職員，在三位上司手下工作，都不能得到賞識，能說全是上司的責任嗎？

人的一生有時就是個遺憾的過程，從錯誤中尋找正確，從失敗中尋找成功，從黑暗中尋找光明，從不完美中尋找完美。但有很多人無法接受失敗，他們認為失敗很不光彩，每當失敗時他們總會為自己的失敗找藉口、找理由。做事不順心時，考試成績不好時，參加各種比賽沒有獲獎時，就會怪罪他人，就為自己的失敗找藉口、找理由，這也是所有不成功的人的共同特徵。為自己的失敗找理由，而且抓著這些他們相信萬無一失的藉口不放，以便解釋為何自己成就有限。

正因為他們將所有精力與時間都花在尋找更好的藉口上，因此，即使下次重新開始，失敗仍是必然的結果。相反地，那些成功人士遇到困難時，總是想辦法解決，而不是為自己找一堆無用的藉口，以掩飾自己的過錯和失敗。他們知道藉口是事業成功的最大障礙，凡事都要從自己身上找原因，而不是怨天尤人。

在職場上，經常聽到以下這些藉口，這些形形色色的藉口是典型的作繭自縛。所以，我們一定要努力克服。

‧ **這件事跟我沒關係**：如果用「嫁禍他人以減輕自己的責任」來詮釋它的

含義，不要覺得太過分。事實上，很多人板起臉來顯得與世無爭時，往往掩蓋了最真實的意義。無論在哪家公司，驕人的業績都來自團隊每個部門、每個人的緊密合作，而問題出現在某個結點上也會影響全局。如果問題出現時，我們都說與我無關，相信頹廢的風氣就會開始蔓延。

· **我現在很忙，等下週吧**：「現在很忙，等下週吧」是典型的拖延型藉口。如果一個人的工作進度按時間表規劃好了，那麼他會在接受任務時告訴你為什麼目前不能做，手邊有什麼事情，大概會在什麼時間來進行這個專案。現在有很多這樣的員工，他們信誓旦旦，言之鑿鑿，卻總是把本來可以在短時間內完成的工作拖到以後。

· **我很難跟他合作**：溝通是每個職場人都應具備的基礎能力。當一名員工總是把工作中的不順利歸結在別人身上時，也許已經意識到自己的能力不夠，尤其是當另一個人提出較尖銳或敏感的問題，憑自己的經驗已經解決不了，又很難迴避的時候，往往就會很無奈地說出這個藉口。

· **事先沒人告訴我**：這裡說的，不是預先不通知你開會而追究責任這種事。「事先沒人告訴我」的藉口，往往是用在工作失誤浮出水面之後。比起事不關己的徹底逃避型，喜歡用「事先沒人告訴我」來推脫責任的人更容易一臉無辜地為自己開脫。事先沒人告知，不代表你就不應去對有疑點的事展開探索與詢問，核實之後再下定論。這個藉口的前戲是敷衍行事，而後戲就是出現問題時把矛盾指向那個事先應該告訴你的人。

· **不是我不努力，是對手太強**：這句話一般出自某場戰鬥的敗北者口中。人們為不思進取尋找藉口時，通常會用到這句話。遭遇困難時，積極地克服與應對更能激發出一個人的潛能，不然就不會發生後來者超越前者的故事了。而不思進取說到底是意志上的認輸，對手太強的意思就是：

我比人家差太多。常說這句話的人，不是尊重對手，而是不斷否定自己。

- **拿多少錢，幹多少事**：這個藉口不是按勞力論報酬的概念。某些人因為缺乏責任心而遭批評時，通常這句話就會脫口而出。「我不是沒有能力，是因為酬勞太少，我不願全力發揮而已。」但與此矛盾的是，評估能力與酬勞不成正比的就是說這句話的人，也許在上司眼裡，你所付出的努力還遠遠不值付給你的薪水呢！如果一個職場人的思維意識永遠停留在為了生存出賣體力的基礎上，相信就很難達到他所期望的薪資水準。

- **我們一直都是這樣的**：當工作沒有突破或有人提出墨守成規的不足時，委屈的人會用這個藉口。「一直都是這樣的。」意思就是告訴別人，我在某種被認可的、安全的公式當中。一個缺乏創新精神的員工總是喜歡沿用傳統而固定的模式，按部就班地工作，或許有的上司會喜歡不具備進取精神的下屬，因為他不需要能挑戰他的員工。然而喜歡跟隨這種上司、絲毫沒有個人主見的員工，在職場上就要承擔來自自己的很大風險。

第三章
影響力來自為人處世的智慧

▌做人要懂方圓之道

華人傳統的處世之道，就凝聚在一枚小小的銅錢中——外面圓圓的，中間卻是棱角分明的方孔。寓示著「外圓內方」的做人道理：外圓可減少阻力，便於流通提攜；內方可一線貫通，秩序井然。

「方」，方方正正，有稜有角，指一個人做人做事有自己的主張和原則，不被外人所左右；「圓」，圓滑世故，融通老成，指一個人做人做事講究技巧，既不超前也不落後，或者該前則前，該後則後，能夠認清時務，使自己進退自如、遊刃有餘。

一個人如果過分方正、有稜有角，必將碰得頭破血流；但一個人如果八面玲瓏、圓滑透頂，總是想讓別人吃虧，自己占便宜，也必將眾叛親離。因此，做人必須方中有圓，圓中有方，外圓內方。「方」是做人之本，是堂堂正正做人的脊梁。人僅僅依靠「方」是不夠的，還需要有「圓」的包裹，無論是在商界、仕途，還是交友、情愛、謀職等，都需要掌握「方圓」的技巧，這樣才能無往而不利。

去過廟裡的人都知道，一進廟門，首先是彌勒佛，笑臉迎客。而在祂的北面，則是黑口黑臉的韋陀。

但相傳在很久以前，他們並不在同一個廟裡，而是分別掌管不同的廟。彌勒佛熱情快樂，所以來的人非常多，但他什麼都不在乎，丟三落四，沒有好好管理財務，所以依然入不敷出。而韋陀雖然管帳是一把好手，但成天陰著個臉，太過嚴肅，搞得人越來越少，最後香火斷絕。

佛祖在查香火時發現了這個問題，就將他們兩個放在同一個廟裡，由彌勒佛負責公關，笑迎八方客，於是香火大旺。而韋陀鐵面無私，錙銖必較，則讓他負責財務，嚴格把關。在兩人分工合作以後，廟裡一派欣欣向榮的景象。

在韋陀身上，展現的是做人的「方」；彌勒佛則是「圓」的代表。很顯然，無論是方或是圓，都沒有方圓合一來得好。

　　在現實生活中，有些人在學校時成績一流，進入社會卻成了小職員；有些人在學校時成績二流，進入社會卻當了老闆。為什麼呢？就是因為成績一流的同學過分專心於專業知識，忽略了做人的「圓」；而成績二流甚至三流的同學卻在與人交往中掌握了處世的原則。正如卡耐基所說：「一個人的成功只有 15% 是靠專業技術，而 85% 卻要依靠人際關係、有效說話等軟科學本領。」

　　同樣，動為方，靜為圓；剛為方，柔為圓。以不變應萬變是方，以萬變應不變是圓。凡事都在圓中豫、方中立，這是古人謀事的原則，也是亙古不變的真理。世間事物都在這方圓之中，而方圓也是歷史和哲學的辯證。

　　大學者紀曉嵐身處清朝由盛而衰，由治而亂的過渡時期，以天縱之聰明，在複雜多變的官場中，隨機應變，方圓相濟，上得天道，下撫黎民，生前顯赫，死後留芳。他傳奇般的成功就在於他巧妙地將方和圓有機地結合起來。達成了天理與人欲、品德與才華、生活與事業、為學為官等一系列看似對立事物之間的高度統一。從方圓的角度來看待紀曉嵐的為人處世之道可以發現：就人際交往而言，紀曉嵐認為，一個人與最要好的朋友之間也有對立面；與最仇恨的敵人之間也有依賴面。處理好人際關係，主要就是根據彼此依賴面大還是對立面大，巧妙地把握方與圓的轉化。

　　俗話說，「伴君如伴虎。」紀曉嵐在處理自己與皇帝的關係時，也充分運用了方圓之道。一天，紀曉嵐陪同乾隆皇帝遊大佛寺。君臣二人來到天王殿，但見殿內正中一尊大肚彌勒佛，袒胸露腹，正看著他們憨笑。乾隆問：「此佛為何見朕笑？」紀曉嵐從容答道：「此乃佛見佛笑。」乾隆問：「此話怎講？」紀曉嵐道：「聖上乃文殊菩薩轉世，當今之活佛，今朝又來佛殿禮佛，所以說是佛見佛笑。」乾隆暗暗贊許，轉身欲走，忽見大肚彌勒佛正對

紀曉嵐笑，回身又問：「那佛也看卿笑，又是為何？」紀曉嵐說：「聖上，佛看臣笑，是笑臣不能成佛。」

真正的「方圓」之人是大智慧與大容忍的結合體，有勇猛鬥士的威力，有沉靜蘊藉的平和。真正的「方圓」之人能對大喜悅與大悲哀泰然不驚。真正的「方圓」之人，行動時幹練、迅速，不為感情左右；退避時，能審時度勢、全身而退，而且能抓住最佳機會東山再起。真正的「方圓」之人，沒有失敗，只有沉默，是面對挫折與逆境積蓄力量的沉默。

外圓內方的人，有忍的精神，有讓的胸懷，有貌似糊塗的智慧，有形如瘋傻的清醒，有臉上掛著笑的哭，有表面看是錯的對……

總之，方外有圓，圓內有方，外圓內方，可謂人生的最高境界。

寬容待人者受人尊敬

在人際交往中，我們不可避免會遇到各種挑戰，有時甚至是惡意的攻擊，針鋒相對，會讓你徒增懊惱。但如果你能寬容別人的過失，以豁達的心胸面對，你會發覺寬容比發怒更讓你暢快。

有句西諺說：「寬容是在荊棘叢中長出來的穀粒。」寬容使人清醒、使人明智、使人坦然、使人明辨是非，同時不計個人得失，可以讓人著眼於一生一世，而不是一時一事。寬容勝過一劑良藥，不僅能給對方帶來好心情，而且可以使自己身心舒暢。寬容使軟弱的人覺得這個世界溫柔，使堅強的人覺得這個世界高尚。如果說苛責、仇恨和嫉妒是人心中的沙漠，那麼寬容便是沙漠中的綠洲和河流。一個人的胸懷能容下多少人，才能贏得多少人。多一分諒解，多一分寬容，多一分寬待，多一分善意，我們身邊就會更加和諧，人生也就會變得更加精彩。

有一次，在開往費城的火車上，中途一個婦人上了車，走進一節車廂，

坐在座位上。這時走來一位略顯肥胖的男子，坐在她對面的座位上，點了根香菸。她禁不住咳了幾聲，身子也挪來挪去。

可是，那個男子絲毫沒有注意到她的暗示。最後，婦人終於忍不住開口說道：「你多半是外國人吧？大概不知道這列火車有一節吸菸車廂，這裡是不能抽菸的。」

那個男子一聲不吭地掐熄了香菸，扔出窗外。

過了一會兒，列車員過來對老婦人說，這裡是格蘭特將軍的私人車廂，請她離開。她聽了大吃一驚，站起身就往門口走。她看著將軍一動不動的身影，心裡有些慌張和害怕。而整個過程中，將軍仍像剛才一樣表現他的寬容大度，沒給她任何難堪，甚至沒有取笑嘲弄她的神情。

將軍在婦人面前表現出自己的涵養，他沒有因自己的地位高貴而輕視她；相反地卻顧及了婦人的尊嚴，讓婦人備受感動，也讓我們學到做人的學問。

一個有志於事業成功的人，寬容就是一門不可或缺的人生必修課。胸襟博大，心寬志廣，萬事順達，他就會上下和睦，左右逢源，以充沛的精力投入工作中，使自己的事業大有成就。學會寬容，也許這正是人生處世最高深也最艱難的修練，誰的修練最獨特、最成功，誰在生活中得到的益處就最多。正所謂吃虧是福，忍讓是德。寬容是我們每個人都應該具有的良好道德和修養。

有位德高望重的長老，一天他在寺院的高牆邊發現了一把椅子，知道這是貪玩的小和尚借此翻牆到寺外去玩。於是長老搬走椅子，站在那兒等候。午夜，外出的小和尚回來了，他爬上牆，再跳到「椅子」上，他覺得「椅子」踩上去的感覺有點怪，不像先前那麼硬，軟軟的甚至有點彈性。落地後小和尚定睛一看，才知道椅子已經被挪走，剛才是長老用背脊接住他。小和尚倉皇不已，以後的一段日子他都誠惶誠恐等著長老的發落。但長老並沒有這樣

做，甚至壓根沒提及這件「天知地知你知我知」的事。小和尚從長老的沉默和寬容中獲得啟示，他收住了心，再沒有去翻牆，透過刻苦的修練，成了寺裡的佼佼者，若干年後，成為寺院的住持。

　　一個人沒有容人的肚量就不會有大成就。一個寬宏大量的人很容易與別人融洽相處，同時也很容易獲得朋友。歷史上，成功的人物並非有三頭六臂，也並非功力過人，而是因為有容人的肚量。法國文學大師雨果曾說過這樣一句話，「世界上最寬闊的是海洋，比海洋寬闊的是天空，比天空更寬闊的是人的胸懷。」寬容是人類生活中至高無上的美德。因為寬容包含著人的心靈，因為寬容可以超越一切，因為寬容需要一顆博大的心。寬容是人類情感中最重要的部分，這種情感能融化心頭的冰霜。

　　古希臘神話中有位大英雄叫海格力斯。一天他走在坎坷不平的山路上，發現腳邊有個袋子似的東西很礙腳，海格力斯踩了那東西一腳，誰知那東西不但沒有被踩破，反而膨脹起來，加倍地擴大。海格力斯惱羞成怒，操起一根碗口粗的木棒砸它，那東西竟然長大到把路堵死了。

　　正在這時，山中走出一位聖人，對海格力斯說：「朋友，快別動它，忘了它，離它遠去吧！它叫仇恨袋，你不犯它，它變小如當初；你侵犯它，它就會膨脹起來，擋住你的路，與你敵對到底！」

　　我們生活在茫茫人世間，難免會與別人產生誤會、摩擦。如果不注意，在我們心懷仇恨時，仇恨便會悄悄成長，最終會導致堵塞通往成功的道路。所以，我們一定要記住在自己的仇恨袋裡裝滿寬容，那樣我們就會少一分煩惱，多一分機遇。

　　總之，寬容是種胸懷。人要成大事，就一定要有開闊的胸懷，只有養成坦然面對、包容一些人和事的習慣，才能取得事業的成功與輝煌；寬容是一門交際的藝術，它潤滑了彼此的關係，消除了彼此的隔閡，掃清了彼此的顧忌，增進了彼此的了解，寬容能夠打開兩顆相對封閉的心靈，它像一種明澈

而柔潤的調劑，使之相融相知，懂得寬容的人生是美麗的；寬容是一種自我解脫。寬容他人，給予他人尊重和信任，同時也是賜予自己幸福和快樂，寬容他人，給予他人微笑和友善，你的心靈會很踏實和輕鬆，也只有懷著寬容之心的人，才能看到生活中更美好更真誠的一面，你吝於對人寬容，生活就會吝於給你幸福；寬容更是一種智慧、一種博大的情懷。對他人寬容，使自己受益，是做人的大度和涵養，是一種積極的生活態度和高尚的道德觀念，它不僅展現著人性的仁愛，更展現著一種智慧的心態。

▎謙遜更能提高身價

謙遜不僅是一種為人的品格，而且是一種做人的策略。

做人貴在謙遜。《周易・謙卦》中說：「謙謙君子，卑以自牧。」意思是說，有道德的人，總是以謙恭的態度，自守其德，修養自身。一個謙虛的人總能獲得周圍人的認同讚揚，從而使自己的社會交往更遊刃有餘。同時，謙遜的心態又會使自己具備一種認真做事的精神，更加踏實和敬業，同時會使事情完成得更好。

謙遜做人就是低調做人。大度睿智的低調做人，有時比橫眉冷對的高高在上更有助於解決問題。對他人的小過以大度相待，實際上也是一種低調做人的態度，這種態度會使事情更容易解決。

如果一個人執著於自己的尊嚴和面子，可能就會發生落難的悲劇；如果放下身段，拋開分，也許會發現，面前的路越走越寬；如果降低姿態，低調做人，也許在不知不覺中就會發現，自己得到的會更多。

瑞典前首相帕爾梅（Olof Palme）是位受人尊敬的領導人。他當時雖貴為政府首相，但仍住在平民公寓裡。他生活十分簡樸，平易近人，與平民百姓毫無二致。帕爾梅的信條是：「我是人民的一員。」除了正式出訪或特別

重要的外交活動外，帕爾梅去國內外參加會議、訪問、視察和私人活動，一向很少帶隨扈和保鑣。只在參加重要外交活動時才坐防彈汽車，並有兩名員警保護。

在 1984 年 3 月，帕爾梅去維也納參加奧地利社會黨代表大會，也是獨自前往。當他走入會場時，還沒有人注意到他，直到他在插有瑞典國旗的座位上坐下，人們才發現他。對他的舉動，與會者稱讚不已。

和普通群眾打成一片是帕爾梅為人的重要特點。帕爾梅從家裡到首相辦公室，每天都堅持步行，在這一刻鐘左右的時間裡，他不時與路上行人打招呼，有時甚至與路人閒聊幾句。帕爾梅和周圍人的關係處得都很好。在工作之餘，他還經常幫助別人，絲毫不擺架子。帕爾梅一家常到法羅群島度假，和那裡的居民關係很密切，那裡的人都將他當作朋友。他常在閒暇時獨自騎車閒逛、割草打水、劈柴生火、幫房東幹些雜務，以此聯繫和接觸群眾，使彼此之間親如家人。

帕爾梅喜歡獨自微服私訪，去學校、商店、廠礦等地，找學生、店員、工人談話，了解情況，聽取意見。他從沒有首相的架子，談吐文雅、態度誠懇，也從不搞前呼後擁的威嚴場面。這些都使他深得瑞典人民的愛戴。

帕爾梅平易近人，他和許多普通人透過信件建立友誼。他任職期間，平均每年收到 5 萬多封來信，其中三分之一來自國外。為此，他專門僱用幾名工作人員即時拆閱、處理和答覆，做到來者皆閱，閱者均復。對於助手起草的回信，他要親自過目，然後才能簽發。這一切都使他的形象在人民心目中日益高大。帕爾梅首相辦公室的大門也永遠向人民開放，永遠是為人民服務之處。在瑞典人民的心目中，帕爾梅既是首相，又是平民；既是領袖，又是兄弟、朋友。

對於遭遇困境的人來說，降低姿態，放下架子，拋開面子，眼前的困難就可能輕鬆解決。而對於一些相對比較成功的人來說，降低姿態，與大家平

等相處，非但沒人覺得你丟了面子，反而會讓大家更尊重你。如果上司經常與下屬職員同吃同喝，無形中就能提高他的親和力，更能使員工聽從他的指揮。倘若他高高在上，不苟言笑，下屬的敬畏之心有了，但是距離也遠了，如此一來，就不可能獲得眾人愛戴。

　　一個懂得謙遜的人，就是真正懂得積蓄力量的人，謙遜能避免給別人造成太張揚的印象，這樣的印象恰好能使一個人在生活、工作中不斷累積經驗與能力，最後達到成功。

　　領導香港電影新潮流的大導演許鞍華，她為人非常謙遜。有一天，香港一檔電視節目採訪她，主持人問她覺不覺得自己特別出色，因為香港很多導演剛出道時都在她手下當助手。她笑著說，「出色？不，我很自卑呢。」隨即孩子似地說開了：「我長得這麼不好看，分不清左右，學不會開車，常常把油門當煞車踩，而且我不會煮飯不會做家務，在生活中幾乎是個廢人，人多的時候，我還不會講話……所以我非常自卑。」

　　是的，成功來自謙遜，從許鞍華坦誠「自卑」的謙遜中不就折射出成功的真諦了嗎？

　　性格豪放者心胸必然豁達，壯志無邊者思想必然激越，思想激越者必然容易觸怒世俗和所謂的權威。所以，社會要求成大事者能隱忍不發，低調做人。事實上，謙遜絕不會使高貴者變得卑微，相反地，倒更能增強人們的崇敬之情。這樣的人把自己的生命之根深深繫在人民大眾這塊沃土之中，哪能不根深葉茂、令人敬重呢？

　　一個人可能身居要職、聲名顯赫，也可能腰纏萬貫、富可敵國，但是，終究也只是個凡人。一位西方哲人曾說過：「一滴水的最好去處是什麼地方？那就是大海。」每個人都只是大海裡的一滴水，所以，倒不如放下身段，謙遜做人，這才是做人的根本。

吃虧是種隱性投資

吃虧是種隱性投資。凡事禮讓三分，盡可能多為他人著想，能不計較就不計較，能成全就成全，這是最好的人情投資。

現在的人最怕吃虧，寧可讓別人吃虧也不讓自己吃虧。可是，老人卻常勸兒孫說：吃點虧不是什麼壞事，吃虧是福。

吃虧，並不是每個人都能輕易做到，需要有容忍的雅量。能吃虧，是寬容大度、忍辱負重、能屈能伸的象徵。

能夠吃虧的人，往往一生平安，幸福坦然。吃一塹，長一智，吃虧不虧，惜福得福。

以前，在北方的邊塞地區有個人很會養馬，大家都叫他塞翁，有一天，塞翁的馬從馬廄裡逃跑了，越過邊境一路跑進胡人居住的地方，鄰居知道這消息都趕來慰問塞翁，希望他不要太難過，塞翁一點都不難過，反而笑笑說：「我的馬雖然走失了，但這說不定是件好事呢？」

過了幾個月，這匹馬自己跑回來了，而且還跟來一匹胡地的駿馬，鄰居聽說這事情後，又紛紛跑到塞翁家道賀。塞翁這回反而皺起眉頭對大家說：「白白得來這匹駿馬，恐怕不是什麼好事喔！」

塞翁有個兒子很喜歡騎馬，他有天就騎著這匹胡地來的駿馬出外遊玩，結果一不小心從馬背上摔下，跌斷了腿，鄰居知道這件意外後，又趕來塞翁家慰問，勸他不要太傷心，沒想到塞翁並不怎麼難過、傷心，反而淡淡對大家說：「我的兒子雖然摔斷了腿，但說不定是件好事呢！」

鄰居每個人都莫名其妙，他們認為塞翁肯定是傷心過頭，腦筋都糊塗了。過了不久，胡人大舉入侵，所有青年男子都被徵召去當兵，但胡人非常剽悍，所以大部分年輕男子都戰死沙場，塞翁的兒子因為摔斷腿不用當兵，反而因此保全了性命。這時，鄰居才體悟到，當初塞翁所說的那些話裡隱含的智慧。

這個寓言告訴我們，當下的吃虧，未必就是壞事。更多的時候，損失蠅頭小利會換得巨額大利，吃虧後才懂得珍惜。吃小虧在先，占大便宜在後。

　　好勝的人通常不願意吃虧，什麼事都要爭個你死我活，而這種人其實說到底，也就是缺少自信。他們害怕認輸後被人笑話，於是明明是不對的，也要堅持到底。這種不願吃點小虧的人，最終的結果就是吃大虧。

　　海灘上的藍甲蟹分為兩種，一種比較凶猛，不知躲避危險，跟誰都敢開戰；一種比較溫和，不善抵抗，遇有敵人，便翻過身子，四腳朝天，任你怎麼叮牠、踩牠，牠都不理不動，一味裝死，寧可吃虧。

　　如此，經過千百年的演化，出現了一種有趣的現象，強悍凶猛的藍甲蟹越來越少，成了瀕臨絕種的動物。而較弱的藍甲蟹，反而繁衍昌盛，遍布世界許多海灘。

　　動物學家研究發現，強悍的藍甲蟹一是因為好鬥，在相互殘殺中首先滅絕了一半，其次是因為強悍而不知躲避，被天敵吃掉一半。而軟弱的、會裝死的藍甲蟹，則因善於吃虧，善於保護自己，反而擴大了族群。

　　在澳洲，強悍的烈馬，生命反而短暫，一般是被殺掉吃肉，而溫弱的母馬，往往能被利用，馴服後在賽場上很可能成為一匹奪冠的快馬。快馬得勢，反而是建立在最初的懦弱上。

　　美國心理學家做過這樣的調查，一名彪形大漢，在擁堵的馬路上橫穿而過，願意為他讓路的車輛不到 50%，車禍率很高。而一名老弱病殘者穿越馬路，卻是萬人相讓，大家還覺得自己做了善事，車禍率為零。

　　從以上這些事例中，我們可以看出，弱與強，吃虧與不吃虧，在某些時候、某些情況下，得到的結果截然相反。「吃虧」不光是一種境界，更是一種睿智。不能吃虧的人，在是非紛爭中斤斤計較，他只局限於現在不吃虧的狹隘自我思維中，這種心理會蒙蔽雙眼，勢必會遭受更大的災難，最終失去的反而更多。

學會吃虧，是人生在世心態平和的出發點。如今很多人都愛表現出強者風範，往往碰得頭破血流；而以吃虧者的姿態行事，人自然會謙虛謹慎，別人也會願意接受，反而會使一切順暢。所以，如果能經常以一種吃虧者的姿態出現，以吃虧者的面貌去掌握自己，就能成為長久的贏家。

1908 年，美國有個叫拿破崙・希爾（Napoleon Hill）的年輕人，接受了一位全國最富有的人的挑戰，答應不要一丁點報酬，為這位富翁工作 20 年。表面上看，希爾吃了大虧，因為這 20 年正是他年輕力壯、最能創造利潤的時期，可是實際上，希爾獲得的是遠比他應得的報酬更多的回報。

事情是這樣的：

年輕的希爾去採訪鋼鐵大王卡內基。卡內基很欣賞希爾的才華，對他說：「我向你挑戰，此後 20 年裡，你能否把全部時間都用在研究美國人的成功哲學上，然後提出一個答案，但條件是：除了寫介紹信為你引見這些人，我不會對你作出任何經濟支持，你肯接受嗎？」

雖然沒有酬勞，但希爾相信自己的直覺，接受了挑戰。在此後的 20 年裡，他遍訪美國最富有的 500 名成功人士，寫出了震驚世界的《成功定律》一書，並成為羅斯福總統的顧問。

「吃得了虧」，這就是希爾之所以能成功的全部祕密。希爾後來回憶說：「全國最富有的人要我為他工作 20 年而不給我一丁點報酬。一般人面對這樣一個荒謬的建議，一定會覺得太吃虧而推辭，可我沒這麼做，我認為我要能吃得了這個虧，才有不可限量的前途。」

世界上沒有白吃的虧，有付出必然有回報，生活中有太多這種事情，如果斤斤計較，往往得不到他人的支持。只要放開度量，從長遠的角度思考問題，就會發現，吃虧其實就是一種商業投資，吃虧就是福呀！

▌誠信是人生立世之本

孔子曾說過，「人而無信，不知其可也。大車無輗，小車無軏，其何以行之哉？」中華民族自古就推崇誠實守信的道德觀，講究做人要有真情實意，一諾千金。在當代社會，這些傳統美德並沒有過時，誠實守信仍是人們最基本的道德標準。

誠，就是要實事求是，不擴大，不縮小；信，就是要一言九鼎，說到做到，不朝秦暮楚，不朝令夕改。誠信是立業之本、做人的準則，更是身而為人的第二張分證。

清朝時有個老商人，走南闖北做了一輩子小買賣，積攢了一些錢，就回到家鄉開了個小飯館。眼看自己一天天老了，他覺得該把他的小飯館交給兒子們管理。

老商人老伴去世得早，膝下有三子。大兒子和二兒子機靈，常有些鬼點子；小兒子性情憨厚老實，只知道讀書，很少管家裡的事。他想了很久，也不知該把辛苦經營起來的小飯館交給誰才好。

70 歲生日那天，老商人的三個兒子都來給他祝壽。家宴結束後，他把兒子叫到書房裡，對他們說：「孩子啊，今天我有件事情要對你們交代。我現在老了，怕是活不了幾年，說不定哪天就突然閉上眼了。我這輩子也沒留下什麼財富，就這麼一個小飯館，我想在你們當中選個合適的人來接手。我想了好久，想了個非常公平的辦法，現在我就宣布這個辦法，你們都給我聽好了。」

老商人立即吩咐家裡的僕人搬來三個裝好土的花盆，然後從懷裡掏出三粒種子放在桌上，嚴肅地說：「這是我精心挑選的花種，你們在這裡任選一顆種在花盆裡，半年以後，拿來給我看，誰養的花最讓我滿意，我就把這個小飯館交給誰。但要記住：只能用我發給你們的種子！只能用這花盆裡的土！」

　　三個兒子都答應了父親的吩咐。大兒子和二兒子回到家裡，精心培育了幾天，可就是不見花盆裡的種子發芽，於是偷偷去鄉下找花匠。他們從花匠那裡買了同樣品種的種子，又讓花匠換了花盆裡的土壤，高高興興地把花盆抱回家。沒過幾天，那種子就發芽了。

　　憨厚老實的小兒子每天按時給花盆澆水，可就是不見發芽。他一點兒也不著急，仍然按時澆水施肥。

　　半年很快過去，該是老商人驗收的時候。三個兒子都端著花盆來給老商人看，大兒子和二兒子養的花都枝繁葉茂，還開出很鮮豔的花朵。老商人看著漂亮的鮮花，並不特別興奮，反而有幾分憂慮。當他看見小兒子端著沒長出鮮花的花盆時，老商人什麼也沒說，就把小飯館的鑰匙和帳本交給小兒子。

　　其他兩個兒子很不服氣，生氣地問老商人：「父親大人，三弟的花盆裡什麼都沒有，您怎麼就把飯館交給他了呢？」

　　老商人說：「做生意一定要講究誠信，因此要選個誠實的人做接班人，看來你們的弟弟是最誠實的。」那兩個兒子一起問：「為什麼？」老商人緩緩地說：「那是三顆炒熟的種子。」

　　老商人之所以選中小兒子做接班人，是因為他誠實守信。小兒子用自己的誠實贏得了父親的信任。誠信是做人的美德，誠信是立足的根基，誠信是做人的根本準則，是一個人安身立命之道。講誠信，並不是為了維護和增加自己的利益，而是要盡到做人的本分。民國初年的教育家陶行知曾說過：「千教萬教教人求真，千學萬學學做真人。」只有用誠信校正成長的腳步，人生才會更踏實精彩。

　　相反，如果一個人謊話連篇，說話不算數，不守信義，誰還會相信他？「無誠則有失，無信則招禍。」那些踐踏誠信的人也許能得益於一時，但終將作繭自縛，自食其果。

西元前 781 年，周宣王去世，他兒子即位，就是周幽王。周幽王昏庸無道，到處尋找美女。大夫越叔帶勸他多理朝政。周幽王惱羞成怒，革去了越叔帶的官職，把他攆走。這引起了大臣褒響的不滿。褒響來勸周幽王，但被周幽王一怒之下關進監獄。褒響在監獄裡關了三年。其子將美女褒姒獻給周幽王，周幽王才釋放褒響。周幽王一見褒姒，喜歡得不得了。褒姒卻老皺著眉頭，連笑都沒笑過一回。周幽王想盡法子引她發笑，她卻怎麼也笑不出來。虢石父對周幽王說：「從前為了防備西戎侵犯我們的京城，在翻山一帶建造了二十多座烽火臺。萬一敵人打進來，就一連串地放起烽火來，讓鄰近的諸侯瞧見，好出兵來救。這時候天下太平，烽火臺早沒用了。不如把烽火點著，叫諸侯上個大當。娘娘見了這些兵馬一會兒跑過來，一會兒跑過去，就會笑的。您說我這個辦法好不好？」

周幽王眯著眼拍手稱好。烽火一點起來，半夜裡滿天全是火光。鄰近的諸侯看見烽火，趕緊帶著兵馬跑到京城。聽說大王在細山，又急忙趕到細山。沒想到一個敵人也沒看見，也不像打仗的樣子，只聽見奏樂和唱歌的聲音。大家我看你，你看我，都不知是怎麼回事。周幽王叫人去對他們說：「辛苦了，各位，沒有敵人，你們回去吧！」諸侯這才知道上了大王的當，十分憤怒，各自帶兵回去。褒姒瞧見這麼多兵馬忙來忙去，於是笑了。周幽王很高興，賞賜了虢石父。隔了沒多久，西戎真的打到京城來了。周幽王趕緊把烽火點起。這些諸侯因上次上了當，這次又當是在開玩笑，全都不理他。烽火點著，卻沒有一個救兵來，京城裡的兵馬本就不多，只有一個鄭伯友出去抵擋了一陣。可是他的人馬太少，最後被敵人圍住亂箭射死。最後，周幽王和虢石父都被西戎殺了，而褒姒則被擄走。

其實，哪裡是西戎殺了周幽王？明明是誠信殺了周幽王！周幽王為博美人一笑，不惜戲弄諸侯，實際上是在出賣自己誠信的品格。

　　莎士比亞說，「誠實是一個人最明智的選擇，欺騙也許能夠獲得暫時的利益，但是喪失的不僅僅是別人的信任，還有自己的信心。」所以，對人首先要以誠相待，這樣你才能真實地對待自己。

▌識時務者為俊傑

　　在生活中，識時務、審時度勢是智慧的處世良方。正所謂識時務者為俊傑也。

　　「識時務者為俊傑」的說詞最早是用於諸葛亮身上。據《三國志·蜀志·諸葛亮傳》記載，劉備當年打天下，流落到荊州，後來被蔡氏兄弟追殺，飛躍檀溪，逃到襄陽的水鏡莊。水鏡莊有個著名隱士司馬徽，人稱「好好先生」，又叫「水鏡先生」，意思是「心如明鏡」，很會鑑賞人才。當時的諸葛亮、徐庶等人都曾向他求學問道。劉備求才心切，要求司馬徽談時務。司馬徽很謙虛，就說：「儒生俗士，豈識時務？識時務者在乎俊傑。此間自有伏龍、鳳雛。」意思是說，我不過是個書生，哪懂什麼時務，識時務者為俊傑，這裡的俊傑有臥龍、鳳雛兩人。這裡的臥龍是指諸葛亮，而鳳雛是指龐統。後世以「識時務者為俊傑」來指那些認清形勢、了解時代潮流者才是傑出人物。

　　是的，所謂俊傑，並非專指那些縱橫馳騁如入無人之境，衝鋒陷陣無堅不摧的英雄，還應包括那些看準時局、能屈能伸的處世者。

　　現實生活是殘酷的，很多人都會碰到不盡如人意的事。殘酷的現狀需要你對人俯首聽命，這時候，你必須面對現實，要知道，勇於硬碰硬，不失為一種壯舉，可是，胳膊粗不過大腿，硬要拿著雞蛋去與石頭碰撞，只能是無謂的犧牲。所以，這就需要用另一種方法去解決問題。

　　魏徵在隋朝末年追隨武陽郡丞元寶藏策應李密的起義，擔任典書記。後來被李密看中。然而，在李密那裡，魏徵並不得志，「進十策以干密，雖奇

之而不能用」。後來，魏徵隨李密歸順了唐朝。在擔任山東安撫使期間，竇建德率兵攻陷黎陽，魏徵成了大夏國的一名起居舍人。後來，竇建德失敗，魏徵重又回唐朝。在唐朝最初的幾年中，魏徵先是在太子李建成府中擔任洗馬。李世民登基後，將其拜為諫議大夫等職。可以說，在幾十年的政治生涯中，魏徵數易其主，用一般人的眼光，必定不是個立場堅定的人，至少不是個忠臣，不能為主人殺身成仁。然而，歷史並沒有因魏徵的這些「問題」而對其貶損，他反而以一代著名諫臣在歷史留名。

　　回顧魏徵的一生，不難看出魏徵是個有膽有識的俊傑。想當年，他追隨李密時，為的是推翻失去民心的隋朝，這是他識時務的表現──識國家之時務，識腐朽王朝即將崩潰之時務。為達到這一目的，他多次給魏公李密上疏，勸他「有功不賞，戰士心墮」。後來，唐太宗李世民即位，魏徵被視為親信，多次被「引入臥內，訪以得失」。此時對他來說，最大的時務是保證社稷的長治久安，因而要盡量讓皇帝和朝廷少犯錯誤。

　　魏徵識時務還展現在生活細節上。有一次，客人送給唐太宗一隻鷂鷹，非常漂亮。唐太宗見了喜歡得不得了，就架在手臂上玩。忽然，他遠遠看見魏徵走了過來，就將那隻鷂鷹藏在懷裡。可是，魏徵卻佯裝不知，來到唐太宗面前，給他講述歷朝歷代統治者玩物喪志而丟了江山、沒了性命的故事。魏徵嘮嘮叨叨說了很久，等到魏徵走了，唐太宗敞開衣襟一看，那鷂鷹早給悶死了。《舊唐書》說魏徵雖然貌不驚人，卻「素有膽智，每犯顏進諫，雖逢王赫斯怒，神色不移」。

　　由此可見，能夠準確地識別時機的轉換，是英雄創業的基本前提。

　　張良年少時因謀刺秦始皇未遂，被迫流落到下邳。一日，他到沂水橋上散步，遇一穿著短袍的老翁，老翁故意把鞋摔到橋下，然後傲慢地差使張良說：「小子，下去給我撿鞋！」張良愕然，不禁拔拳想要打他。但礙於長者之故，不忍下手，只好違心地下去取鞋。老人又命其給穿上。飽經滄桑、心

懷大志的張良，對此帶有侮辱性的舉動，居然強忍不滿，膝跪於前，小心翼翼地幫老人穿好鞋。老人非但不謝，反而仰面長笑而去。張良呆視良久，老人又折返回來，讚嘆說：「孺子可教也！」遂約其五天後凌晨於此再次相會。張良迷惑不解，但反應仍然相當迅捷，跪地應諾。

五天後，雞鳴之時，張良急匆匆趕到橋上。不料老人已先到，並斥責他：「為什麼遲到，再過五天早點來」。這一次，張良半夜就去橋上等候。他的真誠和隱忍博得了老人的讚賞，這才送給他一本書，說：「讀此書則可為王者師，十年後天下大亂，你用此書興邦立國；十三年後再來見我。我是濟北轂城山下的黃石公。」說罷揚長而去。

張良驚喜異常，天亮看書，乃《太公兵法》。從此，張良日夜誦讀，刻苦鑽研兵法，俯仰天下大事，終於成為一個深明韜略、文武兼備、足智多謀的「智囊」。

無疑，張良是識時務的。正是他隱忍不發，甘居人下，才終於有了後來的成就。

「識時務者為俊傑。」可以說，這是行走在現實社會的人性叢林中的金玉良言，謹記在心，並且誠懇實踐，必可在現實社會的人性叢林裡履險如夷。

▌面子能值幾個錢

面子觀念由來已久。在民間，「人活一張臉，樹活一張皮」，「人爭一口氣，佛爭一炷香」等和面子有關的俗語比比皆是。生活中我們也常能看見有人為了爭面子而鋪張浪費。新人結婚時一定要大擺宴席，豪華名車成隊，知名人士捧場，彷彿不這樣就不算是結婚，就會非常沒面子。

面子真有這麼重要嗎？大多數人如此重視面子，究竟從中得到了什麼呢？德國有位專門漢學家說：「華人的面子，就是一種角色期待，華人是作

為角色而存在的，而不是作為人本身存在的。」身為中國傳統文化的仰慕者，這位漢學家用了比較委婉的說法。仔細分析，他這句話的意思其實就是「面子讓華人失去了自我」。

　　實際生活中，面子為大多數人帶來的危害遠不止於此。俗話說：「死要面子活受罪」。面子這東西看不到也摸不著，但就是這既看不到也摸不著的東西，讓許許多多人受盡「折磨」，更有甚者身陷囹圄，害人害己。

　　要面子是攀比心理的衍生物，愛面子的人總懷著一種不比別人差或想超過別人的心理，想以此顯示自己的價值。其實，這種不務實際的心理焦慮，等於是為自己設置障礙。人各有所長，也各有所短。以己之短，追慕他人所長，常常力所不及。如果能夠摒棄這種以虛假的幻象來掩蓋自己的比較心理，就會正確地認識自我，發現自己的長處，感覺到別人也有不如自己的地方，不再為自己不如別人而苦惱。只有具備這種心態，才能自得其樂，擺脫心理焦慮的苦惱。

　　有些人為了自己的面子而常說謊。比如，家裡窮的人，只能吃得起青菜豆腐，就會宣稱吃素食有益健康。著名作家錢鍾書在小說《圍城》中，就活靈活現地描寫了華人這種好面子的本性——

　　「汪先生得意地長嘆道：『這算得什麼呢！我有點東西，這一次全丟了。兩位沒看見我南京的房子——房子總算沒給日本人燒掉，裡面的收藏陳設都不知下落了。幸虧我是個達觀的人，否則真要傷心死呢。』這類的話，他們近來不但聽熟，並且自己也說慣了。這次兵災當然使許多有錢、有房子的人流落做窮光蛋，同時也讓不知多少窮光蛋有機會追溯自己為過去的富翁。日本人燒了許多空中樓閣的房子，占領了許多烏托邦的產業，破壞了許多單相思的姻緣。譬如陸子瀟就常常流露出來，戰前有兩三個女人搶著嫁他，『現在當然談不到了』。李梅亭在上海閘北，忽然補築一所洋房，如今呢？可惜得很！該死的日本人放火燒了，損失簡直沒法估計。方鴻漸也把淪陷的故鄉

裡那所老宅放大了好幾倍，妙在房子擴充而並不會侵略鄰舍的地。趙辛楣住在租界裡，不能變房子的戲法，自信一表人才，不必惆悵從前有多少女人看中他，只說假如戰爭不發生，交涉使公署不撤退，他的官還可以做下去——不，做上去。」

留心觀察我們周圍就會發現，有很多如錢鍾書筆下死要面子的人。大多數人常常認為一個人的面子是社會地位的表現，加上每個人都不想被人小看，所以總要千方百計表現自己的優越之處。

有時，面對特殊情況，愛惜面子是毫無意義的。如果能甘拜下風，做個姿態，自己並不會損失什麼，結果卻是皆大歡喜。

1924 年，有一次，北洋政府國務總理張紹曾主持國務會議。人稱「荒唐鬼」的財政總長劉思遠一到會場就坐下大發牢騷說：「財政總長簡直不能幹，一天到晚東也要錢，西也要錢，誰也沒本事應付，比如胡景翼這個土匪，也是再三再四地來要錢，國家用錢養土匪，真是從哪裡說起？」

胡景翼是陝西人，字笠增，同盟會會員，1924 年在北京與馮玉祥、孫岳發動北京政變，任國民軍副司令兼第二軍軍長，是個炙手可熱的人物。

劉思遠的牢騷發完後，大家沉默了一會兒。正在討論別的問題時，農商部部長劉定五忽然站起來說：「我有提案，今天先要討論一下財政總長的話。他既說胡景翼是土匪，國家為什麼還要養土匪？我們應該請總理把這個土匪拿來法辦。倘若胡景翼不是土匪，那我們也應該有個說法，不能任別人不顧事實地血口噴人。」

財政總長劉思遠聽了這話，脹紅了臉，不能答覆。大家你看我，我看你，都不說話，氣氛甚為緊張。靜了約十分鐘左右，張紹曾才說：「我們還是先行討論別的問題吧！」

「不行！」劉定五倔強地說：「我們今天一定要追究胡景翼是不是土匪的問題，這是關係國法的大問題！」

又停了幾分鐘，劉思遠才勉強笑著說：「我剛才說的不過是一句玩笑話，你何必這樣認真！」

　　劉定五板著面孔，嚴肅地說：「這是國務會議，不是隨便說話的場合。這件事只有兩個辦法：一是你通電承認你說的話如同放屁，再一個是下令討伐胡景翼！」

　　事情鬧到這一地步，結局實難預料，但出人意料的是，劉思遠總長竟跑到劉定五次長面前行了三個鞠躬禮，並且連聲說：「你算祖宗，我的話算是放屁，請你饒恕我，好不好？」話說至此，連劉定五也不知所措了，便有意將話題引向了其他事務上，意思也是幫助劉思遠找臺階下。在這件事上，劉思遠所採取的姿態很理智，可以說是用損失點面子挽回了丟位子的結局。

　　「要面子」，從某個角度看也是人類的優點，懂得廉恥、不甘落後、要強上進，但如果「死要面子」就必然導致「活受罪」。所以，放下面子才是一種智慧的選擇。畢竟，面子能值幾個錢呢？放下的是面子，捨棄的是心靈重負，得到的卻是人際和諧、生活愉快。

第四章
個人形象提升影響力

▌好形象是一種潛在資本

古代波斯哲人穆格法（Ibn al-Mugaffa）說過，「良好的形象是美麗的代言人，是我們走向更高階梯的扶手，是進入愛的神聖殿堂的敲門磚。」

生活經驗告訴我們，每個人都想追求完美的人生，但很少有人真正注意自己在社會上的形象。這種形象不僅僅是儀容儀表的刻意修飾，更是溫文的性格、積極的心態、文雅的修養帶給人的影響力。

在這個講求品質、注重包裝的時代，「不以貌取人」的觀念顯然已經有些落伍，如果能讓外觀為你的內涵輕鬆加分，那麼何樂而不為呢！

儘管形象不能決定一切，但美好的形象絕對是通向成功的開山之石。因此，形象是每個人應該從現在開始必須密切關注的問題。有人認為，只要擁有一技之長就可行走江湖。然而在職場中，在專業漸趨細密的分工下，沒有人是不可取代的。相比之下，透過專業反映出的個人職業形象，以及是否能將自己的形象傳遞到正確的人際脈絡中，讓人知曉，進而牽引出新的工作機會，往往才是決定一個人職場長期發展的最大推動力。

美國紐約州雪城大學管理學系對《財富》雜誌前 1,000 名首席執行長的調查，96% 的人認為形象在公司僱人方面是極為重要的，尤其是對那些要求可信度高的工作和與人打交道的工作，如市場、銷售、金融、律師、會計等。

一個注意形象並自覺保持好形象的人，總能在人群中得到信任，總能在逆境中得到幫助，也必定能在人生的旅途中不斷找到發揮才幹的機會，做到隨時用自己的風采魅力影響別人，活出真正精彩的人生。

誠然，在現代社會頻繁的人際交往中，人們會先透過外在形象對對方做出基本評價：或幹練，或精明，或高貴，或卑賤，或富有，或貧窮。所有這些，不僅是透過穿著或化妝來判斷，更是透過它們搭配之後形成的整體形象來斷定。

　　因此，一個人外在的穿衣打扮十分重要。有時會直接影響社交的成敗。在與他人的交往中，與人接觸時，人們首先看到的也是你的外在打扮，如果你衣著隨便，不修邊幅，人家可能就不會對你產生好感。在社交中，一個人的風度和氣質，主要是靠衣著來烘托。所以，要建立良好的外在形象，就要學會適度包裝自己，使眾人對你刮目相看，在無形中增添你的人際吸引力。

　　俗話說：「人靠衣服，馬靠鞍。」再漂亮的人，如果沒有服裝的包裝，也顯不出他的美來，這就像產品一樣需要美麗且吸引人的外在包裝。

　　生活中，我們經常看到這種現象：有的女性長得並不十分漂亮，身材也不十分優美，雖然穿的衣服並不華麗，都是些簡單、素雅的衣服，可是在這簡單、素雅的裝扮中，卻能顯現出她超凡脫俗的美麗來。有家服裝公司的總監是個很會打扮的人，她的同事和朋友都很欣賞她，對她的打扮經常讚不絕口。可是她並不追趕潮流，不是流行什麼就穿什麼，而是選擇適合自身特點的衣服來裝飾自己。她的衣服一向都與眾不同，總能給人一種新意、一個亮點，讓你耳目一新。她也十分重視不同衣服間的搭配。不同的服飾之間交錯搭配，就會烘托出不同的效果。她不管走到哪裡，都是引人注目的美麗焦點。

　　在美國的一次形象設計調查中，76% 的人根據外表判斷他人，60% 的人認為外表和服裝反映了一個人的社會地位。毫無疑問，服裝在視覺上傳遞著你所屬的社會階級訊息，它也能說明人們建立自己的社會地位。在大部分社交場所，你想要看起來屬於這個階級，就必須穿得像這個階級的人。正因如此，很多豪華高貴的國際品牌服裝，雖然價格高得驚人，卻不乏出手不眨眼的消費者。人們會對優秀的服裝與優質的人、不菲的收入、高貴的社會身分、一定的權威、高雅的文化品味等產生聯想，穿著出色、昂貴、高品質的服裝在一定程度上就意味著事業上有卓越的成就。

　　一個人的好形象還展現在其氣質上。

紅頂商人胡雪巖有一次面臨生意上的大危機。他在上海新開張的商行遭到當地商人聯合擠兌，不久就波及大本營杭州。一些大客戶生怕胡雪巖垮臺，聞風而動，都準備中止和他的生意往來。

　　這天，胡雪巖從上海回來了，他們悄悄躲在暗處觀看，他們覺得會看到胡雪巖灰頭土臉的樣子。結果他們失望了，他們看到的是衣著鮮亮、精神抖擻的胡雪巖。

　　他們還不放心，又跟蹤胡雪巖到他的商行。他們認為胡雪巖會暫停營業進行整頓。可是，胡雪巖的商行不僅沒有關閉，而且他還親自坐鎮，在櫃檯上悠然自得地喝起茶來。這一下讓他們迷糊了，一個人遭受這麼大的打擊，還能如此鎮定從容？最終，胡雪巖的氣度征服了他們，他們又對胡雪巖恢復了信心。

　　其實，當時胡雪巖的處境已是山窮水盡，他就是憑自己那堅如磐石的好形象，才穩住了糟糕的局面。

　　總之，形象是一個人的招牌，壞形象會毀了你的一生，而好形象會令你的影響力大幅提升。

▌著裝恰到好處是關鍵

　　著裝是一種無聲的語言，它顯示出一個人的個性、身分、角色、涵養、閱歷及其心理狀態等多種訊息。在人際交往中，著裝會直接影響別人對你的第一印象，關係到對你個人形象的評價，同時也關係到一個企業的形象。

著裝原則

　　為了在著裝時能夠得體，以達到和諧統一的整體視覺效果，就必須掌握著裝的原則。

- 原則一：要和所處的環境相協調。當人置身於不同的環境、不同的場合，應該有不同的著裝，要注意穿著的服裝和周圍環境的協調。比如，在辦公室工作就需要穿著正式的職業裝或工作服。比較喜慶的場合如婚禮、紀念日等，可以穿著時尚、瀟灑、鮮亮、明快的服裝；悲傷場合如葬禮、告別式等，參加者的心情沉重而悲傷，所以著裝要素雅、肅穆。

- 原則二：要和身分、角色一致。每個人都扮演著不同的角色、身分，這樣就有不同的社會行為規範，在著裝打扮上也自然有規範。如果你是櫃檯銷售員，就不能過分打扮，以免有搶顧客風頭的嫌疑引起某些顧客的反感；當你是企業高層，出現在工作場所時，也不能隨意著裝。

- 原則三：要和自身「條件」協調。要了解自身的缺點和優點，用服飾來達到揚長避短的目的。所謂「揚長避短」重在「避短」。比如身材矮小的適合穿造型簡潔明快、小花型圖案的服飾；膚色白淨的適合穿各色服裝；膚色偏黑或發紅的，忌穿深色服裝；膚色偏黃的，最好不要選和膚色相近或較深暗的服裝，如棕色、深灰、土黃、藍紫色等，它們容易使人顯得缺乏生氣。

原則四：要和著裝的時間協調。只注重環境、場合、社會角色和自身條件而不顧時節變化的服飾穿戴，同樣也不好。比較得體的穿戴，在色彩選擇上也應注意季節性。如春秋季節適合選中淺色調的服裝，如棕色、淺灰色等；冬季可以選偏深色的，如咖啡、藏青、深褐色等；夏裝可以選淡雅的絲棉織物。

女性著裝禁忌

著裝得當，可使女性更漂亮、更健康；如果著裝不當，效果必定適得其反。因此，女性著裝要注意以下禁忌。

- **禁忌一：過於時髦。** 現代女性對流行和時尚的追逐是可以理解的，畢竟愛美是人類、特別是女性朋友的天性。但切記不要盲目追求時髦。如一位辦公室行政女職員同時在指甲上塗了幾種顏色的指甲油，當她和人交談時，總是不自覺地把手指在別人面前晃來晃去，給人的感覺是輕浮、不可信任。

- **禁忌二：過分性感。** 夏天是女性爭奇鬥豔的季節。但這一季節有很多著裝陷阱，讓妳不得不注意。許多女性不顧自己的身分，穿著暴露或過度性感。這樣做不但達不到被人認可和注意的目的，而且容易被人認為輕浮。一般來說，女性的裙長至少應蓋住大腿的 2/3，簡約的著裝能帶給他人大方得體的感覺，並提升你在別人眼中的整體形象。

- **禁忌三：配飾亂用。** 配飾在整個服裝的搭配中能起到畫龍點睛的作用，但如果這個「睛」點得不好，反而會起反作用。特別是在職場上，女性配飾要有個原則，那就是盡量簡單。耳環可說是很重要的首飾，但太長、太大的耳環就不適合在辦公室佩戴；眼鏡可以表現人的知性，但容易降低佩戴者的親和力；手提袋也很重要，大小一定要合適，切勿將手提袋塞得滿滿的；永遠不要把休閒鞋穿進辦公室，那會讓妳看起來很不專業。

男性著裝禁忌

雖然這是個標榜個性的時代，但身為男性，一些約定俗成的穿著規則仍需遵守，除非你極具審美品味和想像力，又善於搭配。否則，請務必在以下細節上遵守舊有規則。

- **禁忌一：除特殊場合外，裸露是失儀的。** 與女性相反，身為男性，在出席正式場合時，除頭和雙手外，應盡可能少露出肌膚。否則，易給人輕

浮粗俗之感，健美體格還是留在泳池、海灘和健身房中展示。

- 禁忌二：緊身衣有時和裸露是同義詞。一位作家曾尖銳地指出：男式時裝史上最可悲的一頁是發明了緊身衣。緊身衣發展至今雖然更舒展、更具修身效果，但它的最佳用途還是作為內衣。

- 禁忌三：純白的西裝應視場合穿著。除非你體格傲人，風度翩翩，有從容駕馭這類搶眼打扮的自信，否則只能在非洲或撒哈拉沙漠等地穿著。純白的醒目刺眼會讓人顯得滑稽和尷尬。

- 禁忌四：領帶過長或過短均有礙觀瞻。過短壓不住襯衫，彷彿脖子上套了根絞索，又好像大人打了條小孩的領帶；過長則易左右晃蕩，顯得不穩重。領帶長度應以領帶尖下緣觸及褲帶釦為宜，身材過高或過矮的男性，不妨訂制適合自己身材的領帶。

- 禁忌五：顏色和質料忌過度年輕。成功男性的打扮不能盲目追求潮流。目前一些花稍的顏色和廉價的化纖料子又開始流行，偶爾在休閒場合穿著無妨。在辦公場合，則不妨穿清一色的正式服裝，質料貴重些，式樣甚至傳統些，也能給人沉穩幹練之感。

- 禁忌六：不刻意用香水。乾淨的髮香與沐浴乳味是男子的最佳香氛用品。不要刻意灑香水，可以在洗衣服時用點香水，經陽光照射，變淡的香氣會更切合身分，更好聞。

- 禁忌七：飾品簡而精。高級的整體衣飾可搭配少許飾品，過多飾品就像太多調味料，會給人難以下嚥的感覺，難以入眼。如果穿著樸素，那就最好別戴飾品，就連皮包也應選與衣飾相配的款式。

- 禁忌八：口袋不要放過多物品。我們常見男性胸前口袋中放著菸甚至筆和筆記本，脹得鼓鼓的，卻又打著領帶，這種打扮注定一輩子是小職員的命運。

· **禁忌九**：鞋應無時無刻光潔如新。鞋雖是腳下物，卻最顯身價。隨時保持亮度和光潔，是你衣著品味的標誌。

▌宴會中最能展現風度

宴會是比較隆重的社交場合，因此席間禮節非常重要。掌握席間禮節的主要目的是避免給他人帶來不愉快的感覺，使你的儀態、形象與風度都能留給人好的印象。

因此，了解宴會上的禮儀細節，對於我們在社交活動的成功，擴大自己的影響力大有幫助。

· **入座禮儀**：無論你身為主辦人還是赴宴人員，就座時一律由椅子左邊入座，男士還應協助女士先入座。若有服務人員幫女士入座，男士仍須等女士入座後才就座。

· **吃進嘴的東西不要吐出來**：你在宴會用餐時，一定不要大口吃菜或拚命往自己餐盤夾菜。因為：首先當你大口吃菜時，可能會遇到不太喜歡的口味或食材，也可能菜餚很燙，這時你要是吐出來會很不禮貌，不吐出來自己又十分難受，所以用餐時，特別是吃新菜時，一定要小口地吃，當你了解了這道菜的口味和冷熱程度後，再正常進食；其次，當你大量往自己餐盤中夾菜時，會給別人一種很貪婪的感覺，特別是遇到高級菜時，更不能這樣，這對你的形象有很大的影響，而且也會讓別人看不起你。

· **讓菜不夾菜**：在參加宴會時，你可能經常會發現很多人很熱情，在多次讓某道菜餚而別人沒有吃時，他會熱情地用自己的筷子和勺子幫你夾菜。在一般人的傳統觀念中這是熱情、照顧周到的表現，但在現代社會其實很不合適，特別是遇到很講究的人時，他會忌諱這種做法。用自己

的筷子為客人夾菜，客人若不吃你布的菜，面子上過不去，吃了又擔心不太乾淨。所以在宴會用餐時，你可以熱情地向客人介紹菜餚，建議他嘗一嘗；你也可以用公用餐具為客人布菜，但要注意分量不要太大，免得客人吃不完而覺得不好意思。

- **助酒不勸酒**：酒在社交場合中一向占有重要地位，人們迎賓待客、洽談生意、婚喪嫁娶等都離不開酒的點綴，以酒待客也成了禮儀之道。宴會中沒有酒的襯托就難以顯示隆重性，也不足以顯示主人的熱誠和宴席的接待禮節。有人說「酒可以搭起一座橋，人們只有透過這座橋，才更能相互了解，相互溝通，相互交流。」也有人說「宴席中少了酒，將成為一潭死水。」這些話雖然有些誇張，但也充分說明酒在宴席中的重要作用。然而，酒和世界萬物一樣有兩面性，它既能帶給人歡樂，也能給人帶來很大的危害。古代，在宴席上，有多少昏君因沉溺酒色、狂飲無度而亡國害民，有多少文臣武將因貪杯暴飲而身敗名裂甚至送命。而今天，又有多少人因酗酒而傷身誤事，更有甚者，酒後無德，做出一件件危害他人、危害社會的違法亂紀之事。有鑑於此，人們參加宴會飲酒時一定要引以為戒，要善於控制自己，切不可爭強好勝充海量，更不可強人所難拚命勸酒，其結果都是既害人又害己。

- **吃東西時不要發出聲響**：我們在用餐時，千萬不要發出聲響，參加宴會時更是如此，特別是喝湯和吃麵條時更要注意，以免影響個人形象。另外，食物入口後應閉口慢嚼，口中有食物時不可開口說話，他人口中有食物時也不宜向其發問。

- **注意自己的言談**：宴會的禮儀實際上是雙向的禮儀，不論你是宴會主辦人還是客人，言談均須有分寸。比如你身為主人請客時，可以說粗茶淡

飯不成敬意，或是感謝大家光臨等，這是主人的一種謙恭。身為客人，用餐時最好不要大聲喧嘩，特別注意不要說得口沫橫飛，但也不要兩人竊竊私語，更不要當著主人的面批評某道菜的缺點，如這個菜太失敗了，一點也不好吃等；也不能問主人，你今天請客花了多少錢，等等。

· **不要吸菸**：現在很多宴會廳都是無菸餐廳，用餐過程中一般是不許抽菸的，特別是有女士在的情況下，你要抽菸的話，一定要徵求女士的意見，否則就會顯得很不禮貌，從而影響你的形象。

· **真誠表示感謝**：宴會結束時，參與宴會的客人需對宴會主辦人表示真誠的感謝，感謝主人的熱情款待，千萬不能吃完飯一抹嘴就走人，好像主人欠你一頓飯似的，這是很不禮貌的。有時參加宴會，宴會主辦人會為每位出席者備有紀念品，宴會結束時，主人會提醒客人帶上紀念品，遇此情況時可說一兩句讚賞小禮物的話，但不必鄭重表示致謝。但除了宴會主人特別示意當作紀念品的東西外，各種招待品包括糖果、水果、香菸等都不能拿走。離席時讓身分高者、年長者和女士先走。

總而言之，在參加宴會時，我們要了解宴會禮儀，要遵守宴會禮儀，這樣不僅能讓我們恰到好處地品嘗美味佳餚，而且還能使我們在宴會上維護形象、提升影響力、廣結善緣、擴大交際圈。希望你能根據具體情況做出適當的言談舉止，避免觸犯他人的生活忌諱和飲食習慣，讓每位參加宴會的人都能愉悅用餐。

▌讓微笑成為習慣

世界上有種很美麗的語言，它不需要夸夸其談，更不需要畫蛇添足去粉飾，它卻能傳遞世上最珍貴奇妙的感情。那就是微笑。卡內基說：「微笑，

它不花費什麼，卻創造了許多的成果。它豐富了那些接受的人，而又不使給予的人變得貧瘠。它產生在一剎那間，卻給人留下永久的記憶。」微笑是一種寬容、一種接納，它縮短了彼此的距離，使人與人之間心心相映，化解令人尷尬的僵局，是溝通彼此心靈的管道，使人產生一種安全感、親切感、愉快感。

微笑與貧富、地位、處境沒有必然的關聯。一個富翁可能整天憂心忡忡，而一個窮人可能心情舒暢；一個處境順利的人可能愁眉不展，一個身處逆境的人可能面帶微笑。一個人的情緒受環境的影響，這是很正常的，但你若經常苦著臉，對處境並不會有任何的改變，相反地，如果生活中帶著微笑，那就會增加親和力，別人也更樂於跟你交往，你得到的機會也會更多。人生大部分時候都在等待，在等待開往下一站的公車，在等待屬於自己的天空，而在等待機會中，何不微笑一下，也許，下一站就會更精彩。

微笑讓人喜愛，且富有魅力。英國詩人雪萊說：「微笑，實在是仁愛的象徵，快樂的源泉，親近別人的媒介。有了笑，人類的感情就溝通了。」確實，微笑是溝通彼此心靈的管道。當你向別人微笑時，實際上就是以巧妙、含蓄的方式告訴他，你喜歡他，你尊重他，這樣，你也就容易博得別人的尊重和喜愛，贏得別人的信任。生活中多些微笑，也就多了些安詳、融洽、和諧與快樂。

面露平和歡愉的微笑，證明你心情愉悅，熱愛生活，你的微笑向大家展示了積極、健康、樂觀的魅力。面帶自信的微笑，以不屈不撓、勇往直前的姿態與人交往，你會被他人欣然接受，同時得到朋友的信任和讚美；面帶真誠友善的微笑，用內心的善良和友好，讓對方感受到你待人誠懇、平易近人。在平凡的工作崗位上保持你燦爛的微笑，創造一種和諧融洽的氣氛，讓你的服務在微笑的海洋裡蕩漾，為自己創造一份輕鬆的心情，為朋友送上一

份真摯的祝福。

達文西的〈蒙娜麗莎〉是全世界公認最偉大也最具魅力的藝術品之一，這幅畫之所以能征服全世界，就因為蒙娜麗莎若隱若現而又彌漫充盈的神祕笑意。可見，微笑有著超越時空的震撼人心力量。

微笑發自內心，不卑不亢，既不是對弱者的愚弄，也不是對強者的奉承。奉承時的笑容是種假笑，而面具是不會長久的，一旦有機會，他們便會除下面具露出本來的面目。微笑無法偽裝，保持微笑的心態，人生會更加美好。人生中有挫折、有失敗、有誤解，那是很正常的，要想生活中一片坦途，那麼首先就應清除心中的障礙。微笑的實質就是愛，懂得愛的人，一定不會是平庸的人。

生活中總有鮮花和荊棘相伴，生活中總有陽光和風雨同行，生活中有成功與失敗，生活中的不如意讓我們以微笑待之，讓我們能夠輕裝上陣，這就是微笑，它是一種無窮的力量，是一種可以創造效益的不可忽視的力量。

美國著名的「旅館大王」希爾頓就是靠微笑發大財的。當初希爾頓投資5,000 美元建立了他的第一家飯店，資產在數年後迅速增值到幾千萬美元。此時希爾頓得意地向母親討教現在他該做什麼，母親告訴他：「你現在要去掌握更有價值的東西，除了對顧客要誠實之外，還要有一種更行之有效的辦法，一要簡單，二要容易做到，三要不花錢，四要行之長久 —— 那就是微笑。」於是希爾頓要求他的員工，不論如何辛苦，都必須對顧客保持微笑。「你今天對顧客微笑了沒？」是希爾頓的名言。他有個習慣，每天至少要與一家希爾頓飯店的服務人員接觸，在接觸中他向各級人員問得最多的也是這句話。即使在美國經濟蕭條最嚴重的 1930 年，全美的飯店倒閉了 80%，希爾頓飯店也連年虧損，但希爾頓仍要求每個員工：「無論飯店遭遇如何，希爾頓飯店服務生的微笑永遠是屬於旅館的陽光。」微笑不僅讓希爾頓公司率先度過難關，而且帶來巨大的經濟效益，發展到在全球五大洲擁有 70 多家

飯店，資產總值達數十億美元。

　　學會微笑，帶著微笑呼吸清新的空氣，帶著微笑享受如詩的生活，帶著微笑面對每一個日出日落，用那淡淡的微笑去詮釋幸福的真諦，用微笑這種獨特的方式去保存每個值得記憶的瞬間，慷慨而豪邁地把我們的微笑獻給那片純淨的藍天，留給生命中的分分秒秒，送給所有愛你的人和你愛的人。儘管，人生道路上布滿荊棘、充滿崎嶇和坎坷。但只要有微笑，你的心靈就不會在恐懼中迷失方向，只要有微笑，你就能清晰地看到勝利的曙光閃爍在成功的彼岸。順境中，微笑是對成功的肯定和嘉獎；逆境中，微笑是治療創傷的妙藥。微笑的力量，飽含著對生命的熱愛和事業的追求。它似一股甘泉滋潤著我們乾涸的心田，賜予我們新的憧憬和希望，使我們以昂揚的鬥志邁步向前。

　　總之，微笑是一個友情互動的表情，微笑是一種傳導的力量，微笑是一股靈動的勇氣，微笑是一個深深的祝福。

　　從今天開始，就請保持你的微笑吧，並讓它成為你永久的招牌。

▌幽默讓你更有魅力

　　在日常生活中，我們會經常碰到許多意想不到的尷尬局面，有些是出於自己的錯誤，有些則是由於他人的過失。但只要注意多些幽默，尷尬反而會變成意想不到的收穫，因為幽默具有極大的誘惑力和親和力。它不僅能讓人輕鬆擺脫尷尬，更能樹立自己的形象，增加自己的人格魅力和吸引力。

　　幽默是種高級談話藝術。一個人格成熟的人常懂得在適當場合使用恰如其分的幽默，把一些原來很困難的局面轉變過來，使衝突在風趣中得到緩和。有一天，古希臘哲學家蘇格拉底正在和一群學生談論學術問題，他脾氣暴躁的妻子突然衝了進來，不由分說地大罵一通，接著又提起裝滿水的木桶猛地澆過來，把蘇格拉底全身都弄溼了。學生以為老師一定會大怒，然而出乎意料，他

只是笑了笑，風趣地說：「我知道，雷聲過後，一定會下雨的。」大家聽了，不禁哈哈大笑，蘇格拉底的妻子也不好意思地退了出去。在日常生活中，絕大多數人都難免會與家人或同事發生不愉快的事，在這種時候倘若能像蘇格拉底那樣，就往往能化緊張為輕鬆，保持互助友愛、平等協調的人際關係。

幽默是有修養的表現，是一種高雅的風度。幽默，人人喜歡，因為它能給人帶來歡樂和幸福；幽默，人人嚮往，因為它能使人氣質非凡、魅力獨具。世界上不少著名人士都具有幽默感。幽默來自良好的心態和樂觀的個性，一個有幽默感的人在與別人的交往過程中更容易獲得信任和喜愛。一位德國作家說：「使人發笑的，是滑稽；使人想一想才發笑的，是幽默。」一個有幽默感的人能從不順心的境遇中發現某些「戲劇性因素」，從而使自己達到心理平衡。

幽默是健康生活的營養品，是人際關係中心靈與心靈之間快樂的天使。擁有幽默，就擁有愛和友誼，凡具有幽默感的人，其所到之處，皆是一片歡樂和融洽氣氛，他們偶爾說句幽默的話，做個滑稽的動作，往往都能引起人們會心的笑聲，這種笑除了給人哲理的啟發外，還能促進腎上腺素分泌，加快全身血液循環，使新陳代謝更加旺盛，有延年益壽的功效，「笑一笑，十年少」正是這個道理。

幽默是種修養、氣度和胸懷。這同時是一個社會對高級人才的要求，是現代文明的呼喚。在日常生活中，人們之所以常常對幽默的人刮目相看，就是因為幽默的人常為他人撐起一片風和日麗的天空，散發著優雅的文明氣息，給人平和安寧之感。

幽默是智慧的產物。如果把幽默比擬成一個美人，她應該是內涵豐富、豔若桃花、氣質如蘭的，她應當能給人帶來愉悅的享受。她比滑稽更有氣質，也更耐人尋味。幽默者不僅是為了擺脫困境，保護自己。更是為了塑造自我、完善自我。好多事情只要多用一點幽默的方法去處理，便能化被動為

主動，變嚴肅為歡快。幽默本身就是一門學問、一門藝術、一種智慧。

　　幽默是一種能力，一種了解並表達幽默的能力；幽默的力量是一種藝術，一種運用幽默和幽默感來增進你與他人的關係，並改善你對自己做真誠評價的一種藝術。

　　幽默對於每個人來說都是一種才能，一種財富，一種靈氣，一種生命力，一種境界，一種風度，需要有豐富的知識、高尚的思想修養做基礎，而知識是幽默的源泉，知識豐富了，幽默就會如泉水一般湧出。作家老舍先生說：「幽默者的心是熱的。」德國詩人歌德說：「幽默只適用於有教養的人，因此並非每個人都能懂得每件幽默作品。」可見，幽默不是人人都適用的，知識淺薄、心胸狹窄、行為粗俗、人格低下者運用幽默，雖然有時也能引人發笑，但那是屬於淺薄無知的表白或庸俗低級的玩笑，決非詼諧高雅的幽默。

　　1944 年 3 月 25 日，羅斯福第四次連任美國總統。《先鋒論壇報》的一位記者採訪這位第 32 任總統，就連任總統之事問他有何感想。羅斯福笑而不答，請記者吃了一份三明治。記者覺得這是殊榮，很快就吃了下去。羅斯福又請他吃第二份，記者受寵若驚，雖然肚子已不需要了，但還是硬著頭皮吃了下去。這時，羅斯福微笑著說：「現在已經不用回答您的提問了，因為您已經有了親身感受。」

　　生活中不能沒有幽默，沒有幽默的人就像沒有彈簧的馬車，路上的每一塊石頭都會對他造成顛簸，幽默這人生之車的彈簧會幫我們在人生之路上太緊張時鬆弛一下，太鬆弛時緊張一下，保佑我們一路平安。有幽默感就可說是有了一份生活的安全保險。

　　幽默的素養既是天生的，又是可以在學習運用中逐漸培養的。要培養自己的幽默感，首先應加強思想文化修養，要與人為善，注意培養自己的機智、敏銳和樂觀主義精神，其次還要多學習詼諧風趣的開玩笑方法，注意領會幽默的本質並加以吸收，使幽默細胞不斷增加。總之，不斷實踐，坦率、

豁達地與人交往，幽默感就會漸漸增強。

▌用熱情點燃魅力火焰

　　塞克斯是美國麻塞諸塞州詹森公司的一個推銷員，憑著高超的推銷技藝，他敲開了無數經銷商壁壘森嚴的大門。一次，他路過一家商場，進門後先向店員問候，然後與他們聊起天來。透過閒聊，他知道了這家商場有許多不錯的條件，於是想將自己的產品推銷給他們，卻遭到商場經理的嚴屬拒絕。經理直言不諱地說：「如果進了你們的貨，我們是會虧損的。」塞克斯豈肯甘休？他動用各種技藝試圖說服經理，但磨破嘴皮都無濟於事，最後只好十分沮喪地離開。他駕著車在街上蹓躂了幾圈後決定再去商場。當他重新走到商場門口時，商場經理竟滿面堆笑地迎上前，不等他開口，經理馬上決定訂購一批產品。

　　塞克斯因這突如其來的喜訊愣住了，不知這是為什麼，最後商場經理道出了緣由。他告訴塞克斯，一般的推銷員到商場時很少跟營業員聊天，而塞克斯首先與營業員聊天，並且聊得那麼融洽；同時，被他拒絕後又重新回到商場來的推銷員，塞克斯是第一位，他的熱情感染了經理，也因此征服了經理，對於這樣的推銷員，經理還有什麼理由再拒絕呢？

　　熱愛自己工作和生活的人，在他的人生中，就能用熱情點亮魅力的煙火。同時，熱情也能驅動一個人影響力的發展，憑藉這股巨大的能量，他的人生會變得更加精彩。

　　美國有線電視新聞網著名的脫口秀主持人賴瑞·金出生於紐約的布魯克林區，10歲時父親因心臟病去世，靠著社會救濟金長大成人。

　　從小便嚮往廣播生涯的他，從學校畢業後先是到邁阿密一家電臺當管理員，經過一番努力才坐上主播臺。

他曾寫過一本關於溝通祕訣的書，書裡提到他第一次擔任電臺主播時的經歷。他說，那天如果有人碰巧聽到他主持節目時，一定會認為，「這個節目完蛋了。」

那天是星期一，上午 8：30，他走進電臺，心情緊張得不得了，於是不斷地喝咖啡和開水來潤嗓子。

上節目前，老闆特地來為他加油打氣，還為他取了個藝名：「叫賴瑞·金好了，既好念又好記。」

從那天開始，他得到一份新工作、新節目與新名字。

節目開始時，他先播放一段音樂，就在音樂播完，準備開口說話時，喉嚨卻像被人割斷似的，居然一點聲音也發不出來。

結果，他連播了三段音樂，之後仍然一句話也說不出來，這時，他才沮喪地發現：「原來，我還不具備做專業主播的能力，或許我根本就沒膽量主持節目。」

這時，老闆突然走了進來，對滿臉喪氣的賴瑞·金說：「你要記得，這是個溝通的事業！」

聽到老闆這麼提醒，他再次努力靠近麥克風，並盡全力開始他的第一次廣播：「早安！這是我第一天上電臺，我一直希望能上電臺……我已經練習了一星期……15 分鐘前他們給了我一個新名字，剛剛我已經播放了主題曲……但是，我現在口乾舌燥，非常緊張。」

賴瑞·金結結巴巴地一長串說了出來，只見老闆不斷開門提示他：「這是個溝通的事業啊！」

終於能開口說話的他，信心似乎也被喚了回來。這天，他終於實現了夢想，也成功地實現了夢想！那就是他廣播生涯的開始，從此以後，他不再緊張，因為第一次廣播經驗告訴他，只要能說出心裡的話，別人就會感受到他的真誠與熱情。

對賴瑞‧金來說，廣播不只是溝通的事業，更是充實他精彩人生的第一要素。所以，他一直告訴後來者：「投入你的感情，表現出你對生活的熱情，讓別人能真正體驗享受你的真實感受。然後，你就會得到想要的回報。」

　　這不僅是賴瑞‧金在奮鬥的道路上體悟出的成功祕訣，也是每個希望成功經營自己事業的有心人最為有用的成功指引。

　　是的，熱情之於事業，就像火柴之於汽油，一桶再純的汽油，如果沒有一根小小的火柴將它點燃，無論汽油的品質怎麼好，也不會發出半點光、放出一絲熱。而熱情就像火柴，它能把你擁有的多項能力和優勢充分發揮出來，給你的事業帶來無窮動力。熱情的人能更快、更好地做出成績。

　　美國的《管理世界》雜誌曾做過一項測驗，他們採訪了兩組人，第一組是事業有成的人事經理和高級管理人員，第二組是商業學校的優秀學生。他們詢問這兩組人，什麼東西最能幫助一個人獲得成功，兩組人的共同回答是「熱情」。

　　促使一個人成功的因素很多，而居於首位的就是熱情，一個人、一個團隊只要有熱情，其結果必然是積極的行動，最後必會獲得成功和幸福。

　　同樣，在你的人際交往中，釋放出你的熱情，它便會形成一股不可抗拒的力量，而這股力量也必將感染周圍所有的人。這就是熱情的影響力。

　　相反，沒有熱情的人，就好像沒有發條的手錶一樣缺乏動力。一位神學教授說：「成功、效率和能力的一項絕對必要條件就是熱情。」黑格爾也說：「沒有熱情，你在良好公眾形象永遠只能是空談。」

　　所以，無論是工作中還是在人際交往中，請努力地釋放你的熱情，用熱情點亮你的魅力煙火，你必將會收穫意想不到的驚喜。

▌自我形象定位測試

你的形象定位在哪裡？如果你還不確定，不妨來做做以下幾道測試題：

1. 你最喜歡的顏色是什麼？
   A. 大地色調、民族色調
   B. 灰色、中間色、穩重的顏色
   C. 單色、藍色、樸素的顏色
   D. 可愛而柔美的顏色
   E. 明亮的顏色，有對稱效果的顏色

2. 你最喜歡的布料是什麼？
   A. 易洗的（牛仔布、棉布休閒裝）
   B. 質佳且輕的（透明細紗、綢緞、毛料等）
   C. 自然傳統的（斜紋軟呢、毛製品等）
   D. 柔軟、有花邊的（透明細紗、綢緞）
   E. 變化不同質料組合而成的（皮革、紗線、金屬絲質）

3. 你喜歡的髮型是什麼？
   A. 休閒型、不必太麻煩的（由短髮至中長度）
   B. 修整妥貼，一絲不苟（由中長度至長髮）
   C. 稍微捲曲的正統髮型（短髮至中長度）
   D. 有波浪的華美髮型（中長度至長髮）
   E. 深刻明顯的髮型（短髮）

4. 你喜歡什麼樣的裝扮？
   A. 自然化妝，不需要使用太多的偽色
   B. 薄施脂粉，輕妝淡抹

C. 最低限度的修飾裝扮

D. 可愛又美麗的裝扮

E. 輪廓明顯，具有立體感的裝扮

5. 你喜愛的時裝款式是什麼？

A. 輕便、粗糙點，但穿著時不會感到又硬又重

B. 輕柔中不失高尚

C. 整體剪裁的定做型

D. 有女人味的設計

E. 獨特且線條強烈的設計

6. 最搭配你的形象是什麼？

A. 非正式、不驕矜的感覺

B. 輕柔、保守的感覺

C. 正統且整體一致的感覺

D. 華麗而有女人味的感覺

E. 大膽耀眼的感覺

7. 你最喜歡的服裝是什麼？

A. 牛仔褲搭配 T 恤

B. 西裝套裝

C. 上衣、裙子或者長褲的組合

D. 質軟的短上衣和寬大的裙子

E. 直線不對稱的組合

8. 你喜歡的正式服裝設計是什麼？

　　A. 棉布配合絹質素材的上下裝

　　B. 綢緞的洋裝或者套裝

　　C. 訂做的時裝

　　D. 寬鬆的西裝

　　E. 奇特的組合

9. 你喜歡的裝飾品是什麼？

　　A. 手工風格，民族風

　　B. 像針織品的小型飾物

　　C. 簡單輕巧而正統者

　　D. 可愛、稍大而華麗者

　　E. 大膽設計，也是稍大而獨特者

10. 你喜歡的細部裝扮是什麼？

　　A. 結上絲巾、套裝、上衣

　　B. 柔軟的寬裙、蝴蝶結，柔美的曲線

　　C. 訂做的，簡單大方的

　　D. 寬鬆的長袖

　　E. 對稱的、線條突出的

11. 你在朋友心目中的形象是什麼？

　　A. 易於親近，精力充沛

　　B. 穩重、文靜

　　C. 優雅、有魅力

　　D. 活潑、現實

　　E. 獨立性、個性派

12. 你喜歡的小皮包是什麼？

    A. 容量大小和圖案設計無關緊要

    B. 小點、袖珍型的，但整體一致

    C. 簡單商業型

    D. 柔軟皮革的輕型手包

    E. 稍大而有圖案設計

13. 你認為自己屬於哪種類型？

    A. 為所欲為自由型

    B. 重視人品氣度型

    C. 精幹型

    D. 夢幻型

    E. 作秀型

14. 什麼時候你會感到快樂？

    A. 在陽光下運動時

    B. 傾聽別人說話時

    C. 自己的才幹、能力受到肯定時

    D. 和朋友來往時

    E. 在家人面前出盡風頭時

15. 你將來的希望是什麼？

    A. 自由自在，享受生活樂趣

    B. 過著安穩、踏實的人生

    C. 當社會領導者、活躍

    D. 重視人和，擁有溫暖的家庭

    E. 像明星般存在

16. 你想嘗試的職業是什麼？

    A. 記者、編輯、作家

    B. 祕書、禮儀公關

    C. 教師、經紀人

    D. 兒童服飾店、花店

    E. 服飾設計師、美容師

你的形象類型結果是：

選擇 A 多的屬於自然型

選擇 B 多的屬於優雅型

選擇 C 多的屬於高尚型

選擇 D 多的屬於浪漫型

選擇 E 多的屬於戲劇型

分析：

· **自然型**：自然型是名副其實的自然形象。不擺架子、親切、給人活潑自由的形象。你既然喜歡這種類型，穿著 T 恤、牛仔或長褲就可能最適合你。另外，休閒運動型也是屬於這種類型。

此類型者最愛穿著休閒裝，但上班時也不要穿得太離譜，雖然盛裝打扮時讓你顯得格格不入，但若是能完全變化心境也是人生一大樂事。打扮時勿使用過多的顏色，而要整體一致地襯托出自然派的特質。

· **優雅型**：優雅就是嫵媚的特徵。流行形象也是選擇高尚、保守、穿著得體的形象。

女性若是被人誇讚為「優雅」時就顯得很愉快，此類型的人，套裝是最合適的服飾。

經常面露笑容，對人也能溫柔接待，雖然不善周旋於眾人之間，但大部

分人都可以成為你的理想伴侶。

髮型和化妝的目的都是著重給人高尚的印象，雖然運動裝流行，對你也不太適合，但有時刻意顯露活潑也不失為樂事一件。

· **高尚型**：屬於這種類型的人，最喜歡從事實務性和活動性的工作，個性積極，有魄力。衣服質料要選擇厚實質感，適合上下裝，但在輕妝淡抹之際，盡可能表現出女性特有的味道。這種類型的人，無論在休閒裝或職業裝方面都很擅長，但是在打扮時，要在盡可能的範圍內，於銳利中顯現出女人味；髮型要短些，化妝最好要在最低限度。

· **浪漫型**：這種類型的人很有女人味，柔美、謙遜，十分可愛。這種類型的人十分重視人和，同時也重視一家團圓的氣氛。你的可愛和體貼會使一家人享受團圓的氣氛。你的可愛和體貼會使周圍的人感到溫馨和富有魅力。但有時難免給人脫離現實的感覺。

這種類型的人必須謹慎，不要打扮過於華麗，在商業的社會上，尤其要小心，因此若在時髦上走錯一步，便會成為眾矢之的，所以盡量走高品味而且浪漫的路線。

髮型適於帶有柔和波浪的中長髮或者長髮，而以粉色調輕妝淡抹加以裝扮。

· **戲劇型**：耀眼、誇張、極端是這種類型的形象。他們不太溫柔且十分倔強，不太喜歡接受別人的忠告。

擁有明星夢想的你，最喜歡在家人面前作秀，而且最討厭模仿別人，這種獨特性格是你所標榜的形象。所以你經常引導潮流，走在時髦的尖端。不妨嘗試穿著和別人不同的服飾。

在工作方面雖然太過激進，但這種類型的人，平時都能選擇適合自己的職業，因此在辦公室鬧事的機會不多。

另外，髮型要大膽，化妝要重視對稱效果，勸你多使用整體一致的色彩。

第五章
人脈是決定影響力的密碼

▌精心構建人際網路

推銷大王喬・吉拉德（Joe Girard）說：「在追求成功的旅途中，孤軍奮鬥是不行的，你需要不斷擴大社交圈子，建立起自己的人際網絡。」誠然，擁有真摯的友誼是很多人成功的基礎，有幾個談得來的朋友，彼此之間心心相印，其激勵作用和創造力都是無法估量的。我們從那些偉人的自傳中，總是能夠找到友誼的位置，甚至很多人是因為友誼才走向成功。

在美國內戰爆發之初，人們經常熱衷於談論幾位總統候選人的條件。有一次，在提到林肯時，一個人說道：「林肯一無所有，他唯一的財富就是眾多朋友。」的確，林肯非常貧困，當他當選德州議員時，特地借錢買了套比較好的西裝，以便在公眾場合出現時顯得正式一些，並且，他還徒步走了一百英里去就職。還有這樣一件軼事，那就是林肯當選美國總統後，為了把家人接到華盛頓，不得不向朋友借錢。然而，就是這樣一個在物質上窘迫困頓的人，在感情上卻非常富有。

朋友往往是最有利於我們開創事業的資本。現在功成名就的人物中，很多人當初如果沒有朋友的鼓勵而使他們牢牢堅守自己的陣地，恐怕早已在他們事業生涯中某些危急時刻便放棄奮鬥、偃旗息鼓了。如果生活中沒有朋友的話，我們的生命將是一片荒蕪貧瘠的沙漠。

戴爾・卡內基曾經試著對某個成功者做了一番分析，透過對他的職業進行長期的仔細觀察和研究後，得出這樣一個結論：他的成功至少有 20% 應當歸功於他在廣交朋友方面的非凡能力。從他的童年時代起，他就致力於培養這方面的能力。他非常善於把人們吸引和聚集在他身邊，甚至到了朋友願意為他做任何事情的地步。深厚的友情不僅為他打開不尋常的機會之門，而且也大大增加了他的知名度。換句話說，由於眾多朋友的幫助，他的能力也擴大了許多倍。他似乎擁有一種神奇的力量，能夠在做任何一件事時獲得朋友

無私而熱心的支持。朋友們似乎都在全心全意增進他的利益。

　　一個人的能力和精力是有限的，成功的祕訣之一就是重視利用各種關係，透過團體的力量提升成功的機率。一個廣結善緣的人，他事業的成功有許多方面的原因，除了個人的傑出才能外，還凝聚了許多朋友的心血。正是因為他在各處不斷結識和選用各方面的傑出人才，才保證了他從一個高峰走到另一個高峰。

　　經常與他人合作，一個人就能發現自己新的能力。如果不去和他人合作，有些潛伏的力量就永遠發揮不出來。無論是誰，只要耐心聆聽，他所交往的人總會願意告訴他若干祕密，給他一定的影響。有些資訊對他而言可能是聞所未聞，但足以改變他的前程。如果這時他選擇吸收，將會對他極有幫助。沒有一個人在孤獨的環境裡能發揮出全部的能量，而別人常會成為自己潛能的啟發者。

　　我們大部分的成就在很大程度上得益於他人的有益影響：他人常在無形中把希望、鼓勵、輔助投射到我們的生命中，常常能在心靈上安慰我們、在精神上激勵我們，對於這點，很多人都能體會得到。

　　關係是創業者的重要資本，所以，聰明的創業者不會對親戚、朋友的關係視若無睹，而會把這些關係當作自己創業成功的重要條件。事實上，關係創造了很多百萬富翁。在百萬富翁經營或投資的過程中，關係為他們提供了很大的方便。

　　所以，不管多麼短暫的相遇，也不要輕視這小小的緣分，說不定它會為你帶來一連串的好運以及許多意外的成功機會。不過，這絕對不是投機取巧，不勞而獲。誰曾見成功的機緣源源不斷地光顧過貪婪無恥、品德敗壞的人？遇到好機緣的人早在事先便已具備了應有的品質，才能享有這些好機緣所帶來的一切好運。

人應該多和自己欣賞的人接觸交往，和一些經驗豐富、學識淵博的人接觸交往，這樣就能使自己在人格、道德、學問方面受到好的薰陶，使自己具有更完美的理想和更高尚的情操，激發自己在事業方面更努力。

構建自己的人際關係網絡，需要注意以下幾點：

第一，要有正確的觀念。人際關係的培育與運用並不是讓一群人無條件地來成就你的事業或完成你的心願。我們要本著平等互惠的原則，一方面提升效率及成績，另一方面要懂得成全他人，有時亦要兼顧他人的難處。

第二，為自己的人際關係分類。你的朋友或客戶的來源是哪幾類呢？是來自自己的親戚，還是同學、同事、社團友人、兒時玩伴，或者金融界的朋友、政治界的朋友、媒體界的朋友、一同進修的朋友？對不同的朋友要採取不同的方式對待。

第三，設定到未來要打入的人際關係網絡。我們可以靜下來仔細想想，如果一切都有可能，未來我們想打入的市場在哪裡？

第四，不要對人設限。人是活的，會隨著心智的成長而改變。我們不應對人預設立場，自動將自己認為「不可能」的人刪除。

精心構建你的人際網絡，它將會成為你一生最寶貴的財富。

▎慢慢經營你的人脈

好的人際關係是讓人成功的基礎，但好關係的建立不是一朝一夕就能做到，必須從一點一滴入手，依靠平日情感的積累。

古人說：「積土成山，風雨興焉；積水成淵，蛟龍生焉。」只有透過不斷構建和鞏固，人際關係才能牢固。情感投資，聚沙成塔，有了「死忠」的關係墊底，何愁求助無門？你有沒有過這樣的經歷：當發生了困難，你認為某人可以幫你解決，本想馬上找他，但轉念一想，過去有許多時候，本來應

該去看他，但都沒去，現在有求於人就去找他，會不會太唐突了？會不會因為太唐突而遭到拒絕？在職場上也一樣，要和別人建立良好的關係才容易被人賞識。

很多人認為，與人交往是種短線交易，何必花那麼多的冤枉心思去搞馬拉松式的感情投資？其實，這是十足的目光短淺。俗話說得好，「平時多燒香，急時有人幫」，「晴天留人情，雨天好借傘」。真正善於與人交往的人都有長遠的策略眼光，早做準備，未雨綢繆，這樣在緊急時刻就會得到意想不到的幫助。

對於那些「平時不燒香，臨時抱佛腳」的人，菩薩即使靈驗，也不一定會幫你。因為你平常心中就沒有佛祖，有事才來懇求，佛祖怎會當你的工具呢？所以我們求神，自應在平時燒香。而平時燒香，也表明自己別無他求，完全出於敬意而絕非買賣；一旦有事，你去求它，祂念在平日你燒香熱忱的份上，也不會拒絕。

現代人生活忙碌，沒有時間進行過多應酬，日子一長，許多原本牢靠的關係就會變得鬆懈，朋友之間逐漸互相淡漠，這是很可惜的。

事實上，友誼之花須經年累月培養，切不可急功近利。懂得這個道理，你也許就不會為繁忙而忽視友誼的存在找藉口了，只要平時對朋友真心相待，自然能獲得長久的友誼。

唐代京城中有位竇公，聰明伶俐，極善理財，但他卻財力綿薄，難以施展賺錢本領。沒有辦法，他先從小處賺起。

他在京城中四處逛蕩，尋求賺錢門路。某日來到郊外，見青山綠水，風景極美，有座大宅院，房屋嚴整。一打聽，原來是一權要官宦的外宅。他來到宅院後花園牆外。但見一水塘，塘水清澈，直通小河，有水進，有水出，但因無人管理，顯得有點零亂骯髒。竇公心想：生財路來了。水塘主人覺得那是塊不中用的閒地，就以很低的價錢賣給了他。

　　竇公買到水塘，又借了些錢，請人把水塘砌成石岸，疏通了進出水道，種上蓮藕，放養上金魚，圍上籬笆，種上玫瑰。

　　第二年春，那名權要官宦休假在家，逛後花園時聞到花香，到花園後一看，看得他兩眼發直。竇公知道魚上鉤了，立即將此地奉送。

　　這樣一來，兩人成了朋友。一天，竇公裝作無意地談起想到江南走走，大官忙說：「我給您寫上幾封信，讓地方官吏多加照應。」

　　竇公帶了這幾封信，往來於幾個州縣，賤買貴賣，又有官府撐腰，不幾年便賺了大錢。而後又回到京師。

　　他久已看中皇宮東南處一大片低窪地。那裡因地勢低窪，地價並不貴。竇公買到手後，僱人從鄰近高地取土填平，然後在上面建造館驛，專門接待外國商人，並極力模仿不同國度的不同房舍形式和招待方式。所以一經建成便顧客盈門，連那些遣唐使也樂意來往。同時又闢出一條街來，多建賭場甚至雜耍場等，把這條街建成「長安第一遊樂街」，日夜遊人爆滿。不出幾年，竇公賺的錢數也數不清，成了海內首富。

　　竇公為了釣到大官不惜血本做釣餌，又耐性極好，魚兒上了鉤竟渾然不知，他的這種技巧乃「放長線，釣大魚」。

　　善於「放長線、釣大魚」的人，看到大魚上鉤後，總是不急著收錢揚竿，把魚甩到岸上。他會按捺心頭的喜悅，不慌不忙地收幾下線，慢慢把魚拉近岸邊；一旦大魚掙扎，便又放鬆釣線，讓魚遊竄幾下，再又慢慢收線。如此一張一弛，待到大魚精疲力竭，無力掙扎，才將牠拉近岸邊，用提網兜拽上岸。人際交往有時也是一樣，如果追得太緊，別人反而會一口回絕你的請求，只有耐心等待，才會有成功的喜訊來臨。

　　某中小企業董事長的交際手腕就高人一籌。

　　他長期承包那些大電器公司的工程，對這些公司的重要人物常施以「恩

惠」，這位董事長的交際方式的不同之處是：不僅讚揚公司要人，對年輕的職員也殷勤款待。

其實，這位董事長並非無的放矢。事前，他總是想方設法將電器公司內各員工的學歷、人際關係、工作能力和業績，做一次全面調查和了解，認為這個人大有可為，以後會成為該公司的要員時，不管他有多年輕，都盡心款待，這位董事長這樣做的目的，是為日後獲得更多的利益做準備。他明白，十個欠他人情債的人當中有九個會給他帶來意想不到的收益。他現在做的虧本生意，日後會利滾利地收回。

所以，當自己所看中的某位年輕職員晉升為課長時，他會立刻跑去慶祝送禮。年輕的課長自然倍加感動，無形之中產生感恩圖報的意識。董事長卻說：「我們公司有今日，完全是靠貴公司的抬舉，因此，我向你這位優秀的職員表示謝意，也是應該的。」

這樣，當有朝一日這些職員升至處長、經理等要職時，還記著這位董事長的恩惠。因此在生意競爭十分激烈的時期，許多承包商倒閉的倒閉，破產的破產，而這位董事長的公司卻仍舊生意興隆，其原因正是由於他平時勤於投資人際關係的結果。

可見，經營人脈切不可過急，溫火慢燉出來的友誼湯才是最美味的。

真誠對待每個朋友

與朋友交往，最重要的是要真誠。

曾國藩曾經給「誠」下過定義：一念不生是謂誠，故「誠於中，必能形於外」。真誠在內心就是純淨無染，表現於外就是真實不虛、率真自然；如此則自然心懷坦蕩，正直無私。因此，真誠的心就像陽光雨露般，能溫暖人心，淨化心靈。

　　人格魅力的基本也是真誠。人格魅力來自完善的人格，而真誠待人、恪守信義則是贏得人心、產生吸引力的必要前提。待人心眼實一點，心誠一點，守信一點，能更多地獲得他人的信賴、理解，同時能得到更多的支援、合作，因而才會獲得更多的成功機遇。

　　我們主張知人而交，對不很了解的人，應有所戒備，對已經基本了解、可以信賴的朋友，應該多點信任，少些猜疑，多點真誠，少些戒備。對可以信賴的人，真真假假、閃爍其詞、含含糊糊是不明智之舉。著名翻譯家傅雷先生說：「一個人只要真誠，總能打動人的，即使人家一時不了解，日後便會了解的。」他還說：「我一生做事，總是第一坦白，第二坦白，第三還是坦白。繞圈子，躲躲閃閃，反易叫人疑心；你耍手段，倒不如光明正大，實話實說，只要態度誠懇、謙卑、恭敬，無論如何人家都不會對你怎麼的。」

　　「敞開心扉給人看」，對方會感到你信任他，從而卸下猜疑、戒備的心理，把你當作知心朋友，樂意向你訴說一切。心理學認為，每個人的思想深處都有內隱閉鎖的一面，同時又希望獲得他人的理解和信任，有開放的一面。然而，開放是定向的，即向自己信得過的人開放。以誠待人，能夠獲得人們的信任，發現一個開放的心靈，爭取到一位用全部身心說明自己的朋友。這就是用真誠換來真誠，如果你在發展人際關係、與人打交道時，能用誠信取代防備、猜疑，就能獲得出乎意料的好結局。

　　有兩個朋友在沙漠中旅行，在旅途中的某處他們吵架了，一個還給了另外一個一記耳光，被打的覺得受辱，一言不語，在沙子上寫下：「今天我的朋友打了我一巴掌。」他們繼續往前走，直至到了沃野，他們決定停下。被打巴掌的那位差點被淹死，幸好被朋友救起。被救起後，他拿了一把小劍在石頭上刻下：「今天我的好朋友救了我一命。」一旁好奇的朋友問道：「為什麼我打了你以後你要寫在沙子上，而現在要刻在石頭上呢？」另一個笑笑回

答說：「當被一個朋友傷害時，要寫在易忘的地方，風會負責抹去它；相反的，如果被幫助，我們要把它刻在心裡的深處，那裡任何風都抹不掉！」

朋友間的相處，傷害往往是無心的，幫助卻是真心的，忘記那些無心的傷害，銘記那些對你真心的幫助，你就會發現在這個世上有很多真心的朋友……

一個人可以抵擋形形色色的誘惑，卻抵不住真摯之情的蒞臨，真情會使人與人之間架起一座心靈之橋，透過這座橋，就能打開對方心靈的大門，既而登堂入室，然後賞心悅目，從而並肩攜手走過美麗人生。

人生際遇裡，會有很多朋友，但找一個真正的朋友卻不是件容易的事，所以，朋友之間的真誠很珍貴。

真誠是春風，能拂去心靈的微塵；真誠是雨露，能滋潤友誼的花朵。真誠帶給我們希望，帶給我們力量……真誠不是智慧，卻常放射出比智慧更誘人的光芒。有許多僅憑智慧不可能得到的東西，只要信守真誠，卻能輕而易舉獲得成功。

有一個英國作家為編寫一本書，採訪了達爾文。達爾文的坦率人盡皆知，為此，哈爾頓不客氣地直接問達爾文：「您的主要缺點是什麼？」達爾文答：「不懂數學和新的語言，缺乏觀察力，不善於合乎邏輯地思考。」哈爾頓又問：「您的治學態度是什麼？」達爾文又答：「很用功，但沒有掌握學習方法。」聽到這些話，誰不為達文的坦率與真誠鼓掌呢？按說，像達爾文這樣蜚聲全球的大科學家，在回答作家提出的問題時，說幾句不痛不癢的話，甚至為自己的聲望再添幾圈光環，有誰會產生異議呢？但達爾文不是這樣。一是一，二是二，他甚至把自己的缺點毫不掩飾地祖露在人們面前，這樣高尚的品德，換來的必是真摯的信賴和尊敬。朋友的交往亦是這樣。你敢說真話，說實話，肯讓人知，朋友為你的誠實感動，便會從心底深處喜歡你，他給你的回報，也將是說真話，說實話。

　　真誠猶如清新劑，它會淨化靈魂，讓人自律；它猶如公平的舞臺，給人們自尊；它是約定俗成的民俗，給社會以穩定；它是人們心底的交流，給人們和諧與溫馨。見面真誠地道一聲「你好」，你將會得到一天的愉悅；兩相碰撞時真誠地說一聲「對不起」，各自帶著歡笑就不會再計較。即便遇到難以解決的矛盾，如果我們能真誠地為對方想一想，很多問題都會迎刃而解。這就是我們所提倡的真誠。

▎與優秀的人交朋友

　　相信凡是參加過招募會的人都思考過一個問題，「我究竟值多少錢？應該如何評估？有沒有一個可操作的標準呢？」對於這個問題，有人說過一句經典的話，可謂一針見血：要估算你今天究竟值多少錢，你就找出身邊最好的 3 個朋友，他們收入的平均值，就是你應該獲得的收入。

　　這句話並非沒有道理，在當今這樣一個人脈社會，一個人能夠成功，常常不在於他懂得多少大道理，他有多高的學問，更重要的是他認識的人是誰。如果他的好朋友都是有錢人，那麼他的身價也不會太低。

　　所以，我們結交朋友應該有明確的目標，多與比自己優秀的人為伍。有位哲人說過：「和優秀的人在一起，只會使你變得更優秀。」

　　一個人從別人那裡攝取的能量越大、品質越好、種類越多，那他個人的力量就越大。假使他在社交上、精神上和道德上與比他優秀的人有多方面的接觸，那他一定是個有力量的人。

　　已過知天命年的保羅·艾倫（Paul Allen），似乎一直以來都被比爾蓋茲的光環掩蓋，人們只知道他和比爾蓋茲共同創立了微軟，卻忘了正是他把比爾蓋茲引入軟體這個行業。而就是這樣一個軟體業菁英、富於幻想的開拓者、為玩耍一擲千金的豪客、總是投資失敗卻成功積聚巨額財富的商界鉅子

保羅‧艾倫，卻在創造一個傳奇——他有取之不盡的財源、獨樹一幟的投資理念，也有與眾不同的成功標準。

1968 年，與比爾蓋茲在湖濱中學相遇時，比比爾蓋茲年長兩歲的保羅‧艾倫以豐富的知識折服了比爾蓋茲，而比爾蓋茲的電腦天分，又使保羅‧艾倫傾慕不已。就這樣，兩人成了好朋友，隨後一同邁進電腦王國。保羅‧艾倫是個喜歡技術的人，所以，他專注於微軟的新技術和新理念。比爾蓋茲則以商業為主，銷售業務、技術負責人、律師、商務談判及總裁一人全包。微軟兩位創始人就這樣默契地配合，掀起一場至今未息的軟體革命。

有人說，沒有保羅‧艾倫，微軟也許不會出現，但如果不是託比爾蓋茲的福，保羅‧艾倫也許連為自己的「失誤」買單的錢都不可能有。而這並不是偶然，比爾蓋茲曾這樣說過：有時決定你一生命運的就在於你交了什麼樣的朋友。換句話說，從某種角度而言，你交往的人或許就是你的未來。保羅‧艾倫與比爾蓋茲就是這樣互相決定了他們的未來。

保羅‧艾倫的成功得益於他正確選擇了比爾蓋茲。但我們也不能不承認，保羅‧艾倫本身獨具一種超人的智慧鋒芒。有人這樣評價：如果沒有抓住創立微軟的機遇，保羅‧艾倫可能只會是波音公司的一位工程師，或一家軟體公司的雇員。但一不小心賺到億萬身家，這不是每個人都能做到的。與其說是保羅‧艾倫的一時衝動創立了微軟，不如說是他具有遠見卓識。

任何為微軟立傳的人都不能迴避那段歷史：1974 年 12 月，保羅‧艾倫拿著新出的《大眾電子》雜誌，去給夥伴比爾蓋茲看關於世界第一臺微電腦 Alta-ir8800 的報導，說服他一同創業，這才有了微軟。比爾蓋茲在回憶中這樣描述，「當時如果不是保羅‧艾倫描繪的藍圖打動了我，也許我還會待在大學裡。那麼，以後所有的故事就不會發生了，我甚至懷疑自己當時是不是太過衝動。」

　　與最優秀的人在一起，優秀將成為一種習慣。如果錯過與比我們優秀的人結交的機會，實在是很大的不幸，因為我們常能從這種人身上得到很多益處。只有在這種交往中，我們生命中那些粗糙的部分才會被削平，才可以慢慢將我們琢磨成器。

　　機會不是天外來物，而是人創造的，優秀的人顯然會帶給你更多更好的機會。更重要的是與優秀的人相處，可以學到優秀之人的為人處世之道，擴大自己的視野，從他們的經歷中受益，你不僅可以從他們的成功中學到經驗，而且可以從他們的教訓中得到啟發。你甚至可以根據他們的生活狀況改進自己的生活狀況，成為他們智慧的伴侶，這自然也會使你變得更優秀。

　　總之，與一個比你優秀的人交往，其價值要遠大於發財獲利的機會，它能使你去發展自己高貴的品格，能使你的力量擴增百倍。

▌對人不要雞蛋裡挑骨頭

　　俗話說，「水至清則無魚，人至察則無徒。」意思是：水太清澈，意味著雜質太少，缺乏魚兒賴以生存的養分，自然就無法生存。在現實生活中，一個人如果對他人太過計較，事事求全責備，不能容人，結果所有人都會對他敬而遠之。

　　每個人都有缺點，甚至有些見不得人的陰暗角落。因為我們都是凡人，都有人性的弱點，每個人的心裡都有陰暗面，每個靈魂下面都藏著猥瑣的東西。因此，在與人交往時，我們不要雞蛋裡挑頭，對人不要「至察」，需要以寬容、豁達的胸襟對待周圍的人，做到明察他人但不計小過，營造一種親和、寬鬆的環境，在融洽、平等、詳和的氣氛中處理一切問題。這樣，人際關係才會趨於和諧。

　　有一天，一個盲人帶著他的導盲犬過街時，一輛大卡車失去控制，直

衝過來，盲人當場被撞死，他的導盲犬為了保護主人，也一起慘死在車輪底下。

主人和狗一起到了天堂門前。

一個天使攔住他們兩個，為難地說：「對不起，現在天堂只剩一個名額，你們兩個中必須有一個去地獄。」

主人一聽，連忙問：「我的狗又不知道什麼是天堂，什麼是地獄，能不能讓我來決定誰去天堂呢？」

天使鄙夷地看了一下這個主人，皺起眉頭，她想了想說：「很抱歉，先生，每個靈魂都是平等的，你們要透過比賽決定誰上天堂。」

主人失望地問：「哦，什麼比賽呢？」

天使說：「這個比賽很簡單，就是賽跑，從這裡跑到天堂的大門，誰先到達目的地，誰就可以上天堂。不過，你也別擔心，因為你已經死了，所以不再是瞎子，而且靈魂的速度和肉體無關，越單純善良的人速度越快。」

主人想了想，同意了。

天使讓主人和狗準備好，就宣布賽跑開始。她滿心以為主人為了進天堂，會拚命往前奔，誰知道主人一點也不忙，慢吞吞地往前走。更令天使驚訝的是，那條導盲犬也沒有跑，牠配合著主人的步調在旁邊慢慢跟著，一步都不肯離開主人。天使恍然大悟：原來，多年來這條導盲犬已經養成習慣，永遠跟著主人行動，在主人前方守護著他。可惡的主人，正是利用這點，才胸有成竹，穩操勝券，他只要在天堂門口叫他的狗停下就可以了。

天使看著這條忠心耿耿的狗，心裡很難過，她大聲對狗說：「你已經為主人獻出了生命，現在，你這個主人不再是瞎子，你也不用領著他走路了，你快跑進天堂吧！」

可是，無論是主人還是他的狗，都像沒聽到天使的話一樣，仍然慢吞吞地地往前走，好像在街上散步似的。

果然，離終點還有幾步的時候，主人發出一聲口令，狗聽話地坐下了，天使用鄙視的眼神看著主人。

這時，主人笑了，他轉過頭對天使說：「我終於把我的狗送到天堂了，我最擔心的就是牠根本不想上天堂，只想和我在一起……所以我才想幫牠決定，請你好好照顧牠。」天使一下子愣住了。

主人留戀地看著自己的狗，又說：「能用比賽的方式決定真是太好了，只要我再讓牠往前走幾步，牠就可以上天堂。不過牠陪了我那麼多年，這是我第一次可以用自己的眼睛看著牠，所以我忍不住想慢慢走，好多看牠一會兒。如果可以的話，我真希望永遠看著牠走下去。不過天堂到了，那才是牠該去的地方，請你照顧牠。」

說完這些話，主人向狗發出了前進的命令，就在狗到達終點的一剎那，主人像一片羽毛似的落向地獄的方向。他的狗見了，急忙轉頭追著主人狂奔。滿心懊悔的天使張開翅膀追過去，想抓住導盲犬，不過那是世界上最純潔善良的靈魂，速度遠比天堂所有的天使都快。

最後，導盲犬又和主人在一起了，即使在地獄，導盲犬也永遠守護著牠的主人。

天使久久地站在那裡，喃喃說道：「我一開始就錯了，我不應戴著有色眼鏡看主人，我總是對他太挑剔。這兩個靈魂原來是一體的，他們不能分開……」

這個故事告訴我們，一個人如果擁有敏銳的洞察力，能準確、全面地了解他人，的確會是一筆財富。假如能針對不同的人，採取不同的交涉方法，那麼，這筆財富就算是用在關鍵上。但倘若因為戴著有色眼鏡洞察了他人的「缺點」，對他人橫挑鼻子豎挑眼，那麼，這筆財富就將是個禍害。

不對人吹毛求疵，懂得容人，在為他人創造寬鬆的人際環境的同時，也

給自己創造了一個快樂的空間。當然，寬容並不是隨波逐流的苟合，它是一種有原則的、達觀的處世態度。這種態度將有助於我們吸取他人的智慧和力量，把自己理想的事業完成得更順利、更圓滿。

其實，如果我們換一個角度看問題，就會發現，很多時候，殘缺不全也是一種美。

古羅馬神話中的美神，名叫維納斯。當後人挖掘出女神雕像時，卻發現美神缺少手臂。她的雙臂到底是什麼姿勢？人們對此爭論不休。許多美術家和考古學家設計了種種復原方案，有的還製成各式各樣的模型，但總是事與願違，沒有一次嘗試令人滿意，每個方案都覺得不貼切、不協調。原來的手是什麼樣子，人們無從知曉；重新裝上兩隻手，又覺得彆扭。人們終於得出一個結論：就讓她少兩隻手臂，這樣顯得更自然，更符合其本來面目。失去的雙臂可以讓每個人都展開想像的翅膀，描繪自己心目中的美神。美神維納斯正是因為缺少這兩隻手臂而顯得更加美麗。

《菜根譚》中說：「地之穢者多生物，水之清者常無魚；故君子當存含垢納汙之量，不可持好潔獨行之操。」一片堆滿腐草和糞便的土地，才能長出許多茂盛的植物；一條清澈見底的小河，常常不會有魚來繁殖。君子應該有容忍世俗的氣度，以及寬恕他人的雅量，絕對不可自命清高，總是挑剔別人而使自己陷於孤獨。

▌學會拒絕朋友的請求

你曾有過這樣的經歷嗎？在朋友面前，當需要做拒絕的決定時，你變得猶豫不決；當需要你大聲地說「不」時，你卻沉默不語，由此別人認為你的回答就是「是」、「好」、「可以」。朋友的一陣鼓動，一副懇求的眼神，一段乞求的話語，就能把你已在嘴邊的「不」化為「是」。

　　你是否發現自己總是為了使朋友滿意而滿足他們的每個請求？別人滿意了你也會快樂嗎？未必。你是否有過說了「是」卻事與願違或使自己承擔不願意做的事情的經歷？你有沒有發現，過度使用「是」使你身纏瑣事，很少有屬於自己的時間，你經常後悔自己「衝動」的決定，你變得疲倦乏力、心情不暢、記憶力下降……你的課業、工作、生活一團糟。如何改善這種狀況？關鍵在於你想說「不」時就要說「不」，並堅持你的觀點。

　　有對夫婦在一次車禍中雙雙罹難，留下一個男孩。孩子的姑姑收養了他，儘管生活並不富裕，但為了培養孩子，姑姑傾其所有，給孩子最好的教育。後來，男孩長大了，並如願考到臺北的一所大學。他找了一份工作，一邊打工，一邊讀書，直到有一天，男孩覺得能報答姑姑了，於是寫信讓姑姑來臺北，要好好招待姑姑。

　　姑姑來了，男孩要請姑姑吃飯，他讓姑姑選個喜歡的餐廳。於是，他們一起走過一家又一家餐廳，但姑姑都搖頭表示不喜歡。

　　最後，兩人來到了一家星級飯店，姑姑說：「這家好，就這家吧！」

　　男孩忐忑不安，心想：「姑姑啊，您不知那是星級飯店嗎？我一個學生怎麼負擔得起！」可是想到姑姑的恩情，男孩無論如何說不出拒絕的話。

　　席間，男孩的手心滲出汗水，可是他始終強顏歡笑，照顧著姑姑。後來他藉著去洗手間的機會，偷偷看了下菜單 —— 一萬多元。回到座位後，男孩更加坐立不安，終於，他用最小的聲音對姑姑說：「姑姑，我沒那麼多錢買單……」

　　姑姑說：「我今天來，就是想幫你上一課，這堂課的題目就叫：學會拒絕別人。你沒有錢，為什麼跟我進了這樣一家餐廳，為什麼不直接說『姑姑，我沒錢，可不可以換家餐廳』，你拒絕了我，是不是就避免了沒錢結帳的尷尬？生活中好多這樣的事情，勇於拒絕，能讓你活得更輕鬆。孩子啊，

一定要學會拒絕，學會說不！」

　　明朝開國皇帝朱元璋是個殺人不眨眼的天子。天下百姓都忌他萬分。一次，著名畫家周玄素奉朱元璋之命入宮，在宮殿牆壁上描繪明朝的江山地理圖。周玄素深知朱元璋的為人，卻不知他此次葫蘆裡賣什麼藥，畫他朱家地圖，弄不好，豈不是保不了腦袋。思慮再三，周玄素伏地請命：「臣不曾遍走天下九州，孤陋寡聞，未敢受此命，奉請皇上先給個草圖，待臣再依此描繪潤色，不知皇上意下如何。」

　　周玄素用機智巧妙地拒絕了朱元璋。我們可以想像，如果周玄素直接拒絕朱元璋，那下場可想而知。正是因為周玄素夠了解朱元璋，他這樣做，既保住了自己的腦袋，又維護了皇帝的自尊和面子，同時又顯示自己的謙恭。這個事例告訴我們，拒絕是一門藝術，拒絕也需要有一定的技巧。

　　學會拒絕是種美德。學會拒絕是為了不讓太多人受傷，學會拒絕是對自己和他人的負責，對生命本身的負責。不會拒絕的人只是一種任性，是對自己感情的放縱，對自己和別人的放縱，放縱總會產生誤解，誤解滋生傷害，傷害釀造悲劇，悲劇會毀滅人生。

　　學會拒絕是種能力。擁有這種能力會讓我們懂得如何選擇擁有自己想要的幸福。人之初，性本善。學會拒絕這種能力需要我們在成長歷程中慢慢培養，讓我們對人對事左右逢源，天天都有幸福的笑臉。

　　學會拒絕是種精神。靈魂產生精神，精神豐富著靈魂。我們每個人都在精神的指導下過著自己的生活，走著自己的人生路。沒有精神的民族是危險的，沒有精神的人是空虛的。把學會拒絕也當作是自己為人處世的一種精神，用這樣的精神武裝自己的靈魂，你會得到更多的平靜。

　　學會拒絕是一項資本。人活著就是在不斷創造和累積資本。沒有資本就不可能實現自我價值。物質資本不可少，精神資本更重要。學會拒絕能讓我

們果斷地處世，果斷地走自己的路。

學會拒絕還是門藝術。生活是門藝術，我們每個人都是生活的藝術家，要懂得為自己的生活進行設計。把學會拒絕當作自己生活的一門藝術，既不傷害別人，也不傷害自己，讓自己和他人都擁有快樂、幸福。

古人云：魚和熊掌不可兼得。要想吃魚就必須拒絕熊掌的誘惑，要想吃熊掌就必須拒絕魚的美味。人生很多時候也不可能兩全，只能靠我們自己的選擇，有選擇就注定有拒絕。的確，在這個紛繁複雜的社會，每一個人都可能或多或少遇上一些自己不想做或不願做的事。而很多時候內心極不情願，但又不便直接拒絕。因為人在社會上生活，要和形形色色的人打交道，即便你再有理，也不能把人家弄得很尷尬，無論對方是善意還是別有用心。所以，拒絕在某種程度上也是一門藝術。了解了拒絕，你就能在處理一些問題時掌握分寸。懂得拒絕，你就能在幽默的氣氛中使自己和他人都不至陷入兩難境地。學會拒絕，你就能在社會這個競技場上做到遊刃有餘，永遠立於不敗之地。

人際交往類型測試

在人際交往中，你扮演的是什麼角色呢？透過這個小測試，你可以找到自己的定位，這對你今後的社交活動具有積極的指導作用。

對下列各題做出「是」或「否」的選擇。

1. 我碰到熟人時會主動打招呼。
2. 我常主動寫信給友人表示思念。
3. 我旅行時常與不認識的人閒談。
4. 有朋友來訪我從內心感到高興。
5. 若沒人引見，我很少主動與陌生人談話。

6. 我喜歡在團體中發表自己的見解。

7. 我同情弱者。

8. 我喜歡為別人出主意。

9. 我做事總喜歡有人陪伴。

10. 我很容易被朋友說服。

11. 我總是很注意自己的儀表。

12. 約會遲到我會一直感到不安。

13. 我很少與異性交往。

14. 我到朋友家作客從不會不自在。

15. 與朋友一起搭公車我不在乎誰買票。

16. 我寫信給朋友常會訴說自己最近的煩惱。

17. 我常能交上新的知心朋友。

18. 我喜歡與有獨到之處的人交往。

19. 我覺得隨便曝露內心世界是很危險的事。

20. 我對發表意見很慎重。

答案：

1‧是 2‧是 3‧是 4‧是 5‧否 6‧是 7‧是 8‧是 9‧是

10‧是 11‧是 12‧是 13‧是 14‧否 15‧否 16‧是 17‧是

18‧是 19‧否 20‧否

各題答「是」記 1 分，答「否」不記分。

　　將 1 ～ 5 題得分相加，其分數說明交往主動性水準。得分高說明交往偏於主動型，得分低則交往偏於被動型。

　　將 6 ～ 10 題得分相加，其分數說明交往支配性水準。得分高代表交往傾向於領袖型，得分低則偏於依從型。

　　將 11 ～ 15 題得分相加，其分數說明交往規範性程度。得分高意味著交往講究嚴謹，得分低則交往較為隨便。

　　將 16 ～ 20 題得分相加，其分數說明交往開放性程度。得分高表示交往偏於開放型，得分低則意味著交往傾向於閉鎖型。

　　如果得分不是偏向最高分和最低分兩個極端，而是處於中等水準，則說明交往傾向不明顯，屬於中間綜合型的交往者。

　　分析：

· **主動型－被動型**：主動型的人在社交上總是採取積極主動的方式。他們不會等待別人率先接納自己，而是主動結交，能做交往的發動者。在現實生活中，主動型的人對自己在人際關係方面比較有自信，即使在交往中遇到一些誤解和挫折，也能坦然對待。因此，主動型的人適應能力很強，容易與人相處，為人坦率，不斤斤計較。適合需要順利處理人與人之間複雜的情緒或行為問題的職業，如教師和推銷員等。

被動型的人在社交上總是採取消極的、被動的退縮方式，總是等待別人來首先接納他們。雖然他們處在一個人來人往的人群中，卻不能擺脫心靈的孤寂。他們只能做交往的回應者，而不能做發動者。被動型的人特別害怕別人不會像自己期望的那樣理解自己，從而會使自己處於窘迫的局面，傷害自己的自尊。他們對人較冷漠，喜歡獨自工作。適合不太與人打交道的職業，如機械、電工等有明確要求並需要一定技能技巧的工作。

· **領袖型－依從型**：領袖型的人比較好強固執，獨立積極，自視很高，非常自信，武斷而有力量，攻擊性強。有時表現出反傳統傾向，不願循規蹈矩，在團體活動中有時不遵守紀律，社會接觸較廣泛，有時飲酒過量，睡眠較少，不太注重宗教信仰，有強烈的支配和命令別人的欲望。所有的生活價值領域都服務於他的權力欲望，知識成為他的支配手段，

藝術服務於他的權力衝動，凡是他的所作所為，總由自己決定。在職業上，傾向於管理人員、工程師、飛行員、競技體育運動員、作家、心理學家等。

依從型的人比較謙卑、溫順，慣於服從、隨和。能自我抑制，想像力較差，喜歡穩定、有秩序的環境。他們獨立性較差，不喜歡支配和控制別人。在職業上，他們願意從事那些需要按照既定要求工作的，比較簡單而又比較刻板的職業，如辦公室事務員、倉庫管理員、非技術操作工等。

· **嚴謹型－隨便型**：嚴謹型的人有很強的責任心，為人忠誠，堅韌有毅力，細心周到，有始有終。道德感強，穩重，執著，孝敬尊重父母，對異性也較嚴謹，常受到周圍人的好評，社會責任感強，工作勤奮，睡眠較少，很少有犯罪行為。是非善惡很分明，樂於結交努力苦幹的朋友。適合的職業有業務主管、社團領袖等。

隨便型的人不講原則，不守規則，缺乏社會責任感，做事比較敷衍，缺乏奉公守法的精神。具有這種特質的人可能有違法行為。在職業上傾向於藝術家、社會工作者、社會科學家、競技運動員、作家、記者等。

· **開放型－閉鎖型**：開放型的人比較隨和，易與人相處。安全感強，對人無猜忌，但也易輕信。不與他人競爭，容易合作，寬容，容易適應環境，善於體貼他人，有信用。善於和不同類型的人交朋友，不會為一點小事而破壞友誼，對他人持開放接納的態度。職業上傾向於會計、服務員、炊事員、機械師、空服員等。

閉鎖型的人對人比較戒備，不易受到欺騙。在團體中與他人保持距離，缺乏合作精神，比較固執己見。嫉妒心也很強，與人相處常斤斤計較，不太顧及別人的利益。閉鎖型的人有時會有自殺、違法等行為。一般來說，適合的職業有編輯、藝術家、農業人員、創造性科學研究人員等。

第六章
情商高低與影響力大小成正比

▋情商比智商更重要

　　小溥是某高中學生，他成績一向都十分優異，初三時因成績突出成為多所高中理科實驗班爭奪的對象。進高中後，他用絕大部分時間和精力主攻數學，希望獲得全國大獎走保送上名牌大學的捷徑。

　　然而，就在一年前，小溥參加全國中學生數學競賽，結果只獲得二等獎。他無法接受未拿一等獎的現實，從此一蹶不振，一次次向自己舉起利刃，一年內割腕、割頸十餘次。幸好每一次都被身邊的人及時發現並送醫院。

　　對此，小溥的父親痛心疾首。他說，兒子會走到這一步，主要和家庭教育有關。兒子從小智力發展就很不錯，有些自視過高，比較怕吃苦，父母對他也比較溺愛，兒子的要求從來都是盡力滿足，這種以兒子為中心的教育方法也使得兒子很少顧及其他人的感受。最後，他總結說，沒有重視兒子的情商培養，是他教育兒子過程中最失敗的一點。

　　所謂情商，就是「情緒智商」。用以描述一個人對自己和對他人的情緒的認知和控制，被譽為除智商以外，人的另一個生命科學的參照元素。它表現了一個人的同情心、情感表達能力、自制能力、人際交往能力、適應性、獨立性、受人歡迎的程度，是否善良、友愛、尊重他人，是否能承受壓力、堅持不懈及自我激勵能力等個性特徵。它是一個人控制自我情緒和調節人際關係的能力，是一個人成功的關鍵因素。如果一個人性格孤僻、怪異、不易合作；自卑、脆弱，不能面對挫折；急躁、固執、自負，情緒不穩定，他智商再高也很難有所成就。

　　傳統觀點認為，一個人能否在一生中取得成就，智力水準是第一重要的，即智商越高，取得成就的可能性就越大。但現在心理學家們普遍認為，情商水準的高低對一個人能否成功也有很大的關係，有時其作用甚至超過智力水準。1930年代，美國最高法院大法官霍姆斯和時任美國總統羅斯福相識

後，他就對美國總統有了一個非常有名的概括：「擁有二流的智慧，一流的情商。」很多歷史學家都很贊成這個觀點，一致認為羅斯福的成功得益於他的情商。在偉人身上，情商成就事業的作用異常明顯。面對複雜的環境、利益的紛爭和變化的矛盾等，情商的力量使他們在其中遊刃有餘。

姜小姐和趙小姐同樣在市場上經營服裝生意，因為沒有經驗，她們沒有選好進入市場的時機，她們開店的時候正趕上服裝生意最不景氣的季節，即正值服裝銷售淡季，結果不但自己店裡的服裝賣不出去，銷量少，而且每天還要交房租和市場管理費，最後，她們的服裝店不但沒有盈利，反而天天賠錢。

初次經商的失敗使姜小姐選擇退出服裝業，轉做軟體銷售業，最後以賠了 5,000 元的價錢把自己的店轉讓出去，並發誓從此不再做服裝生意。而趙小姐卻不這樣想，經過一季經營，趙小姐認真分析了自己的情況，她覺得自己賠錢是正常的。一是自己剛進入市場，沒有經營經驗，抓不住顧客心理；二是進入市場的時間不好，趕上服裝銷售的淡季，每年的這個季節，做服裝生意的人都不賺錢，只不過是因為她們有豐富的經驗，經營策略合理，才能夠維持收支平衡罷了，自己再繼續努力，很快也會像其他生意人一樣盈利。透過分析，趙小姐對自己很有信心，她知道自己適合做服裝生意，因此照舊進貨、經營店面。果然，度過服裝業的淡季後，趙小姐的服裝店開始盈利了。三年後，趙小姐已成為當地有名的服裝生意人，每年有 6 萬元紅利，可謂事業有成。反觀姜小姐，她在退出服裝業後經過幾次改行，每次都因為經商失敗而退出，她從沒有反思過自己的經歷，因此仍然窮困潦倒，事業依舊一籌莫展。

在同一時機、同一條件下，面對同樣一份事業，不同的女人用不同的方式經營，結果竟然取得完全不同的成績，情商的高低在其中發揮了關鍵作用。正是高情商使趙小姐能頂住賠錢的壓力繼續經營，並透過努力實現了人生目標。

科學家研究發現，大腦控制情緒的部分（邊緣系統）受損的人，可以很清晰和符合邏輯地推理和思考，但所做出的決定都非常低層次。科學家因此斷定，當大腦的思考部分與情感部分分離時，大腦不能正常工作。人類在做出正常舉動時，是綜合運用了大腦的兩個部分，即情感部分和邏輯部分。一個高情商的人會綜合利用大腦中的各個部位，並在大多數情況下運用大腦的皮質層。

　　下面，讓我們來看看「高情商」、「較高情商」、「低情商」和「較低情商」的人的區別：

高情商：

- ．尊重所有人的人權和人格尊嚴。
- ．不將自己的價值觀強加於他人。
- ．對自己有清醒的認識，能承受壓力。
- ．自信而不自滿。
- ．人際關係良好，和朋友或同事能友善相處。
- ．善於處理生活中遇到的各方面問題。
- ．認真對待每一件事。

較高情商：

- ．是負責任的「好」公民。
- ．自尊。
- ．有獨立人格，但在一些情況下易受別人焦慮情緒的感染。
- ．比較自信而不自滿。
- ．較好的人際關係。
- ．能應對大多數問題，不會有太大的心理壓力。

較低情商：

· 易受他人影響，自己的目標不明確。

· 比低情商者善於原諒，能控制大腦。

· 能應付較輕的焦慮情緒。

· 把自尊建立在他人認同的基礎上。

· 缺乏堅定的自我意識。

· 人際關係較差。

　低情商：

· 自我意識差。

· 無確定的目標，也不打算付諸實踐。

· 嚴重依賴他人。

· 處理人際關係能力差。

· 應對焦慮能力差。

· 生活無序。

· 無責任感，愛抱怨。

▎做自己情緒的主人

　　達到圓滿人生的首要條件是健康，因此，精神和身體的健康都要依靠適度的自我調節。我們的飲食、思想和情感塑造了我們的身體，或者增加或者減少了身體的力量和活力，這是一條公認的法則。所以，一個人要保持良好的身體狀況，除了有節制的飲食外，還必須控制自己的情緒，特別是要節制負面的思想感情。

　　自制不僅是種策略，而且可以說是種美德。有人對美國各監獄的 16 萬名成年犯人做過一項調查，發現一個驚人的事實：這些不幸的男女犯人之所以淪落到監獄中，有百分之九十的人是因為缺乏必要的自制，因此未能把他

們的精神用在積極有益的方面。缺乏必要的自制，不僅巨大的逆境會將你壓垮，而且一個人 —— 不管是有教養的紳士還是一個目不識丁的人，都能夠輕易將你打敗。

傍晚，高曼做完了一天的工作，正期待著去劇院放鬆自己。去車庫開車時，她發現有個同事的車斜停在兩個停車位的中間。「多自私。」高曼想道。儘管還有空的車位，但高曼還是很憤怒。「需要給這個人上堂課。」高曼尋思著。高曼走到停車管理處抱怨。沒想到，管理員竟然不在，高曼想著管理員一定提前回家了。這讓高曼更生氣，她從服務臺上拿起一張大白紙，寫了張字條粗魯地罵了剛才那個沒好好停車的車主有多自私。然後，她又寫了一張字條，強烈譴責管理員的失職，竟然時間沒到就下班。高曼把第一張字條貼在剛才那輛汽車的擋風玻璃上。

高曼對剛才發生的事情如此憤怒，以致在劇院無法集中精力看整場表演 —— 這完全是個掃興的夜晚。

到了第二天，高曼去上班，發現辦公室的氣氛陰沉。原來昨晚高曼下班後，有個同事停車時撞到了停車場的牆上，心臟受到衝擊，現在正病危在醫院。高曼放在擋風玻璃上的字條被管理員拿了下來，而昨天管理員看到高曼同事出事後，就去幫忙了。高曼心裡很苦惱 —— 一方面因為自己看到不順眼的情形時，竟然做出那麼強勢的行動；另一方面覺得自己缺乏考慮，車之所以那麼歪停著可能是發生了什麼事。高曼花了很長時間才從情緒影響中走出來。

首先，高曼的弱點在於缺乏自我管理 —— 他對所看到的場景感到生氣情有可原，但他的錯在於不能控制自己的消極情緒，導致寫下那些侮辱性的話。其次，高曼缺乏自我意識。一看到那個場景，高曼想都沒去想為什麼車會那麼停，而是很快就認定是別人自私，不為他人著想。管理員不在工作崗

位上，他也沒去想可能是別的原因提早下班。他缺乏足夠的情商去找出事件發生的原因，沒有考慮到事情可能是由其他緣由造成的。缺乏情商的後果就是：高曼埋怨自己，感到羞愧，同事也因他的行為而不高興。

相信很多人都曾有過像高曼一樣無法控制自己情緒的經歷，那麼，就讓我們透過以下一些方法使自己成為情緒的主人吧。

第一，在感覺快要失去理智時使自己平靜下來，從而使衝動的血液留在大腦裡，做出理智的行動。這些方法包括：深呼吸，直至冷靜下來，慢慢地、深深地吸氣，讓氧氣充滿整個肺部，把一隻手放在腹部，確保呼吸方法正確；自言自語，比如對自己說：「我正在冷靜」或者說：「一切都會過去的」；採用水療法，泡個熱水澡，可能會讓怒氣和焦慮隨泡沫一起消失；你也可以嘗試以下方法：想著不愉快的事，同時把指尖放在眉毛上方的額頭上，大拇指按著太陽穴，深深吸氣，只要這樣做幾分鐘，血液就會重回大腦皮質層，你就能更冷靜地思考了。

第二，想抱怨時，停一下先自問：「我是想繼續忍受這看起來無法改變的情形呢，還是想改變它呢？」對於沒完沒了的抱怨，我們稱之為嘮叨。抱怨會消耗體力而不會有任何結果，對問題的解決毫無用處，又很少會使我們覺得好過一點。但如果你不抱怨，你會感受到巨大的心理壓力。壓力有時並不是個壞東西，它也許會讓你覺得不舒服，但同時也是促使你進行改變的力量。一旦壓力減輕，人就容易維持現狀。然而，如果壓力沒有在抱怨中流失，它就會堆積起來，到達一個極限，迫使你採取行動改變現狀。因此，當你準備向一個同情你的朋友報怨時，先自問一下：我是想減輕壓力保持現狀呢，還是想讓壓力持續下去促使我改變這一切呢？如果是前者，那就透過抱怨把壓力趕走吧。每個人都有發牢騷的時候，它會讓我們暫時好受一些。但如果情況確實需要改變的話，那就下定決心採取切實行動吧。

第三，為人父母。為人父母能教會你很多東西。當孩子尖叫「為什麼不給我買？我恨你！」時，你不能絕望，不能暴怒，你需要理解他並接受他「恨你」的現實。要知道，這是孩子所能給你的最好的禮物，當然這種「怨恨」不要持續下去。養育孩子是個雙贏的結局。在養育孩子的過程中，孩子學會了如何與還不算成熟的年輕父母相處。身為父母的我們，則在抑制自我需求來滿足孩子需求的過程中磨平了稜角。養育孩子會自動提高我們的自制力，使我們成為更合格的父母、更成熟的人。

　　第四，從難以相處的人身上學到東西。我們的周圍有很多牢騷滿腹、橫行霸道、裝腔作勢的人，我們多麼希望這些人從生活中消失，因為他們會讓人生氣和絕望，甚至發狂。可是，從另一個角度來說，這些難以相處的人卻是我們提高自制力的幫手。你可以從多嘴多舌的人身上學會沉默，從脾氣暴躁的人身上學會忍耐，從惡人身上學到善良。

清掃情感的垃圾

　　一位美國生物學家曾做過這樣一個實驗：

　　將一支支玻璃管插在攝氏零度、冰和水混合的容器裡，藉以搜集人們處於不同情緒時呼出來的「汽水」。結果發現，心平氣和時呼出的氣凝成的水澄清透明、無色、無雜質。如果生氣，則會出現紫色的沉澱。研究者將這「生氣水」注射到小白鼠身上，幾分鐘後，小白鼠居然死了。

　　很多時候，我們認為身體與精神是分離的，互不干涉。事實上，它們一直緊密相連，並相互影響。「人健體自康。」人的心態與情緒決定了行為。一個人被不良的消極情緒困擾，長期不能調適與化解，會引起氣機紊亂，經絡阻滯，導致心理疾病的產生，從內部瓦解人體健康。

　　中國傳統醫學是世界上最早重視情緒與疾病關係的醫學。《內經》中對

情志與臟腑氣血關係的論述就很深刻。《素問·舉痛論》中說：「怒則氣逆，甚則嘔血及夕飧泄，故氣上矣」；「喜則氣和志達、榮衛通利，故氣緩矣」；「悲則心系急，肺布葉舉，而上焦不通，榮衛不散，熱氣在中，故氣消矣」；「恐則精卻，卻則上焦閉，閉則氣還，還則下焦脹，故氣不行矣」；「驚則心無所倚，神無所歸，慮無所定，故氣亂矣」；「思則心有所存，神有所歸，正氣留而不行，故氣結矣」。其意思為：大怒導致氣機上逆，嚴重的可以引起嘔血及飧泄；喜悅的情緒使氣和順志暢達，氣血運行通利；悲哀過度使心血運行急迫，肺擴張而肺葉上舉，導致心肺運行功能得不到宣通，氣血不能敷布四肢臟器。邪熱就會鬱結在胸中耗傷精氣；恐懼使精氣丟卻，不能上行濡養心肺，它的病變部位發生在下部，所以說「恐則氣下」；受驚則心悸動盪、精神不安、疑慮不定；思慮太過則心事留存纏綿不去，精神過分集中，使得正氣留結而不行。

大家都知道，目前熱門的環保運動是主張尊重自然環境並懂得珍惜利用。當環保這個概念日漸深入人心的時候，你是否想過心靈也需要環保呢？

人們心中常有恐懼、猜疑、仇恨、自怨、嫉妒、遷怒、不信任、悔恨、不甘情願等阻礙他們前進的負面情緒。負面情緒在心靈中淤積久了就會破壞你的正常生活。你需要不斷清掃這些情感垃圾，就像需要維持自己房間的清潔一樣。我們不妨設想出一種稱為「情感吸塵器」的「清潔工具」。

要好好利用這件「情感吸塵器」，你首先得注意傾聽自己要說些什麼。通常，你是否喜歡談論周圍環境中的消極東西？你在講話時是否常用一些否定詞，如「不能」、「不會」、「不應該」、「不可能」？你是否還常用些含有消極或反面意思的詞，如「糟糕」、「可怕」、「自私」、「錯誤」、「討厭」？你是否總喜歡沒完沒了地責怪別人或自己「為什麼不……」、「怎麼回事……」？

首先你要發現這些詞語，聽見它們，你才能注意並加以改變。一旦你真

誠地注意了自己的言談舉止，聽到自己口中說出這些消極的語句，你就能開動吸塵器，把那些消極的東西清除乾淨。這樣，你便會有較多的餘地容納美好的事物，在情緒上更多地考慮更積極的方面。

也許，你會說：「不錯，我的確習慣講許多消極的話，但從前我一直沒注意到這點。我已經非常習慣於這樣的言談方式，還可能改變嗎？」答案是肯定的！每次當你聽到自己在講那些消極的話時，馬上停止。開動你的「吸塵器」，把那些消極悲觀的垃圾打掃乾淨。現在開始實際想像下述情景：在你的額頭上有個玩具式的吸塵器，正在把思想中的塵埃 —— 過去的悲傷、現時的困難、將來的災禍以及你常說的那些消極話語統統吸掉。

打掃完心靈空間之後，空白的心靈空間馬上要去填補，因為不愉快的念頭總是在我們完全意想不到的時刻闖進頭腦中。所以，你不僅要用「情感吸塵器」清除這些不愉快的想法，而且要學會把健康積極的情感裝進自己清空的頭腦中。

比如，在一天非常勞累的工作後，你走進浴室，打開水龍頭，沖了個淋浴。熱騰騰的水噴灑在你身上，讓你無比愜意。但此時，你突然想到今天工作中，上司曾經對你上個月的彙報很不滿意。你的心情一下降到谷底，不愉快的思緒頓時占據了整個頭腦。

如果你是個旁觀者，你可能會理智地想，淋浴時想這些有什麼用？渾身都是香皂泡沫，又不能走進公司，再和上司討論業務、解釋情況。要知道，高高興興沖完澡後，你的精力會更充沛，也許明天回到公司後，你處理問題會更有效。但是，由於你的聯想，你不知不覺讓不愉快的東西進入了原本可以用來休閒和恢復精力的時間。

所以，趕快使用你的「情感吸塵器」，把你有關公司業務的事情統統排除掉。因為你現在根本無法解決這件事情。積極的心態是把事情一件件做完，盡情享受此時此刻的快樂。記住，你有責任使自己的好情緒不受破壞，

否則，情緒的累積會讓自卑無聲無息地進入你的心靈。

清除了腦中的煩惱後，你可以用一些積極愉快的想法來代替。想像路上見到一個美麗的女孩，或者上次休假時一次盛大的聚會，或者僅僅是一束鮮花……當你覺察到又有消極的東西試圖侵入你的心靈時，什麼東西最能激發你積極的情緒，你就聯想什麼。或者尋找一個放鬆的辦法，如跑步、打球、和朋友閒談，或者看部電影。

每當困難或消極的念頭占據你的大腦時，你就要使用聯想法加以排除。只有你才能控制自己的神經系統，使它遠離消極的運轉模式。做個環保的人，就應把自己的房間打掃得乾乾淨淨，也要把頭腦清掃得一塵不染，因為這對你來說才是最寶貴的。

善意應對別人的批評

美國總統林肯說「世人都喜歡讚揚」，但我們在學習、生活、工作中，出於種種原因，誰都難免一輩子不受批評。這樣，我們就會面臨一個問題 —— 怎樣對待批評？

古人云：良藥苦口利於病，忠言逆耳利於行。意思是說，特苦的藥往往是最好的藥，它雖然味苦，但有利於治病，別人的忠言也許有些逆耳，卻有利於修正自己的不良行為。別人的批評就是苦味的良藥，逆耳的忠言，我們千萬不可小覷。如何對待別人的批評不僅可以展現出一個人的襟懷，還可以檢驗一個人的處世原則和綜合素養。

對抗戰期間，昆明接納了西南聯合大學，聞一多、沈從文等四方賓客雲集昆明，昆明出現了歷史上少見的文化盛宴，昆明的文化對中國科學與文化發展產生了巨大的影響。在來到昆明的眾多賓客中，有位賓客不被雲南人歡迎，他就是被施蟄存稱為「被雲南人驅逐出境」的李長之。他是山東利津

人，曾就讀於北京大學預科，後就讀於清華大學，1936 年留清華大學任教，1937 年秋到昆明經人介紹到雲南大學任教。李長之是個才子，一天可寫一萬五千字左右的長文，外加兩篇隨筆，其專著有獲學術界高度評價的《中國文學史略稿》、《批判精神》等。年少氣盛的李長之在來昆明不到半年的時間就「被雲南人驅逐出境」，是因其寫了一篇短文〈昆明雜記〉。〈昆明雜記〉在學術界一登臺亮相，可謂一石激起千層浪，掀起了軒然大波，昆明人在〈昆明雜記〉中根本找不到恭維、誇耀昆明人如何熱情好客和雲南民族文化如何豐富多彩的字眼，也找不到讚美昆明的氣候如何好的文字，〈昆明雜記〉對昆明提出了指責和嚴厲的批評。〈昆明雜記〉惹得雲南人大為光火，「且事為龍主席所聞」，「據雲綏公署欲請去談話」。當時昆明大小報紙對李長之群起而攻之，「李乃大恐，或云坐飛機離滇，或云坐長途汽車他往」，三十六計走為上策，實事求是提出批評意見的才子李長之不得不逃之夭夭。

　　時隔數年，余斌先生在《西南聯大在蒙自》中對李長之事件的看法是：「李長之儘管恃才傲物，話說得偏激一些，雖有以偏概全之嫌，倒也非憑空捏造，昆明人那時不知為什麼有點反應過度。」曾在李長之事件期間擔任雲南大學校長的楚光南先生後來也針對「李長之事件」在〈雲南文化的新階段與對人的尊重和學術的寬容〉中寫到：「來到雲南的學者名流，對於雲南的批評，總是冠冕堂皇的一套恭維，如雲南天時氣候如何，人民性質如何，社會秩序如何之類，照他們說來，雲南真好得像天堂一樣了，但情況並非完全如此。雲南固有得天獨厚之處，也有許多不足。真有自尊與自信者，就不應諱疾忌醫，害怕批評，哪怕批評很嚴厲，有些過火」。針對當時雲南人喜歡恭維和讚美，不喜歡批評的現狀，楚光南先生還在其論著中寫到：「那只是反映了雲南社會落後、幼稚、無知，才有著這種需要，需要表面的恭維，無論真也好，假意也好，至少反映了雲南還不能容納真實的批評，至誠的諫諍，無論是在極細微的地方。也就是雲南還沒有對人尊重和對學術寬容的雅

量」。著有《西南聯大．昆明記憶》的余斌先生，對當時雲南人愛聽恭維，也很有感觸地說：「你愛誇耀雲南是什麼什麼王國，人家就送你一頂又一頂『王國』的金冠，你說雲南民族文化豐富多彩，人家就說確實豐富多彩。但你能聽懂人家的話背後的意思嗎？這王國那王國，不就是些資源嗎？所謂豐富多彩，不就是色彩斑斕下面的落後嗎？」余斌先生雖然已經透過恭維這一表面現象看到了恭維後面所暗藏的是侮辱和欺騙，但令人遺憾的是，李長之已「被雲南人驅逐出境」了。

其實，批評和表揚一樣，是使人健康成長、獲得成功不可缺少的因素。表揚能給人鼓舞，也能使人飄飄然；批評使人一時受挫，但更能使人體會到跌跤的滋味，在清醒和自省中成熟。可以這麼說，批評本身就是一種愛，而且是一種高層次的愛，「小批評小進步，大批評大進步，不批評就退步」講的就是這個道理。能得到他人的批評不是件壞事，說明他人對你寄予厚望，他人的「逆耳忠言」，無非是希望你盡快成熟起來。從批評者的角度講，真正要做到「拉下臉」去批評一個人、批評一件事，並不是件很容易的事，甚至要經過激烈的心理掙扎和深思熟慮，同時也說明他是個心懷坦蕩的人，是個有責任感的人，是你人生中的良師和益友。因此，我們必須真誠歡迎，不能敷衍應付。

俄國文學家托爾斯泰說過：「只有什麼事也不幹的人，才不至於犯錯。」因此，對每個人來說，都有一個怎樣堅持真理、修正錯誤的問題。批評就好比醫生給病人治病，是針對人們思、言、行上存在的「病灶」進行的，目的是要把病治好。有缺點毛病的人受到批評後，就會在思想上引起震動，促其認識錯誤、吸取教訓、改掉毛病，進而變成一個健康的、有益於社會的人。

所以，我們如果有了過錯，受到批評甚至處分後，不要一蹶不振，要用自己的善意對待別人的批評，要勇於承認錯誤、改正錯誤，並從錯誤中接受教訓，重新振作精神，以最好的狀態投入到生活、工作中。

▌適度發洩自己的憤怒

人們總被告知要避免憤怒，因為，據說發怒非常有害。事實上，憤怒是人際交往中一種不可避免的情緒。關鍵是要採取適當的方式表達憤怒。

憤怒是人在受到侵犯、威脅或受到攻擊時，為了保護自己而做出的自然反應。它其實是在向你警告：「小心，有危險。」這個時候，你的腎上腺激素射了出來，身體裡有股熱流湧動，你甚至感到脖子後面的肌肉都繃緊了，整個身體隨時準備採取行動。憤怒經常是身體在發出信號，告訴我們需要劃定某個界線，照顧好自己。憤怒並不意味著我們要攻擊或責備別人，而是意味著我們清楚地知道自己的感受是什麼，從而能夠採取適當的行動。

正確表達你的憤怒有兩個充足的理由。第一，可以發洩不愉快的情緒，這種沮喪感如果蓄而不發，可能會導致不公正的報復行為；第二，這是敦促對方改正行為的方法。

美國學者卡蘿·塔佛瑞斯（Carol Tavris）指出，說出憤怒對雙方來說都可以是一種修正性體驗，但要選擇成熟的表達方式 —— 憤怒的表達不是為了讓某一方狼狽不堪。憤怒可以轉變為口頭表達煩惱、不快或委屈。談論某次錯誤行為，其首要目的是消除任何受傷情緒，並確保下不為例。如果未能談論自己的憤怒，就不會修正過錯方的行為，那麼我們討厭的行為或言語還會重演。

總之，健康的發怒是種機制，但一定要保證不讓自己受到傷害，也不要傷害別人。其實發怒和攻擊行為不能相提並論，發怒是心理正常的反應，而攻擊行為卻是一種過度的反應，往往會帶來不可預料的後果。

加州心理學家和婚姻諮詢師喬治·巴哈博士（George Bach）曾接待過幾對以消極方式表達憤怒的夫婦，他們採用非身體性攻擊手段發洩憤怒。巴哈博士得出結論，不會正確表達憤怒並因此不公正地還擊的夫婦，通常關係很壞。喬治·巴哈及其他專家認為，憤怒一類的消極情緒可以透過正確管道

排泄出去。他們呼籲人們學習「創造性爭吵」，表達憤怒但不貶損對方或傷害對方的自尊。這個方法要求雙方在不損害雙方關係的基礎上，坦誠表達各自的情緒。當然，如果「創造性爭吵」不合你的口味，你可以採用其他方法。

你還可以這樣表達憤怒或者其他感情：一定不要說「你讓我感到很憤怒」等籠統的話。事實上，我們之所以憤怒是因為對方說了什麼或者做了什麼。因此，將你產生憤怒的原因說得具體一些是非常重要的。比如，你可以說：「上星期二你沒打電話給我，我很生氣。」「你和小英有了那種關係，我對此感到很憤怒。」「對我們的關係，你在財力方面沒有作出任何貢獻，我對此感到很憤怒。」

用適當方式表達自己的憤怒是個需要時間、需要判斷、需要不斷學習的過程。在你開始認識自己的憤怒並學著將它表達出來的時候，你可能覺得有些笨拙，特別沒有技巧，或者沒有任何動力，最後的結果是小聲嘟囔出來或者低聲抱怨。其實，跟其他任何事物一樣，用適當的方式表達憤怒需要反覆的實踐和鍛鍊，才能夠慢慢地使用自如。

當然，一定要將憤怒與狂怒區別開來：狂怒一般都是由於羞恥心所引發。羞恥心是深深埋藏在心底的一種時刻圍繞在自己周圍的自卑感。如果我們不願正視自己的羞恥心，它就會經常轉化為狂怒的情緒。整個過程是這樣的：有某個東西觸動了一根情感的神經，於是我們感到自己被曝露出來，並認為自己很壞、很蠢或認為自己錯了。我們不斷告訴自己有這樣的感覺是不行的，這就導致我們感到羞恥。為了逃避這種可怕的感覺，我們就藉由狂怒來發洩。或是對別人大聲狂喊、尖叫，或是羞辱別人、責備別人，甚至對別人進行身體上的攻擊。

狂怒是十分不適當的情感表達方式。因為它會讓別人難過、傷心，會傷害別人。狂怒是對另一個人精神領域充滿毒害的侵略，而且它並不能真正實際解決問題。如果有人不幸被狂怒的情緒攻擊，最好的方式就是立刻遠離這

片怒火。一定不要試圖與這樣的人講道理，因為此時他們心情的起伏波動與一個兩歲的小孩子毫無二致，或者說他們現在就像一隻受傷的動物在尋求保護一樣。

　　無論是憤怒還是狂怒，都是消極的情緒。為了減少它們的發生，我們應該選擇那些可親的人做朋友，學習如何與人親密相處的技巧，說出自己真實的感受，擁有激情。那樣，你就會發現能夠引發憤怒的時機已經越來越少。這樣做並不意味著我們不再時時怒火襲來，而是說我們將能夠在怒火升起的時候站穩腳跟，正視它，而不是讓怒氣把自己打倒，導致自己做出許多衝動行為傷害別人或自己。的確，我們仍會憤怒，但這種憤怒永遠不會讓我們失去理性，失去謹慎思考的能力。

　　我們需要建立這樣一種自我形象：既強硬又有禮貌；既能夠在適當時候表達不滿，又不失溫柔；既和藹又有尊嚴。

▌自信比什麼都重要

　　有個女孩，從小沒了父親，和母親住在一個小鎮相依為命。她們的生活很貧困，小女孩從來就沒穿過漂亮的新衣，她的衣服都是鄰居送來的舊衣。她母親甚至沒幫她好好綁過一次頭髮，更別提給她買髮夾和其他首飾。

　　小女孩很自卑，老是覺得自己長得難看、寒酸，走路時總是低著頭，害怕別人的眼光。她喜歡畫畫，一直希望鎮上最出名的畫家能教自己畫畫。看著畫家帶著那些衣著光鮮、神清氣爽的孩子外出寫生，小女孩提不起勇氣和畫家打招呼。

　　在女孩 12 歲生日那天，媽媽破天荒給了她 20 塊錢，允許她去買點喜歡的東西。小女孩很興奮，一時不知該買什麼好。最後，她緊緊握著錢，來到一家飾品小店，看上了一支標價 16 元的漂亮髮夾。店主幫她戴在頭上，對

她說：「瞧啊，妳戴上這髮夾多漂亮。」店主說完拿著鏡子讓女孩自己看，女孩從鏡子裡看到自己後，竟然呆住了，她從來沒發現自己這麼美麗，她覺得這個帶花的髮夾讓她變得像天使一樣美麗。

女孩不再遲疑，掏出錢買下髮夾。她內心無比激動與沉醉，接過售貨員給她的 4 元零錢後轉身就往外跑，結果由於激動撞在一個胖胖的中年人的肚子上，但她沒有停留的意思，繼續往外跑。她的後面似乎傳來中年人喊她的聲音，但女孩已經顧不得這些了。一路上，她有點飄飄然的感覺，而且她沒有順著來的牆角走，而是堂堂正正地走在大路上。她感覺街上所有人都在看她，好像都在議論：「瞧，那個女孩真是太美了，怎麼從來不知道鎮上有個這麼美麗的女孩。」

迎面走來她一直渴望結識的畫家，奇蹟發生了，那個畫家竟然親切地和她打招呼，並問了她叫什麼名字。女孩高興極了，她想索性把剩下的 4 塊錢再給自己買點東西吧，於是她又返回原來的小店。店門口，被她撞到的先生攔住了她，說道：「小朋友，我就知道妳會回來的，瞧，妳剛剛撞掉了頭上的髮夾，我一直等著妳來拿。」

自信是個古老的話題。千百年來，人們出於創造美好生活的目的，都對信心抱有崇高的期望。19 世紀的思想家愛默生說：「相信自己『能』，便攻無不克。」

所以，我們要學會欣賞自己，把自己的優點、長處，統統找出來，在心中「炫耀」一番，反覆刺激和暗示自己「我可以」、「我做得到」，就能逐步擺脫「事事不如人，處處難為己」的困擾。「天生我才必有用」，自己給自己鼓掌，自己給自己加油，自己給自己戴朵花，便能撞擊出生命的火花！

如今，我們生活在競爭異常激烈的社會裡，如果沒有充分的自信，是很難成功的。自信是開啟成功的「金鑰匙」。有了它，就算身處絕境，亦能柳暗花明。

自信是一個人重要的精神支柱。自信是相信自己有能力實現既定目標的心理傾向。自信是建立在正確的認知基礎上、對自己實力的正確評估和積極肯定，是心理健康的表現。戰國時期的毛遂因為有自信，才能說服平原君，打動楚王，使得趙楚達成聯盟；愛迪生因為自信，他堅持不懈，成就了「發明大王」的美譽；哥白尼因為自信，勇於挑戰「地心說」，成就了他的「天體論」；阿基米德因為自信，發出了「給我一個支點，我就能撬起地球」的豪言壯語。

然而，在現實生活中，很多人往往容易把自信與自負混淆，他們自以為是、看不起別人，並以此作為驕傲的資本，這是十分偏激、有害的。

東漢末年，有位名士叫禰衡，他很有才華，但性情高傲，總是看不起別人。當時，許都是新建的京城，賢人達士從四面八方向這裡匯集。有人向禰衡說：「你何不去許都，同名人陳長文、司馬伯達結交？」

禰衡說：「我怎麼能去同賣肉打酒的夥計混在一起呢？」

又有人問他：「荀文若、趙稚長將軍又怎麼樣呢？「

禰衡說：「荀文若外貌長得還可以，讓他替人弔喪還行；趙稚長嘛，肚子大，很能吃，可以讓他去監廚請客。」

禰衡和魯國公孔融及楊修交好，常常稱讚他們，但那稱讚也很傲氣：「大兒孔文舉，小兒楊德祖，其餘的都是庸碌之輩，不值一提。」禰衡稱孔融為大兒，其實他比孔融小了將近一半呢。

孔融很器重禰衡之才，除了上書向朝廷推薦之外，還多次在曹操面前誇獎他。於是曹操便很想見見禰衡，但禰衡自稱有狂疾，不但不肯去見曹操，反而說了許多難聽的話。曹操十分惱怒，但念他頗有才氣，不願貿然殺他。

後來，禰衡因屢次侮辱曹操及他手下的官員，最終還是被殺掉了。

由此可見，自信不是夜郎自大、得意忘形，更不是毫無根據的自以為是和盲目樂觀，而是激勵自己奮發進取的一種心理素養，是以高昂的鬥志，充

沛的幹勁迎接挑戰的一種樂觀情緒。自信，並非意味著不費吹灰之力就能獲得成功，而是在策略上藐視困難，從一次次勝利和成功的喜悅中肯定自己，不斷突破自卑的羈絆，從而創造生命的亮點，成就事業的輝煌。

自信是顆火熱的太陽，常使我們感受到它的溫暖；自信是心底的一顆寶珠，什麼時候用它，什麼時候就會發光；自信是向前的推進器，給我們勇氣與力量；自信是征途中的導航燈，總是伴我們跨過一道道艱險的障礙。

常懷感恩之心

在一個鬧饑荒的城市，一個家庭殷實而且心地善良的麵包師把城裡最窮的幾十個孩子聚集到一塊兒，然後拿出一個盛有麵包的籃子，對他們說：「這個籃子裡的麵包你們一人一個。在上帝帶來好光景以前，你們每天都可以來拿一個麵包。」

瞬間，這些飢餓的孩子蜂擁而上，他們圍著籃子推來擠去、大聲叫嚷，誰都想拿到最大的麵包。當他們每人都拿到麵包後，竟然沒有一個人向這位好心的麵包師說聲「謝謝」就走了。

但是，有個叫依娃的小女孩卻例外，她既沒有和大家一起吵鬧，也沒有與其他人爭搶。她只是謙讓地站在一步以外，等別的孩子都拿到以後，才把籃子裡剩下最小的一個麵包拿起來。她並沒有急於離開，她向麵包師表示感謝，並親吻麵包師的手之後才向家走去。

第二天，麵包師又把盛麵包的籃子放到孩子面前，其他孩子依舊如昨日一樣瘋搶著，羞怯、可憐的依娃只得到一個比前一天還小一半的麵包。當她回家後，媽媽切開麵包，許多嶄新、發亮的銀幣掉了出來。

媽媽驚奇地叫道：「立即把錢送回去，一定是揉麵的時候不小心揉進去的。趕快去，依娃，趕快去！」

當依娃把媽媽的話告訴麵包師時，麵包師面露慈愛地說：「不，我的孩子，這沒有錯。是我把銀幣放進小麵包裡的，我要獎勵妳。願妳永遠保持現在這樣一顆平安、感恩的心。回家去吧，告訴你媽媽這些錢是妳的了。」

她激動地跑回家，告訴媽媽這個令人興奮的消息，這是她的感恩之心得到的回報。

人們常常不知疲憊地向生活索取，卻很少對生活的饋贈心存感激。然而，學會感謝生活、感謝他人也是成功之道。

是的，感恩是一種生活態度，一種處世哲學，一種智慧品德。英國作家薩克雷（W.M. Thackeray）說：「生活就是一面鏡子，你笑，它也笑；你哭，它也哭。」送人玫瑰，手留餘香。無論生活還是生命，都需要感恩。你感恩生活，生活將賜予你燦爛陽光。而如果你只知怨天尤人，最終可能一無所有。有研究表明，在正面激勵的因素中，感恩被認為是培養道德良知、增強人格魅力和提升成長力量的最好催化劑。

日本一個名牌大學畢業生去一家大公司應聘。社長審視著他的臉。出乎意料地問：「你替父母洗過澡、擦過身嗎？」

「從來沒有過。」青年很老實地答道。

「那麼，你替父母搥過背嗎？」

青年想了想說：「有過，那是我讀小學的時候，那時母親還給了我 10 塊錢。」

在諸如此類的交談中，社長只是安慰他別灰心，會有希望的。青年臨走時，社長突然對他說：「明天這個時候，請你再來一次。不過有個條件，剛才你說從來沒有替父母擦過身，明天來這裡之前，希望你一定要為父母擦一次，能做到嗎？」這是社長的吩咐，因此青年一口答應。

青年雖大學畢業，但家境貧寒。他剛出生不久父親便去世，從此，母親做傭人拚命掙錢。孩子漸漸長大，讀書成績優異，考進了東京的名牌大學。

學費雖令人生畏，但母親毫無怨言，繼續幫傭供他上學。直到今日，母親還在幫傭。

青年回到家，母親還沒有回來。母親出門在外，腳一定很髒，他決定替母親洗腳。母親回來後，見兒子要替她洗腳，感到很奇怪。於是，青年將自己必須替母親洗腳的原委說了一遍。母親很能理解，便按兒子的吩咐坐下，等兒子端來水，把腳伸進水盆裡。

青年右手拿著毛巾，左手去握母親的腳，他這才感到母親的雙腳已經像木棒一樣僵硬，他不由得抱著母親的腳潸然淚下。讀書時他心安理得地花母親如期送來的學費和零用錢，現在他才知道，那些都是母親的血汗錢。

第二天，青年如約去那家公司，對社長說：「現在我才知道母親為了我受了很多苦，您使我明白了在學校裡沒有學過的道理，如果不是您，我還從來沒有握過母親的腳，我只有母親一個親人，我要照顧好母親，再不能讓她受苦了。」社長點點頭說：「明天你到公司上班吧。」

感恩是一種心態。常懷感恩的人，才能以積極的心態處世；常懷感恩之心的人，才能不怨天尤人；常懷感恩的人，才能坦然面對一切。有了感恩之心，人與人、人與自然、人與社會就會更加和諧、融洽、親密，而人也會因為這種感恩心理而變得愉快和健康起來。

所以，從現在起，請學會感恩吧！感激生活，感激身邊的每一個人 ——

感激生育你的人，因為他們使你體驗生命；

感激撫養你的人，因為他們使你不斷成長；

感激幫助你的人，因為他們使你渡過難關；

感激關懷你的人，因為他們給你溫暖；

感激鼓勵你的人，因為他們給你力量；

感激傷害你的人，因為他磨練了你的心志；

感激絆倒你的人，因為他強化了你的雙腿；

感激欺騙你的人，因為他教會了你該獨立。

下篇　施展你的影響力

　　人與人的交往就是意志力與意志力的對抗，影響力便在其中彰顯出來。影響力是一種讓人樂於接受的控制力，它與權力不同，影響力不是強制性的，其作用的發揮是個微妙的過程，以一種潛意識的方式來改變他人的行為、信念和態度。影響力也是種出色的個人能力和綜合素養，是一個人在群體中價值的集中表現。影響力能讓你的個人品牌發出光芒，能讓他人心甘情願成為你忠誠的信徒。有影響力的人，往往也是社會中最具成功特質的人。

　　政治家運用影響力贏得選舉，企業家運用影響力贏得市場，明星們運用影響力打動觀眾，推銷員運用影響力成功推銷……生活中，有些人清楚知道影響力的武器在哪裡，而且經常熟練地駕馭這些武器來達到自己的目的。他們在社會上闖蕩，恨不得讓每一個人都按照他們的意志行事，而且總是能夠如願以償。其實，他們成功的祕密就在於知道怎樣提出要求，知道怎樣利用身邊存在的各種影響力武器來武裝自己。

　　總之，無論你從政、經商、經營、管理還是做學問，無論你是企業家還是領班、工人，如果想要成功，那麼就要立足於本職工作，從施展自身影響力做起。是的，我們每一個人都擁有影響力，我們應盡情發揮、好好運用影響力，讓影響力成為我們追求人生成功道路上的墊腳石。

第七章

說服力是影響他人的捷徑

▌說服力的強大魅力

　　如何克服與人溝通中的心理障礙？如何應對下屬或他人的質問？如何與反對自己的人相處？如何激發部下的能力和創造力？如何說服頑固的談判對手？如何使對方心悅誠服地接納自己？……這些是當前每一個人所面臨的社會難題。

　　傳統的管理學，強調的是一條鞭式或者說權威式的管理方法。領導者高高在上發號施令，下屬必須不折不扣無條件地執行，且自鳴得意，以為這樣才能顯出領導者的威嚴。其實，這種陳舊、專制和生硬的方法，不但不能解決上述難題，反而易使領導者與被領導者之間橫亙著一條難以逾越的鴻溝。

　　那麼，能否在兩者之間架設一道橋梁，消除彼此間的隔閡與對立，使之達到心靈上的共鳴呢？

　　有，那就是 —— 說服。

　　這是一個自由的世界，你可以一言不發直到你離去，或者讓嘴巴毫無目的地響個不停，無人有權干涉。但你走過人群時，不能抱怨遭到冷落或遇到嘲笑的眼光。因為人們來到這個世界，不是說服別人就是被別人說服。

　　何謂說服？一言以蔽之，說服就是使對方能主動地「起而行」。也就是使對方自動自發地成為「被說服者」。因此，是否成功地說服對方，需要檢驗對方是否自動自發、自覺自願地「起而行」。如果只是強迫性地去改變他人的意願，那只會徒增反感罷了。誠如一位西方哲人所說：「牽馬到岸邊，強迫不想喝水的馬喝水，實在是不可能的。」舉起槍來威脅，也只不過是為生命而暫時屈服罷了。以整疊鈔票引誘，對方即使做了，為的也只是金錢而已。這不能算是說服，這樣雖能使人行動，但只是使他「動」並不是件好事。用手槍威嚇、用金錢利誘，只能驅使對方就範。這只是對方在不得已的情況下所採取的權宜之策。

對於已心生反感的對方，即使他能不停地去做，也稱不上是被說服了。人心理的自動自發和反感之間，就如鐘擺的搖動，能以一種和諧、雙贏的方式來牽引對方到自動自發的方向去，才稱得上是說服。

但單憑口頭上的技巧，無法讓對方心悅誠服，更不能真正改變對方的態度和思想。正因如此，「說服」也有基本規則，如果只是一味地想說服對方，而無視這些「規則」，只會讓對方反感，心生抗拒；那麼，即使再怎麼努力，也無法說服對方。所以，我們說，說服的最高境界是雙贏。

19 世紀中期，在印度有個黑人，他為了種族的自由到處呼籲。可是，他一度說服不了任何人，卻因宣揚自由而招來鞭刑。當時，很少有人願意傾聽一個黑人的胡言亂語。後來他成了美國首屈一指的激進主義者。正是由於他的鼓動，才說服了白人扶持解放黑奴。這個強有力的人為 19 世紀的政界帶來新的理念，他最後來到總統麾下，促使亞伯拉罕·林肯在〈解放宣言〉中宣布人人生而自由。這個人的名字就是弗雷德里克·道格拉斯（Frederick Douglass）。

道格拉斯當然不是第一個渴求自由的奴隸。他也不是第一個試圖反抗的人。是什麼使他在追求自由中成效斐然？在為改善所有美國人的自由處境的奮鬥中，他擁有什麼樣的特質、使用了什麼樣的技巧？ —— 說服，是絕對說服的技巧，使他成了一個不平凡的人。

說服之難，不在於「說」，而在於「服」；不在於你贏，而在於雙贏。重視雙贏結果的人，可以將職權上的「上與下」、「強對弱」的力量運用減至最少，而完全站在對方的立場，以尊重、了解、關懷、公正等「人性」相待，以積蓄個人的魅力，建立真誠的心靈交流，達到「雙贏」的效果。這樣的人，不管在哪個位置上，都將是最有影響力的人。

查爾斯·施瓦布（Charles M. Schwab）在 1920 年代的美國鋼鐵業以百萬年薪出名。他曾親口說，他完全是靠處理人的問題的卓越能力賺到這份天

文數字的收入。而所謂的「處理人的問題的能力」，說穿了就是「說服力」。

　　一天中午，查爾斯‧施瓦布巡視一個工廠，正好撞見一群工人在「請勿吸菸」的告示牌下抽菸。你或許以為查爾斯‧施瓦布會指著禁菸告示訓斥他們說：「你們瞎了眼嗎？」事實上，查爾斯‧施瓦瓦布只是走過去親切地跟他們閒話家常，對抽菸的事一字不提。接著，他發給每人一支雪茄，對他們眨了下眼睛，說：「請你們到外面抽菸，我會很感謝的。」

　　他只說了這句話。工人當然清楚查爾斯‧施瓦布知道他們犯了規矩，只是沒有當面讓他們下不了臺。既然查爾斯施瓦布尊重他們，他們也願意回報同樣的尊重。查爾斯‧施瓦布成功說服了那批無視廠規的工人，從此，吸菸的工人都心甘情願遵守廠規。這就是查爾斯‧施瓦布的說服魅力。

　　自從有了人，影響其他人或其他團體的行動的能力就成了人類文化中不可或缺的因素。縱觀人類歷史階段的重大變革，它們幾乎都是由那些在說服過程中掌握主動的人所引導。這些人能夠讓別人相信，跟隨他們的信念將使人們的生活完全為之改觀。

▎說服力是成功的基石

　　戰國時期，趙國的太后剛剛執政，秦國趁機攻打趙國，形勢非常危急。趙國向盟友齊國求救，齊國答應出兵支援，但有個條件，就是要求長安君到齊國做人質。長安君是趙太后最疼愛的小兒子，做人質要寄人籬下，在那個動盪戰亂的年代，人質的性命常常很難保證。所以對齊國的要求，趙太后斷然拒絕。

　　趙國的大臣都十分著急，紛紛勸說太后答應齊國的條件，太后非常生氣，宣下旨意：「誰再來勸我讓長安君去做齊國的人質，我就唾他一臉。」大家一看，都不敢再開口了。

秦國的進攻日益加緊，趙國安全危在旦夕，老臣觸龍看在眼裡，十分憂慮，決定冒險再勸一次太后。太后聽說後，怒氣沖沖地在大殿等他。

　　觸龍故意小步緩慢地走上殿堂，先謝罪說：「老臣的腳有毛病，不能快走，非常失禮。很久沒有來拜見太后您了，擔心您的身體，今天特來問候！」

　　看到觸龍老態龍鍾的樣子，太后不忍苦著臉，跟著感慨道：「我現在進出也要靠車子才行了，我們都老嘍！」

　　「那吃飯還好嗎？」觸龍很關切地問。

　　「只能喝些稀粥，成天這麼多的煩心事，哪裡有胃口啊！」

　　「我的胃口也不好，但我還堅持散散步，每天走兩三里路，增加點食欲。」

　　「唉，我可做不到。」太后嘆了口氣，臉色好多了，先前的怒氣幾乎看不到了。

　　這時，觸龍用懇求的語調說：「太后，老臣有個兒子叫舒祺，排行最小，不成材，但老臣很喜歡他，老臣想請您讓他當名侍衛，也算為國家出些力。」

　　「好啊，他幾歲啦？」

　　「15歲，雖然還不大，但我想趁我活著的時候先安排好。」

　　「原來男人也會疼愛自己的小兒子。」太后笑了。

　　「當然，我喜歡這個小兒子比他媽媽還多呢。沒辦法，天下父母心嘛。」

　　太后很開心，談話的氣氛越發緩和了。

　　這時，觸龍趁機說：「老臣認為太后疼愛女兒燕后比長安君要多。」

　　「這怎麼可能？」太后睜大了眼睛。

　　觸龍很感慨地說：「父母疼愛兒女，總是替他們做長遠的打算。當年您送燕后遠嫁外地，她也哭個不停，不願遠離家鄉；出嫁後，您非常想念她，

但每次祭祀時總是祈禱她不要回國，好好當她的王后。這不是替她做長遠打算，讓她的子孫世代繼承王位嗎？」

「是啊！」太后點頭說。

觸龍進一步說：「您想過沒有，三代以前，甚至趙國的開國重臣，現在子孫仍封侯的還有嗎？」

「沒有了。」太后想了一下說。

「是那些封侯人的子孫都不好嗎，沒有能力嗎？不是的。關鍵是他們沒有功勞。沒有功績卻享受很高的俸祿，有很高的地位，時間長了就難服眾啦。現在您寵愛長安君，可以提高他的地位，賜予他土地與財寶，可您不讓他為國立功，您百年之後，長安君憑什麼服眾呢？所以我認為您沒有替長安君長遠打算，說您對他的愛不如對燕后的愛。」

這一席話讓趙太后醒悟了，她改變了想法，同意長安君到齊國為人質，讓他為解決趙國的危機出力。齊國很快出兵，擊退了秦軍，趙國平安了。

可以說，觸龍的說服力十分了得。他勸諫趙太后的過程真是精彩——以柔克剛，以情動人，能言善辯，而蠻橫固執卻又愛子心切的趙太后最終被他成功說服。

1983 年元旦，英國女王為擔任首相柴契爾夫人多年顧問的戈登·瑞斯（Gordon Reece）授以爵位。他的主要功績是：有效提高柴契爾夫人的演說能力和應答記者提問的能力；為柴契爾夫人撰寫深得人心的演講稿……一句話，為英國塑造了一位嶄新的「風姿綽約、雍容而不過度華貴、談吐優雅和待人親切自然的女首相形象」。由此可見，英國王室和政界對政治家的說服力是如何的重視。

縱觀歷史，我們不難發現，說服力的確是成功的基石。很多事業有成的人士，無不是因為說服力出眾而「鶴立雞群」。

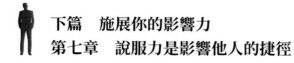
尋找對方感興趣的話題

在現代社會中，無論你「扮演」什麼角色，都需要與他人合作，才能達到自己的目標。在很多情況下，你需要別人接受自己的想法、觀點，然後，與你共同採取一致的行動，那麼，這就需要具備說服他人的本領。

其實，很多成功者都是善於說服別人的天才，能言善辯是他們成功的前提。比如說，他們必須說服重要的職員，讓他們確信為了未來也許要犧牲自己的某些利益；他們必須使金融機構相信，他們的創新想法是切實可行的；他們必須喚起消費者的購買欲望；他們必須說服原料供應商和產品批發商共同參與這項工作。可以說，一個不善於說服他人的人，他的一切就無從談起。

既然說服力這麼重要，那麼，我們就要盡可能地使自己的說服成功。當然，要想使自己成功地說服別人，就需要掌握說服的技巧。而說服的關鍵是要尋找對方感興趣的話題。

杜佛諾公司是紐約一家麵包公司，杜佛諾先生設法將公司的麵包賣給紐約的一家飯店。4 年以來，他每星期去拜訪一次這家飯店的經理，參加這位經理舉行的交際活動，甚至在這家飯店開了房間住在那裡，以期得到自己的買賣，但他還是失敗了。

杜佛諾先生說：「後來，在研究人際關係後，我決定改變自己的做法。我先要找出這個人最感興趣的是什麼 —— 什麼事情能引起他的熱情。

我後來知道，他是美國飯店招待員協會的會員，而且他也熱衷於成為該會的會長，甚至還想成為國際招待員協會的會長。不論在什麼地方舉行大會，他飛過山嶺，越過沙漠、大海也要到會。

所以第二天我見他的時候，我就開始談論關於招待員協會的事。結果我得到了出奇熱烈的反應！他對我講了半小時關於招待員協會的事。我可以清楚地看出，這確實是他極感興趣的業餘愛好。在我離開他的辦公室以前，他

勸我也加入該會。

這次談話，我根本沒有提到任何有關麵包的事。但幾天後，他飯店中的一位負責人打電話給我，要我帶著樣品及價目單去。

『我不知道你對那位先生做了什麼，』這位負責人招呼我說，『但他真的被你抓到癢處了！』

我對這人緊迫盯人了 4 年 —— 盡力想得到他的買賣 —— 我若不去找他感興趣的東西，恐怕我還得繼續緊追不捨。）

愛好攝影的人都知道，直接拍攝被聚光燈照得發亮的東西，會曝光而完全看不出被拍攝的物體，要拍出清楚美麗的照片，必須採用部分受光的技術，配合被拍攝物體的曝光程度來拍攝。

說服他人也是同樣的道理，必須找出說服對方的有效方法。換言之，必須想清楚以怎樣的角度去接近對方較好。預先探查對方是個什麼樣的人，蒐集對方的相關資料，就能事先準備好如何接近他的方法。有了事先的準備，說服中自然就不會慌亂。

如果要說服的是個人，那麼必須事先蒐集有關其簡歷、興趣、出生地、家族成員等資料；如果是公司的話，其經營狀況、往來客戶、其他的特色等，都要充分了解。若能多留心，應該可以蒐集到很多資訊，將這些資訊記錄下來，在現實中活用，非常有助於了解對方，也可以藉此引導對方理解我們。

據說，要勸說酒精中毒者戒酒，最有說服力的人是具有相同痛苦經歷的人。因為夥伴意識能夠削弱戒備心理，創造虛心聽取意見的氣氛。有經驗的銷售員，一進入顧客家中，總會立刻找到這家主婦感興趣的話題與之進行交談。例如，看到地毯，馬上會說：「好漂亮的地毯，我也很喜歡這種樣式……」這樣，透過各種話題就可在心理上與對方溝通。

由此可見，在說服別人之前，最好是先找到對方感興趣的話題，拉近人與人之間的距離，這樣事情就好辦多了。其實，從某種意義上來說，在人與人的交際過程中，最大的難關就是怎樣找到對方感興趣的話題。如果你說話的技術到位，那麼，你的說服就會成功，事情自然就好辦了。

▍擊中要害才有效果

　　與人交談，說話的內容是首要的。同樣，針對不同的說服對象，說話的內容也應不同。擒賊先擒王，說服他人，一箭中的、直擊要害最乾淨俐落。因為不同的人渴求不同的「好處」，所以，在說服別人時，一定要反覆從多面強調彼此所能提供的「好處」，唯有如此，說服才可能達到良好效果。

　　公明儀是春秋時期魯國的一位著名琴家，琴藝高超。《弘明集·理惑論》載有關於他的一則故事：陽光明媚的一天，公明儀在草地上彈琴。看見一頭黃牛在吃草，就突發奇想：琴聲能通宇宙萬物之靈氣，那麼給動物彈琴，牠們也能聽懂嗎？於是就對著黃牛，彈起一曲〈清角操〉來。雖然公明儀彈琴彈得津津有味，黃牛卻沒有任何反應，依然低頭吃草。公明儀沒有放棄，繼續嘗試。他調整琴弦，彈奏出蚊虻的嗡嗡聲，黃牛以為蚊虻來攻擊叮咬，就用起尾巴驅趕；公明儀又彈出孤獨小牛的哞哞聲，黃牛就豎起耳朵，四下張望尋找小牛。公明儀看見黃牛聽到琴聲有了反應，十分高興。

　　所謂「對牛彈琴」，諷刺的就是「說話不看對象」之人。琴彈得再好，對牛也沒有任何意義。說服他人也一樣，不看情況就開始說教沒有任何作用，有時還會招來不必要的麻煩。

　　「一種米養百樣人」，我們說服他人一定要顧及對方──形形色色的人。要了解對方的身分、年齡、職業、嗜好、文化修養等諸多方面的情況，只有這樣，說服才能達到預期的目的。

一次，孔子帶著幾名得意弟子出外講學、遊覽，一路上非常艱辛。這天，孔子一行人來到一個村莊，他們在一片樹蔭下休息，正準備吃點乾糧、喝點水，沒想到，孔子的馬掙脫了韁繩，跑到莊稼地裡去吃了人家的麥苗。一個農夫上前把馬嚼子抓住，將馬扣了下來。

子貢是孔子最得意的學生之一，平常能言善道。他憑著不凡的口才，自告奮勇地上前企圖說服那個農夫，爭取和解。然而，他說話文謅謅，滿口之乎者也，天上地下，將大道理講了一套又一套，雖然費盡口舌，可農夫就是聽不進去。

有位新學生，他才跟隨孔子不久，論學識、才幹遠不如子貢。當他看到子貢與農夫僵持不下的情景時，便對孔子說：「老師，請讓我去試試。」

於是他走到農夫身旁，笑著對農夫說：「你不是在遙遠的東海種田，我們也不是在遙遠的西海耕地，我們相互之間靠得很近，相隔不遠，我的馬怎麼可能不吃你的莊稼呢？再說了，說不定哪天我的莊稼也會被你的牛吃掉，你說是不是？我們該彼此諒解才是。」

聽完這番話，農夫覺得很有道理，就不再責怪他們，於是將馬還給孔子。旁邊幾個農夫也互相議論說：「像這樣說話才算有口才，哪像剛才那個人，說話不中聽。」

這個故事告訴我們，要想說服對方，就一定要看對象、看場合，要不然，你再能言善辯，別人也不會買你的帳。

三國時期的諸葛亮就是個說服高手，他說服對方常能擊中要害，從而取得預期效果。在赤壁之戰前夕，為了說服孫權與劉備聯合抗曹，在大庭廣眾下，諸葛亮在那裡羞辱孫權，說東吳與曹操比差遠了。孫權說，戰與和自有我決定。看起來孫權又有點怕曹，有降曹之意，他試探著問劉備為何不降。而孔明答道，劉豫州蓋世英才，怎能屈於他人。而孫權聽出其中的話外音，然後就說：「我孫權降了，豈不成了亡國奴？好你個孔明，敢罵我！」然後

諸葛亮又賣個關子，說有一計可破曹，而孫權是個堂堂七尺男兒，怎肯屈於他人膝下，正「上了」孔明的「當」。孔明心裡清楚，他還要說服周瑜。然後他假裝不知小喬是周瑜之妻，以言激之，說只需把大小喬送給曹操就可免去一戰，然後吟誦了〈銅雀臺賦〉，這周瑜肚量本來就小，聽著〈銅雀臺賦〉，無名之火油然而生，畢竟錚錚男兒是咽不下「奪妻恨，殺父仇」的。最後，周瑜也決定出兵。

由此可見，在說服對方時，技巧需要發揮得淋漓盡致，分寸也把握得很準，更要知道如何擊中要害。

有很多成功的推銷員，在做什麼事之前都會深入思考，如自己要在什麼時間做什麼事、見什麼人、說什麼話等。

大多數客戶在接待推銷員時，都不喜歡說話條理不清楚的推銷員。如有的推銷員上門就介紹：「我是 ×× 公司的 ×× 分公司的推銷員 ×××」。這句話太長，客戶一聽就感覺不舒服，聽了一大串，很可能還是不知道你的情況。通常可以這樣介紹：「您好！我是 ×× 廠的。」客戶看你了，再說：「我是 ××，是 ×× 分公司推銷員。」

推銷員在說明來意時，要學會假借一些指令或讚美來引起客戶的注意。如：你可以說：「是 ×× 經理派我過來的。」也可這樣說：「經過 ×× 客戶介紹，我專程過來拜訪您。」或者「是 ×× 廠家業務員說您生意做得好，我今天到此專門拜訪您，想在您這兒取取經！」這樣客戶就很難回絕你，同時又明白你對他或者對市場已有所了解，不是新來的什麼都不知道，會很積極配合你。

每個人的年齡、性別、個性、愛好、性格、文化程度、家庭環境等都存在差異，所以，這就要求我們，說服對方要善抓重點，有的放矢，從而快速地擊中對方的要害。

▌以退為進彰顯大智慧

　　以退為進的說服法，是人人可學的技術之一。一個頑固的對手，常常就在你故示軟弱的態度中，不傷感情地被擊倒。

　　一位印度商人帶著 3 幅名畫到英國去出售。有位英國畫商看中了這 3 幅名畫，便打定主意，不管怎樣也要把這 3 幅名畫弄到手。

　　印度商人開價 250 美元，少一塊錢都不賣給他。這個英國商人也不是商場上的平庸之輩，他一美元也不想多給那個印度商人，便和印度商人討價還價起來，一時雙方陷入了僵局。

　　忽然，印度商人怒氣衝衝地拿起其中一幅畫往外走，二話沒說就把那幅畫給燒了。英國畫商眼睜睜看著畫被燒掉，非常心痛。他小心翼翼地問印度商人：「剩下的這兩幅畫賣多少錢？

　　想不到這次印度商人要價的口氣更是強硬、聲明還是 250 美元，少一分都不賣。少了一幅畫，還要 250 美元，英國畫商覺得這樣太虧了，便再次要求降低價錢。但印度商人不理會他這一套，又怒氣衝衝地燒掉了一幅畫。

　　這時，英國畫商大驚失色，只好乞求印度商人不要把最後一幅畫燒掉，因為他實在太愛那幅畫了。接著，他又問這最後一幅畫要多少錢，想不到，這次印度商人張口就要 500 美元，少一分也不賣。

　　這回英國畫商可真急了，只好強忍著怒氣問印度商人：「一幅畫的價錢怎麼能比 3 幅畫的價錢還要高呢？你這不是存心耍人嗎？」

　　印度商人回答說：「你有沒有聽說過這個故事？有個藏郵家有兩枚稀世郵票，應當值 25 萬美元，後來他當眾毀掉一枚，馬上就有人出價 100 萬美元買剩下的那一枚。」

　　看那英國畫商不說話，又接著說：「我這 3 幅畫均是出自名家之手，本來有 3 幅的時候，相對來說，價格還可以低一點。如今，只剩下一幅了，這

回可以說是絕世之寶，它的價值已大大超過 3 幅畫都在的時候了。因此，現在我告訴你，如果你真要想買這幅畫，最低也得出價 500 美元。」

英國畫商一臉苦相，但沒有辦法、最後只好以此成交。

這個故事中的印度商人雖說有點「奇貨可居」，但是他正是巧妙地利用「以退為進」，將原有的 3 幅畫燒得只剩下一幅，而且說服英國畫商以兩倍的價錢買下一幅畫。可以看出，以退為進確實是種說服人的絕妙方法。

在商談中，賣方很想出售自己的商品，而買方則會提出種種藉口，以圖達到最高利益，此時，以退為進的策略便會大奏奇效。

以退為進法，就是用貌似與本意相悖的言行，即退下的方法，取得優勢，而最終取得更大進展的方法。以退為進，有時比只進不退好。因為透過退可以積蓄更大的進的優勢，比頻頻而進取得的效果更好。

漢代的公孫弘年輕時家貧，後來貴為丞相，但生活依然十分儉樸，吃飯只有一道葷菜，睡覺只蓋普通棉被。就因為這樣，大臣汲黯向漢武帝參了一本，批評公孫弘位列三公，有相當可觀的俸祿，卻只蓋普通棉被，實質上是使詐以沽名釣譽，目的是為了騙取儉樸清廉的美名。

漢武帝便問公孫弘：「汲黯所說的都是事實嗎？」公孫弘回答道：「汲黯說得一點也沒錯。滿朝大臣中，他與我交情最好，也最了解我。今天他當著眾人的面指責我，正是切中我的要害。我位列三公而只蓋棉被，生活水準和普通百姓一樣，確實是故意裝得清廉以沽名釣譽。如果不是汲黯忠心耿耿，陛下怎會聽到對我的這種批評呢？」漢武帝聽了公孫弘的這一番話，反倒覺得他為人謙讓，就更尊重他了。

公孫弘面對汲黯的指責和漢武帝的詢問，一句也不辯解，並全都承認，這是何等的智慧。汲黯指責他「使詐以沽名釣譽」，無論他如何辯解，旁觀者都已先入為主地認為他也許在繼續「使詐」。公孫弘深知這個指責的分量，採取了十分高明的一招，不作任何辯解，承認自己沽名釣譽。這其實表

明自己至少「現在沒有使詐」。由於「現在沒有使詐」被指責者及旁觀者都認可了，也就減輕了罪名的分量。公孫弘的高明之處，還在於對指責自己的人大加讚揚，認為他是「忠心耿耿」。這樣一來，便給皇帝及同僚們這樣的印象：公孫弘確實是「宰相肚裡能撐船」。既然眾人有了這樣的心態，那麼公孫弘就用不著去辯解沽名釣譽了，因為這不是什麼政治野心，對皇帝構不成威脅，對同僚構不成傷害，只是個人對清名的一種癖好，無傷大雅。

由此可見，以退為進實在是一種明智的說服法。公孫弘為此躲過了一場劫難。人們一般都有這樣的常識，要用拳頭擊倒對方，如果先伸直手臂再打出去，一定會重重擊倒對方。其實說服對方也是這樣，當你退一步的時候，只不過是為了更能掌握主動，反客為主。

楚莊王十分鍾愛一匹馬，但這匹馬因過於養尊處優肥胖而死。楚莊王命令全體大臣為死馬致哀，並要用一棺一槨裝殮，按大夫的禮節舉行葬禮。百官紛紛勸阻，楚莊王大動肝火，下令誰再勸阻，定判死罪。

宮中有個叫優孟的人，進宮號啕大哭。楚莊王問為什麼，優孟說：「這匹馬是大王最心愛的馬，以楚國之大，什麼東西弄不到！現在卻只以大夫的葬禮來辦喪事，實在太輕慢了！我請求用君王的禮儀來埋葬。」楚莊王一聽甚為高興，便問：「依你之見，要怎麼埋葬呢？」

優孟說：「最好以雕琢的白玉做棺材，以精美的梓木做外槨。還要建一座祠廟，放上牌位，追封牠為萬戶侯。這樣天下的人就知道，大王是賤人而重馬了。」

楚莊王一聽，如夢初醒，說：「我的錯竟到了這種地步！」

優孟說服楚莊王別葬馬，不是直言相阻，而是以退為進，先消除了楚莊王的對抗情緒和排斥心理，最後取得論辯的勝利。

總之，退要適度，進要有力，猶如拉弓，過度拉弓弦易斷，不夠則不能

把箭射遠。此外，生拉硬扯是不能取得好結果的，只有順應對方的話題和心態，自然而然，順理成章，才能退得巧妙，進得有力。

▍正話反說讓忠言順耳

　　齊景公有匹最心愛的馬，突然病死了。齊景公失去愛馬，立即命令武士把馬夫推出去斬首。

　　齊相晏子得知此事後，對齊景公胡亂殺人很是不滿。可是，怎樣才能制止齊景公的殘暴行為呢？直言勸說，他可能不聽；當面阻止，他會因沒面子而惱怒，馬夫更可能因此被殺。晏子思前想後，最後想出一個主意，他對齊景公說：「有個問題向陛下請教，堯舜肢解人時，是從誰身上開始的？」齊景公不知如何回答，心想：「堯舜是賢明君主，人們世代傳頌，從未肢解過人，怎麼能說從誰身上開始呢？」他猛然醒悟過來，這是晏子在開導自己。於是很不高興地說：「相國，我明白了，肢解人不應該從我開始。」當即命令把馬夫關到監獄裡。

　　晏子見此，知道齊景公這口氣還沒出完，馬夫早晚還得遭殃。於是，他嚴肅地對齊景公說：「陛下，我把馬夫的罪行列舉出來吧。其罪行有三條：第一，他把國君的馬養死了；第二，死的馬是國君最心愛的馬；第三，他讓國君因死了一匹馬而殺人，百姓聽說了，會怨恨國君，官員們聽說了，會以為國君殘暴，不通情理，以致蔑視國君，遠離國君。這樣，舉國上下，朝廷內外，都會對國君不滿、失望，這是馬夫最嚴重的罪行，完全應該殺掉。」齊景公聽著晏嬰的話，非常羞愧，趕緊打斷晏嬰的話，說：「好了。」於是，齊景公立即派人把馬夫釋放了。

　　還有一次，有個人得罪了齊景公，齊景公大怒，命人將這個膽大包天的人綁在了殿下，要召集左右武士來肢解這個人。為了防止別人干預他這次殺

人舉動，他甚至下令：「有勇於勸諫者，也定斬不誤。」

文武百官見國王發了這麼大的火，誰還敢上前自討殺頭之冤？

晏子見武士要對那人殺頭肢解，急忙上前說：「讓我先試第一刀。」

眾人都覺得十分奇怪：晏相國平時是從不親手殺人的，今天怎麼啦？只見晏子左手抓著那個人的頭，右手磨著刀，突然仰面向坐在一旁的齊景公問道：「古代賢明的君主從不肢解人，要肢解人，你知道是從哪裡開始下刀嗎？」

齊景公趕忙離開坐席，一邊搖手一邊說：「別動手，別動手，把這人放了吧，過錯在寡人。」那個人早已嚇得半死，等他從驚悸中恢復過來，真不敢相信頭還在自己肩上，連忙向晏子磕了三個大響頭，真是死裡逃生啊。

晏子在齊景公身邊，經常透過這種正話反說的方法，迫使齊景公改變一些荒謬的決定。

有時，在說服對方的過程中，總會有些讓我們不便、不忍或語境不允許直說的話題。如此，就需要把「詞鋒」隱遁，或把「稜角」磨圓一些，或從相反的角度深入，使語意軟化，便於聽者接受。即說話人故意說些與本意相反的事物，以烘托本來要直說的意思。

這就要求我們學會正話反說。特別是在有些場合，對於對方的評判或反對意見，坦言辯駁並不合適，那不妨採用反語。

在現實中，正話反說的攻心術還被用於商業上——

有家暖氣片廠是這樣敬告使用者的：「我廠生產的暖氣片儘管以總分99.94的成績被評為全國第一，但仍存在不少問題。主要缺點有：0.2‰的螺旋精度沒達到國際標準；4‰的產品內腔清理不淨，請使用者購買時，千萬認真挑選，以免我們登門為您服務時耽誤您的時間。」如此誠心誠意為顧客著想，如此對產品品質精益求精，如此對產品真實無欺，已在一定程度上贏得了顧客的厚愛。

正話反說的廣告技巧，在古代就已被運用。相傳有家酒店門口貼出招貼，上寫：「本店以信譽擔保，出售的完全是陳年好酒，絕不摻水。」另一家酒店的門口也貼出招貼：「敝店素來崇尚誠實，出售的一概是摻水 10% 的陳年老酒，如不願摻水者，請預先聲明，但飲後醉倒概與本店無涉。」讓我們看看結果如何？前者說過了頭，失去了顧客的信任；後者自認酒中摻水，又風趣地肯定摻水的必要，讓顧客願意上鉤，酒店生意格外興隆。

然而，有的廣告一味吹噓自己的產品有什麼「神奇的功效」、「譽滿全球」、「芳顏永駐」、「國際口味」、「最高境界」、「超一流水準」等，這一切，人們無法證實，儘管承諾很好，卻不能使人相信，結果，回應者甚少。

由此可見，正話反說不僅顯得幽默，而且意義深遠，更具有強烈的說服效果。其實，在現實生活中，在很多情況下，需要我們採取正話反說的策略。只要我們能夠用心領會，不斷實踐，就一定能熟練地運用這種說話技巧，從而幫助我們在與人交談時取得更好的效果。

是的，生活中，有些話絕對不允許你說出來，為了避免尷尬，不妨從反面說起。須知，真理再向前一步就可能變成謬誤，反面的話稍加引申，就可能走到反面的反面。

讓你的說服更有力量

說服對方並非輕而易舉就能實現。不過，如果說服非常有力，那它幾乎就是無法抗拒的。心理學家長期以來一直被說服這種社交藝術吸引 —— 為什麼有些人會比另一些人更具說服力呢？為什麼一些說服策略能成功而另一些卻屢屢失敗呢？

以下，就介紹一些說服的技巧。

做個模仿者

巧妙地模仿他人的行為習慣 —— 頭部和手部的動作、姿勢等，是最有力的說服策略之一。

為了探索模仿的「魔力」，科學家做了個實驗，讓銷售代表向學生推銷一種新的飲料。其中，一半的銷售代表按照要求，模仿與他們談話的學生的肢體動作和語言。結果，被模仿的學生對飲料的評價更高，他們對飲料的市場前景也非常看好。這些研究表明，模仿可以在人際互動關係中增強說服的效果。

不過，需要提醒的是，過度模仿會適得其反，至少在被對方察覺後會很尷尬。其要點在於：要巧妙運用，模仿幅度不要過大，當你稍感不妙時要立刻停止。

換個角度看問題

如果你想說服周圍的人接受你的觀點，可以試著去「設定框架」。這是政治家最愛的策略。所謂設定框架，也就是引導人們從對你有利的角度來思考問題或表達觀點。由於設定框架往往在選舉活動中發揮重要作用，於是，科學家便設計了相似的投票實驗，想看看當投票人被限定從特定角度思考問題時，他們是更容易被說服，還是更難被說服。

研究人員先向 69 名大學生講述兩名候選人小李和小張的觀點和政策。其中一半的學生必須在「我支持小李」或者「我反對小李」中做出選擇；另一半的學生則必須在「我支持小張」或者「我反對小張」中做出選擇。參與者還必須對兩名候選人的喜好程度做出評估，選擇範圍從「強烈支持」變化到「強烈反對」。

接著，研究人員又向這些大學生指出兩名候選人的不足，然後再讓他們重新評估自己的看法。結果，那些透過反對一名候選人來支持另一名候選人

的投票人，更不容易改變觀點。所以，對思維框架的簡單改變，引導人們從他們反對之人的角度，而不是從他們支持之人的角度來思考自己的評價，這樣可以形成更加強烈、不易被改變的觀點。

如此看來，負面資訊的影響要比正面資訊的影響深刻。所以，如果你想左右一個面臨二選一的人的決心時，一個明智的做法就是對那個你不想讓他選擇的選項做出負面評價。

少即是多

在大多數戰鬥中，從數量上壓倒敵人往往會贏得勝利。同樣，你運用的論據越多，你就越具有說服力。這聽起來似乎合乎常理。但是，事實恰恰相反。一些研究顯示，當人們被要求為支持一個觀點所提出的理由越多時，他們對每個理由所分配的信心就越少。最終，要求人們「想出所有理由來解釋為什麼這是個好主意」很有可能會適得其反，還可能會讓他們覺得這是個壞主意。

消磨對方

當你飢餓時，你不會對食物挑肥揀瘦，相反，任何能填飽肚子的食物都非常美味。同樣，如果有個人在你腦子混亂時，向你大力推薦他的產品，這時你就很容易被說服。所以，如果你想使自己更具說服力，那麼你就要在對手筋疲力盡的時候出擊。

媒介就是手段

在如今快節奏的世界裡，你可能很少有時間來和別人進行面對面交談。你一般會採取快捷的方式，比如發電子郵件或者網上聊天。這會對你的說服力產生什麼樣的影響呢？

科學家設計了這樣一個實驗，他們首先讓一組學生討論一項新的考試政

策。相同性別的學生 2 人一組。他們中的一個人要說服另一個人接納這個提議。一半組合的討論是在網上聊天室進行,另一半組合的討論則透過面對面的方式進行。

結果,無論是採取網上交流,還是面對面交流,男性小組的說服成功率幾乎一致。但是,採取面對面交流的女性小組,她們的說服成功率要高於採取網上交流的女性小組。科學家解釋說,這是因為女性更傾向面對面交流以達成共識。而採取網上交流則破壞女性所認可的交流方式,從而降低了說服的成功率。

從另一方面來看,男性總想努力表現自己的能力和獨立性,這容易使男性之間產生競爭。所以,如果說服發生在兩個從未謀面的男士之間,那麼,網上交流和面對面交流所具有的效果和說服力是相同的。但是,如果他們之前見過面,並有過競爭性的交流,那麼,面對面交流的效果不會特別理想,而網上交流則相對好一些。

由此看來,網上交流會降低女性之間達成共識的成功率,卻可以衝破存在於男性之間妨礙說服成功的障礙。目前,研究者正在研究混合性別兩人組的說服效果。

抵抗並非徒勞

歷史上,研究說服藝術的心理學家總是把注意力集中在如何增強說服力上。但是過去幾年中,研究者開始轉變研究思路。因為,越來越多證據表明,擊垮人們對說服行為的抵抗也同等重要。因為,人們會對想要說服他們的行為產生本能的懷疑,尤其在認為別人在欺騙自己的時候。有時,當你向人們推銷某個名人代言的產品時,你似乎在向他們暗示,「你們很容易被說服」。通常,在這種情況下,他們就更難被說服。

所以,抵抗會加大說服的負面效果。那些成功抵抗勸說的人會更加堅定

自己固有的想法。當他們認為勸說行為越有力、越權威時，他們在抵抗勸說時也就越堅持自己的看法。乍看之下，這似乎是個謬論。你可能會認為權威有力的論據應該更能動搖被勸說人的意志。其實，這並不盡然，如果人們對一位專家提出的有力論據產生抵抗後，那麼一定會更堅持自己原有的觀點。

也就是說，如果你想改變人們的觀點，最好具備有力的論據。但是，如果你的有力論據受到抵抗，那麼說服就很難取得成功。那麼，怎樣才能打破這個僵局呢？科學家建議，應該首先站在與被勸說人的想法相近的立場上，以後再逐漸將立場往你的目標方向移近。當然，你也可以提升他們的自尊心。因為，人們在自我感覺良好的時候，更容易接納新的觀點。

第八章

在溝通中釋放影響力

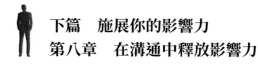

▎有效溝通的重要性

　　艾森豪是二次大戰時的盟軍統帥。有一次，他看見一個士兵從早到晚一直在挖壕溝，就走過去跟他說：「大兵，現在日子過得還好吧？」士兵一看是將軍，敬了個禮後說：「這哪是人過的日子哦！我在這邊沒日沒夜地挖。」艾森豪說：「我想也是，你上來，我們走走。」艾森豪就帶他在那個營區裡繞了一圈，告訴他當個將軍的痛苦和肩膀上掛了幾顆星以後，還被參謀長罵的那種難受，打仗前一天晚上睡不著覺的那種壓力，以及對未來前途的那種迷惘。

　　最後，艾森豪對士兵說：「我們兩個一樣，不要看你在坑裡面，我在帳篷裡面，其實誰的痛苦大還不知道呢，也許你還沒死之前，我就活活被壓力給壓死了。」這樣繞了一圈後，又繞到那個坑的附近時，那個士兵說：「將軍，我看我還是挖我的壕溝吧！」

　　這個故事說明溝通在生活與工作中是十分重要的。管理者在公司營運中，下屬一般不太知道你在忙什麼，你也不知道他在想什麼，你的痛苦他未必了解，他在做什麼你也不見得知道，其實，這都是因為雙方溝通太少。尤其對那些採用隔間與分離的辦公室的公司，身為主管，應該彌補這個問題，常常出來走動，哪怕是上午十分鐘，下午十分鐘，對你們公司和你的下屬都會有非常大的影響。在管理學上，這叫做走動管理。很多大公司就反對把每個人弄在一個小隔間裡，其管理上的情與理也正在於此。

　　成功學大師卡內基很早就認識到溝通對一個人成功的重要性，他認為：「所謂溝通就是同步。每個人都有他獨特的地方，而與人交際則要求他與別人一致。」是的，一個人要出人頭地，一定要學會溝通，特別是要學會面向很多人講話。

　　面向很多人講話的典型方式之一就是演講。演講不僅是一種表達思想、與他人溝通的有力工具，而且它能訓練演講者本人的思維能力和應變能力，

使其與聽講者形成思想的交流與共鳴。許多偉人都擁有這種出色的溝通才能，這是他們在長期實踐中逐漸歷練出的技能，這種卓越的才能既增強了他們自身的人格魅力，同時也成了他們成就偉大事業的強大推動力。

在公司裡，溝通也是每個人必備的素養。管理學著作中常提到做領導者需要具備一些條件，比如說凝聚力、創新性、適用性、溝通力等，而在這些條件當中，溝通力是必不可少的。不管你是董事長、副董事長，還是工廠主任、領班，都要學會與你的下屬有效溝通。你需要把你的政策、想法和意圖清楚地告訴下屬，讓他們正確無誤地去執行。

無論是傑克‧威爾許領導下的通用電器公司、山姆‧沃爾頓（Samuel Walton）領導的沃爾瑪，還是赫布‧凱萊赫（Herbert Kelleher）領導下的西南航空公司，公司內部的幾乎每位員工都能清楚地了解這些領導者的主張，也都知道他們對員工有什麼期望。因為他們是優秀的溝通者，也是公司員工良好的工作夥伴，他們一直在密切留意員工和公司營運的情況。為了了解下情，他們樂於與員工討論工作並樂此不疲。因此，他們非常清楚公司的營運狀況，甚至是細節。正是這些領導者積極主動與員工溝通的意願和非凡的溝通力，強化了他們對整個公司的影響力；他們對公司事務的熱情參與，也大大激發了員工的工作熱情，從而推動公司迅速成長。

由於長期受到儒家倫理道德觀念的濡染，華人逐漸形成一種固有的行為方式，那就是所謂的「聽話」：孩子要聽大人的話，晚輩要聽長輩的話，下級要聽上級的話……這種單向服從式的管理模式，阻礙了人與人之間的正常溝通，使之變成一種自上而下的灌輸，這對我們的工作和生活是很不利的。

所以，學會有效溝通，對於我們來說，是一項亟待解決的重要課題。

要知道，溝通在人的一生中真的很重要，當相愛的人有了矛盾，有一方主動去溝通，立刻就會和好如初，愛情會更加甜蜜，彼此會更加珍惜，感情會進一步得到昇華；當朋友之間產生矛盾和誤會，及時去溝通，馬上會得到對

方的諒解和理解，盡釋前嫌，和好如初，讓心與心的距離更加貼近，友情更上一層樓；當父母和孩子產生了代溝，做父母的放下家長的架子真誠地和孩子溝通，不但能了解孩子想的是什麼，還能知道孩子真正需要的是什麼，同時，孩子也會理解父母的苦心，對父母更孝順，這對孩子的成長大有好處；當你在工作中，和上司、下屬或合作夥伴之間，遇到棘手的難題或不順時，誠心誠意和對方溝通，你的工作就會得到對方的支持，從而達到你想要的目的。

溝通如大地沐浴春雨，滋潤了我們的心田；溝通如寒冬迎來春風，悄悄地融化了我們情感中的冰雪；溝通如黑暗中的一縷陽光，照亮了人與人之間交往的小路；溝通如一把金鑰匙，開啟了多年封閉的心門。

溝通也是一門藝術，要多簡單就有多簡單，要多複雜就有多複雜，一個真誠的道歉，一句溫馨的話語，一個簡單的微笑，一通關切的電話，一束美麗的鮮花，都可以成為我們溝通的最好方式。當然，世間的紛雜，也決定了溝通時會遇到的各種情況，這就要我們在溝通時因人而異，因事而異，選擇最佳的溝通方法。

溝通隨時存在於我們每個人的生活中，溝通是解決思想問題的最好方法，遇到問題及早及時溝通，你的生活會少些煩惱，溝通時多些誠意，多些諒解，在給他人帶來快樂的同時，你自己也會得到幸福。

▌讓溝通從尊重開始

尊重是種禮貌，更是人際間的友誼橋梁。一個懂得尊重別人的人必定會得到信任，在生活中展現對人的尊重也是種藝術。人類是群體動物，而溝通是人類不可或缺的。每個人所說的每一句話，都帶有某種資訊，不管是職場上或生活中的事，不管是喜悅抑或憤怒的表達，這一切都必須仰賴彼此的「溝通」。而要能有效溝通，就必須在尊重的輔助下，才能收到事半功倍的效

果。人與人相處，相互尊重就是基礎，能否掌握至關重要。

當前，一份有關公司內部的統計結果顯示，60% 的主動離職者離職的原因是因為「和上級不和」或「不滿上級工作作風」，而這 60% 的主動離職者中，有不少都是表現相當突出的員工。表現相當突出的員工因為「和上級不和」或「不滿上級工作作風」而離開公司，我們很難把全部責任都歸結到員工個人身上；如果我們一定要把責任推到員工身上，只能說這些員工「服從性不夠」或者說「抗壓能力不夠」。激勵下屬員工，讓其做出優秀的績效，並留住這些員工，本來就是管理者的責任，現在這些優秀員工因為「和上級不和」或「不滿上級工作作風」而離開，自然而然是管理者的責任。

通常，這些「逼」走員工的管理者有個共性，就是：屬於專制型領導，做事雷厲風行，執行力強，但缺少耐心和細心；有時對於事情的處理也過於武斷和粗暴。他們的優點其實也是他們的缺點。這些缺點的根源就在於對下屬的尊重不夠。下屬有血有肉、有思想、有自尊，甚至有個性，簡單粗暴的命令式、打罰式管理已經跟不上時代的潮流和需要。其實要做個成功的管理者也很容易，對下屬多點尊重，鼓勵他們講出自己的真實想法，定期或不定期多溝通一下、激勵一下，當他們的行為有所偏離時，適時提醒一下、糾正一下，必要時指導一下，幫助他們解決問題，他們就會從心底佩服你、尊敬你、跟隨你。

需要學會尊重的，除了領導，還有父母。

「你和孩子經常聊天嗎？」有位老師帶著這個問題隨機問了參加高一家長會的 10 位家長，其中有 9 位家長答案是一致的，很少聊天，就是聊天，他們之間談話的主題無非是：今天你在學校表現怎麼樣、這次考試成績如何、週末要按時去補習班上課等。

這位老師在後來接受的媒體採訪中談到：「此次小型調查傳遞出一個訊息，就是如今的孩子與家長出現溝通危機，而這種溝通危機的出現，不怪孩

171

子，主要還是家長造成的。一位高一女生告訴我，她很煩父母，他們事事都要管，當然最在意的是她的成績，要是她在班級的排名進步，他們就高興得不得了，給她買好吃的補身體，要是排名落後，家裡的氣氛就非常緊張和壓抑，好像天要塌下來似的。為了找到退步的原因，他們想了很多損招，如翻看書包、偷看日記，甚至找徵信社跟蹤她……父母將這樣的行為解釋為對她成長的關心和負責，是在履行監護權，她卻認為父母的做法是對她極大的不尊重，是侵權行為。她很反感，甚至到了憎恨的程度。」

其實，溝通就像跳交際舞，必須相互尊重。溝通的過程是基於相互尊重的基礎上蒐集正確的訊息、給予好的訊息和取得進展的過程。只尊重自己但不尊重別人的人是自大的人，沒有人願意與自大的人溝通。所以，對別人缺乏尊重會阻礙自己成為有效的溝通者。同樣的，如果不尊重自己也會導致無效的溝通。如果我們自我評價很低，我們就無法說出自己的想法、目標、好惡。

溝通過程中如果我們想贏得別人的尊重，那麼首先必須尊重自己；如果我們不尊重自己，沒有人會尊重我們。其次，我們要尊重他人，要表現出對別人的尊重，同時贏得別人對自己的尊重。所以，尊重是雙向的。

這就是相互尊重的真正含義，尊重他人也尊重自己，沒有這點，成功的溝通是不可能的。這也促使我們努力獲得和給予好的訊息。如果這些都做得好而徹底，事情的進展就水到渠成了。

多傾聽對方的心聲

如何與人真誠溝通、交流？很多人認為，交談是最好的辦法。其實不然，比傾訴更讓人傾心的是傾聽。多傾聽對方的心聲，你會發現，原來，傾聽才是增進人際關係的潤滑油。

　　傾聽是一項技巧，是一種修養，更是一門學問。懂得傾聽，有時比會說更重要。傾聽有種神奇的力量，它可以讓人獲得智慧和尊重，贏得真情和信任。

　　有句諺語：「用十秒鐘的時間講，用十分鐘的時間聽。」善於傾聽，是說話成功的要訣。據美國俄亥俄州立大學一些學者的研究，成年人在一天當中，有 7% 的時間用於交流思想，而在這 7% 的時間裡，有 30% 用於講，高達 45% 的時間用於聽。這表示，聽在人們的交流中居於非常重要的地位。

　　在我們的周圍，很多人一心只想表現自己，喜歡高談闊論、夸夸其談，卻不能耐心傾聽別人的意見與想法。誠然，他們是能言善道的人，卻不是最讓人喜歡的人，因為他們不明白傾聽比傾訴更重要。

　　其實，傾聽包含很多意義：傾聽證明你在乎、尊重別人，傾聽證明你不孤獨，傾聽是種心靈的溝通，只有認真傾聽，才能更有效地傾訴，傾聽和傾訴是相輔相成、互相依賴的。傾聽是傾訴的目標和方向，沒有傾聽的傾訴就是無源之水。

　　在人與人的交往中，傾訴是表達自己，傾聽是了解別人，達到心靈共鳴。當一個人高興時，我們要學會傾聽，傾聽快樂的理由，分享快樂的心情。當一個人悲傷時，我們要學會傾聽，傾聽痛苦的緣由，失意的原因，理解傾訴者內心的苦處，表現憐憫同情之心，淡化悲傷，化解痛苦。當一個人處於工作矛盾、家庭矛盾和鄰里矛盾時，傾聽矛盾的癥結，幫助分析，為其分憂解難……傾聽是種與人為善、心平氣和、虛懷若谷的姿態。有了這份姿態，就能多聽一些意見，少出幾句怨言。

　　願意傾聽別人，就等於表示自己願意接納別人，承認和重視別人。如果你能面帶微笑，用專注而又迫切的眼光看著他，那會讓人感覺你是欣賞他的。在這種氛圍裡，對方會充分展現自己。如果你是個主管，下屬向你提出建議，即使開始還有點緊張，但你的傾聽會使他馬上感到放鬆和自信。所以

說，學會傾聽，對主管來講，也是重要的管理概念和管理方法。

傾聽，在人們生活中如此重要，那麼，就讓我們開始重視吧。只有這樣，我們的生活才會更加和諧舒暢，我們的人生才會到處充滿陽光。當然，學會傾聽，更要學會鑑別。學會傾聽，並非逆來順受，而是要具體問題具體分析。對那些混淆是非、造謠中傷、無中生有的無聊傾訴，則要給予善意的勸解，必要的話，還要嚴厲地批評，堅決制止。

戴爾·卡內基曾說過：「當對方尚未言盡時，你說什麼都無濟於事。」這句話告訴我們，無論是想和他人進行良好的溝通，還是想有力地說服他人，首先我們要學會積極地傾聽別人的話語。積極的傾聽，是促進理解的金色橋梁，是人際交往的一種藝術，表現了一個人的品德。那麼，怎樣才能成為一名積極的傾聽者呢？

要實現積極的傾聽，首先就要做到耐心、專心、虛心。就日常生活中的交談而言，並非所有話語都含有重要訊息，而且，我們的思考速度是說話速度的 4 到 5 倍，因此，如果在談話中不能保持足夠的耐心，我們的思想就會開小差，注意力就無法集中。要改進聆聽技巧的首要方法就是盡可能消除來自內部或外部的干擾。我們必須把注意力完全放在說話者身上，耐心聆聽，才能明白對方說了些什麼、沒說什麼以及對方的話所代表的態度和含義。

其次，當我們在和他人談話的時候，即使我們還沒開口，我們內心的感覺就可能已經透過肢體語言清楚表現出來。因此，運用一些有利的肢體語言，如自然的微笑、得體的坐姿、親切的眼神、點頭或手勢等，也能達到促進交流、消除心理隔閡、鼓勵交談者自然而盡情地表達等作用。當然，除了肢體語言以外，話語在積極傾聽過程中也發揮十分重要的作用。可以提出一些諸如「你認為這是關鍵問題嗎？」「你的意思是……」「你能說得明白一點嗎？」之類的問題。這些提問會讓對方感到你對該話題感興趣，從而更樂意與你交談，為你提供更多的訊息，幫助你全方面地理解問題。

俗話說：「酒逢知己乾杯少，話不投機半句多。」在聆聽別人談話的過程中，要認真揣摩對方要表達的感情和含義，努力理解說話人的內心世界，這樣會加快你和談話者彼此之間的溝通，幫助你迅速找到能與談話者產生精神共鳴的話題和內容。「有動於中，必形於外」，當你內心的感情與傾聽對象達到共鳴時，表情會自然而然隨著談話內容而發生變化，情感上會與對方產生交流，比如，當對方講笑話或表達幽默時，你會開懷大笑，這會增加講話人的興致；說到緊張處，你會屏氣凝神，讓講話人感受到你的專注。這種積極的情感回饋自然會獲得良好的傾聽效果。

▌將心比心換位思考

換位思考是人對人的一種心理體驗過程，將心比心、設身處地是達成理解不可缺少的心理機制，它客觀上要求我們將自己的內心世界如情感體驗、思考方式等與對方產生聯結，站在對方的立場上體驗和思考問題，從而與對方在情感上得到溝通，為增進理解奠定基礎。它既是一種理解，也是一種關愛。

在足球王國巴西，不會踢足球的男孩絕對沒不會喜歡。在那裡，有錢人的孩子有自己的足球場，窮人的孩子也有窮人的踢球方式。球王比利就出生在一個貧寒的家庭，他的父親是個因傷退役、窮困潦倒的足球員。

比利從小就表現出非凡的足球天賦，他常踢著父親為他特製的「足球」 —— 用一個「大巧若拙號」襪子塞滿破布和舊報紙，然後盡量捏成球形，外面再用繩子捆緊。比利經常光著黑瘦的背脊，在家門前那條坑坑洞洞的小街赤腳練球。儘管他經常摔得皮開肉綻，但仍不停向想像中的球門衝刺。

漸漸地，比利有了點名氣，許多認識或不認識的人常跟他打招呼，還向他敬菸。像所有未成年人一樣，比利喜歡吸菸時那種「長大了」的感覺。

終於有一天，當比利在街上向人要菸時被父親看見了。父親的臉色很難看，比利低下頭，不敢看父親的眼睛。因為，他看到父親的眼裡有種憂傷，有種絕望，還有一種恨鐵不成鋼的怒火。

　　父親說：「我看見你抽菸了。」

　　比利不敢回答父親，一言不發。

　　父親又說：「是我看錯了嗎？」

　　比利盯著父親的腳尖，小聲說：「不，你沒有。」

　　父親問：「你抽菸多久了？」

　　比利小聲為自己辯解：「我只抽過幾次，幾天前才……」

　　父親打斷了他的話，說：「告訴我，味道好嗎？我沒抽過，不知道到底是什麼味道。」

　　比利說：「我也不知道，其實不太好。」比利說話的時候，突然繃緊了渾身肌肉，手不由自主地摀著臉，因為，他看到站在眼前的父親猛地抬起手。但是，那並不是比利預料中的耳光，而是父親把他摟在懷中。

　　父親說：「你踢球有點天分，也許可以成為高手，但如果你抽菸、喝酒，那就到此為止了。因為，你就無法在 90 分鐘內始終保持高水準的表現，這事由你自己決定吧。」

　　父親說著，打開他癟癟的錢包，裡面只有幾張皺巴巴的紙鈔。父親說：「你如果真想抽菸，還是自己買的好，總跟人家要，太丟人了，你買菸要多少錢？」

比利又羞又愧，眼睛裡澀澀的，可他抬起頭來，看到父親的臉上已是淚水縱橫……後來，比利再也沒有抽過菸。他憑著自己的勤學苦練，終於成了一代球王。

多年以後，比利仍不能忘懷當年父親那溫暖的懷抱，他回憶說：「父親那溫暖的擁抱，比給我多少個耳光都更有力量。」

瞧，這就是將心比心的結果，這就是交流溝通的結果，它很容易就將矛盾化解開來。人與人之間要互相理解、信任，並要學會換位思考，這是人際交往的基礎──互相寬容、理解，多站在別人的角度上思考問題。

有一次，魯迅在家裡宴請幾位作家。席間，魯迅的獨子將一顆丸子咬了一口，又吐掉，說是變了味，而客人當時都不這麼覺得。魯迅的夫人便怪孩子調皮，客人也都在想，這孩子怕是被慣壞了。魯迅卻不然，他夾起孩子丟掉的丸子嘗了嘗，果然變了味，他感慨地說：「小孩總有小孩的道理……」

魯迅不但是位大文豪，他同時還是個優秀的父親。從「小孩總有小孩的道理。」這句話就可看出，魯迅在對待孩子的問題上，總是站在對方的立場思考。而這是很多人都無法做到的。

現實生活中，我們每個人都會遇到各式各樣的問題，碰到各式各樣的煩心事，有著各式各樣的矛盾，這時候不少人總是滿腹牢騷，有許多怨言。工作中也是如此，不順心的時候，和同事有紛爭的時候，往往會有些過激的語言或行動。其實，如果我們站到對方的立場上想想，常常會覺得大家都不容易，許多原本想不通的、覺得不盡如人意的事，往往會豁然開朗，於是就會多幾分理解，多幾分尊重。

一頭豬、一隻綿羊和一頭乳牛，被牧人關在同一個畜欄裡。有一天，牧人將豬從畜欄裡捉出去，只聽豬大聲號叫，強烈地反抗。綿羊和乳牛討厭牠的號叫，於是抱怨道：「我們經常被牧人捉去，都沒像你這樣大呼小叫的。」豬聽了回應道：「捉你們和捉我完全是兩回事，他捉你們，只是要你們的毛

和乳汁，但是捉住我，卻是要我的命啊！」

立場不同，所處環境不同的人，是很難了解對方的感受的。因此，對他人的失意、挫折和傷痛，我們應該換位思考，以寬容的心去了解、關心他人。

換位思考在現實中，就是設身處地為他人著想，即想人所想，理解至上。人與人之間少不了諒解，諒解是理解的一個層面，也是一種寬容。我們都有被「冒犯」、「誤解」的時候，如果對此耿耿於懷，心中就會有解不開的結；如果我們能深入體察對方的內心世界，或許就能諒解。一般說來，只要不涉及根本原則，都是可以諒解的。諒解是一種愛護、一種體貼、一種寬容、一種理解。

生活需要換位思考。換位思考，不是什麼深奧的道理，就存在我們的生活中。換位思考，不僅僅是對他人的要求，需要從自我做起。自己少一分隨便，別人就多一分輕鬆；自己少一分刻薄，別人就多一分寬容。學會了換位思考，我們就會發現：生活原本可以如此多彩，精神原本可以如此充實，世界原本可以如此美麗。

▌讚美別人俘獲人心

人際交往中，你如果樂於讚賞他人，善於誇獎他人的長處，那麼你的交往快樂指數就會大幅提高。讚美是人際交往成功的一種重要能力，在適當的時候給予他人讚美，不僅可使對方獲得信心和動力，還會讓人因此喜歡你，而你也將受益匪淺。

一位家庭主婦為客人端上米飯，客人稱讚說：「這飯真香！」主婦興奮地告訴客人：「是我做的。」客人吃了一口，又問：「怎麼糊了？」主婦的臉色驟變，趕緊解釋道：「是孩子他奶奶燒的火。」客人又吃了一口：「還

有沙子！」主婦又答：「是孩子他姑洗的米。」你看，人的劣根性顯露出來了。對於讚賞，她是那麼爽快地接受；對於指責，她就千方百計推託。也許你會說這位主婦特別喜歡邀功而又善於諉過，不能代表所有人。但你只要真誠地問問自己，難道你願意受責備而討厭得到讚賞嗎？其實，希望得到他人的肯定、讚賞，是每個人的正常心理需要。而面對責備時，不自覺地為自己辯護，也是正常的心理防衛機制。

讚美之於人心，如陽光之於萬物。在我們的生活中，人人需要讚美，人人喜歡讚美。這絕不是虛榮心的表現，而是渴求上進，尋求理解、支持與鼓勵的表現。

愛聽讚美，出於人的自尊需要，是種正常的心理需要。人們總是自覺不自覺地在他人身上尋找自身存在的價值，內心深處都有被重視、被肯定、被尊敬的渴望。當這種渴望實現時，人的許多潛能和真善美的情感便會奇蹟般地激發出來。

在賣清粥小菜的餐廳，有兩位客人同時向老闆娘要求添稀飯時，一位是皺著眉說：「老闆，你為什麼這麼小氣，只給我這麼一點稀飯？」結果那位老闆也皺眉說：「我們的稀飯是要成本的。」還加收他兩碗稀飯的錢。另一位客人則是笑著說：「老闆，你們煮的稀飯實在太好吃，所以我一下子就吃完了。」結果他拿到一大碗又香又甜的免費稀飯。

一句鼓勵的話語，一陣讚賞的掌聲，都會使一顆疲憊的、困頓的心靈感受到一縷陽光般的溫暖。經常聽到真誠的讚美，明白自身的價值得到社會的肯定，有助於增強自尊心和自信心。

韓國某大企業的一位清潔工，本來是個被人忽視、被人看不起的角色，但就是這樣一個人，卻在某天晚上公司保險箱被竊時，死命與小偷搏鬥。事後，有人為他請功並問他的動機時，答案卻出人意料。他說：當公司的總經理從他身旁經過時，總會讚美「你掃的地真乾淨」。

人在被讚美時，心理上會產生一種「行為塑造」，我們會試圖把自己塑造成具有某種優點的人。並且，這種塑造有心理強化作用，會不斷鼓勵自己向某個好的方向發展，以真正具備別人口中的某些優點。正是在這種自我塑造的過程中，我們產生了一種不斷前行的力量。讚美他人，是我們在日常溝通中常碰到的情況。要建立良好的人際關係，適當地讚美別人不可或缺。事實上，我們每個人都希望自己的工作或得到的成就能受到別人讚美。

　　一位母親帶著孩子來到心理學家的家裡，孩子的母親說：「我這個孩子幾乎沒有任何優點，讓我傷心透了。」於是，心理學家開始從孩子身上尋找某些他能給予贊許的東西。結果他發現這孩子喜歡雕刻，並且手藝很精巧，而在家裡他曾因在家具上雕刻而被懲罰。心理學家便為他買來雕刻工具，還告訴他如何使用這些工具，同時讚美他：「你知道，你雕刻的東西比我認識的任何一個孩子都刻得好。」不久，他又發現這孩子做的幾件值得讚美的事，並及時讚美了這個孩子。有天，這孩子讓每一個人都大吃一驚：沒有人要求的情況下，他就把自己的房間徹底打掃。當心理學家問他為什麼這麼做時，他說：「我想你會喜歡。」

　　人人皆有可讚美之處，只不過長處和優點有大有小、有多有少、有隱有顯罷了。只要你細心，就隨時能發現別人身上可讚美的「優點」。即使缺點較多或長期處於消極狀態的人，只要稍有改正缺點、要求上進的可喜跡象，就應及時給予肯定、讚揚。

　　不要以為讚美別人是種付出。從「生命能量」的觀點來說，這其實是種能量的轉換，讚美別人的時候，你已經獲得更多的力量。你從嘴裡吐出的每一個讚美的字句，猶如粒粒珍珠，掛在胸前，會讓你的影響力與日俱增。

　　當然了，讚美是件好事，但絕不是件容易的事。讚美別人時若不觀察時機，不掌握一定的讚美技巧，即使你很真誠，也會將好事變為壞事。讚美別

人，不是廉價的吹捧，不是無原則的你好我好大家好，不是投其所好的精神按摩，更不是包藏禍心的精神賄賂。讚美別人，是發自內心的欣賞與感動，是友善、是鼓勵、是寬容，蘊涵著尊重、理解和支持。

然而，在現實生活中，有些人吝惜讚美，很難賞賜別人一句讚美的話，他們不懂得，多正面引導、多表揚鼓勵，是思想教育的一條規律。給人真誠的讚美，能表現出對人的尊重、期望與信任，並有助於增進彼此的了解和友誼，是協調人際關係的良方。

既然讚美對生活有這麼重要的作用，那麼我們為什麼要吝於對人讚美呢？

危機源於缺乏溝通

有個醫學院的主任，帶著學生到附屬醫院上臨床實習課。

他們穿著白袍來到某個病房前。

主任說：「大家進去後，看看這個患者的症狀，仔細想想他患了什麼病。知道的就點頭，不知道的就搖頭。大家不要多說話，免得嚇著病人，明白了嗎？」

眾實習學生連忙點頭，生怕留給主任不良印象而影響成績。

病房中的病人，本來只是輕微的肺積水，躺在床上，看到一大群穿著白袍的「醫生」走了進來，心中不免有幾分緊張。

實習醫生甲進病房後，看了病人一會兒，咬著筆桿想了想，無奈地搖搖頭。

實習醫生乙進病房，把病人看來看去，判斷不出該病人是何症狀，想到自己可能要重修學業，眼角含著淚水搖搖頭。

接下來，輪到實習醫生丙，他看看病人，只是嘆了口氣，一副垂頭喪氣

的樣子，搖搖頭就走了出去。

當實習醫生丁開始看病人時，只見病人跳下床來，滿臉淚水跪著磕頭說：

「醫生啊，請你救救我吧，我還不想死呀！」

這個故事告訴我們，由於缺乏溝通，病人無法知道醫生的真實想法，最終導致自己心理負擔愈發沉重。

這裡還有個故事。

有一對結婚五十年的老夫妻，在高級餐廳舉辦他們的「金婚」紀念宴。

當服務員將一盤熱氣騰騰的清蒸魚放到桌上時，老先生迫不及待地將魚頭及魚尾夾下來放在小碟子上，雙手端給老太太說：「這給妳吃。」沒想到老太太卻哭了起來，旁邊的人非常驚訝。

老太太說：「我嫁給你五十年，跟著你任勞任怨才有今天的好日子，我從來沒抱怨計較過。沒想到，在今天這樣的場合，你竟然還是這樣沒良心，讓我吃魚頭、魚尾巴。你知道嗎，我最不喜歡吃魚頭、魚尾巴，卻吃了五十年。」

老先生聽了不禁感慨道：「五十年前，當妳不顧家人反對嫁給我這個窮小子的時候，我就對天發誓，這輩子我一定要全力以赴，想辦法賺錢讓妳過好日子，以報答妳對我的深情。一條魚，我最喜歡吃的就是魚頭、魚尾巴，自從結婚後，我就從來沒吃過，因為我曾經承諾過，要把生命中最珍貴的東西都獻給妳。」

聽完這段話，在場所有人都感到很遺憾。

沒有誰懷疑這對老夫妻真的很恩愛，但他們犯了個嚴重的錯誤，那就是缺乏必要的心與心的交流與溝通。

一位教授精心準備一場重要會議的演講內容，會議規格之高、規模之大是他平生第一次遇到，全家為了教授的這次露臉而激動。為此，教授的夫人專門為他選購一套西裝。晚飯時，教授的夫人問西裝合不合身，教授說上身

很好，就是褲腿長了兩公分，穿是能穿，問題不大。

晚上，教授早早就睡了，可他的母親卻睡不著了，時時琢磨著兒子這麼隆重的演講，西褲長了怎麼行呢。反正也睡不著，就翻身下床，把西裝的褲腿剪掉兩公分，縫好燙平，然後安心地入睡。到了早上五點半，教授的夫人醒了，因為家有大事，所以起床比往常早些，想起老公西褲的事，心想時間還來得及，便拿來西褲又剪掉兩公分，縫好燙平，愜意地去做早餐。一會兒，女兒也早早起床，看媽媽早餐還沒做好，就想起爸爸西褲的事，著自己也能為爸爸做點事情，便拿來西褲，再剪短兩公分，縫好燙平……

就這樣，一條只長了兩公分的褲子，因為缺乏交流與溝通被她們三人連續剪短了三次。等這位教授做好所有準備再來換衣褲時，卻發現這條褲子已短得無法再穿了。

顯然，這個故事告訴我們的，都是出於對親人的關心，但因缺乏交流、溝通，最後讓關心「變味」了。

相信很多人都參加過拔河比賽，分別位於繩子兩端的兩組人盡力拉扯繩子兩端，他們都試圖讓繩子跨過某個劃定的中間界線 —— 有時候這個界線就是個充滿泥水的坑洞。

人們在生活中的溝通就好像拔河比賽。這條繩子可以比作兩個人相互影響的關係或連結。如果交流的雙方將繩子拉得越緊，他們的溝通效果也就越差。另一種情況是，雙方都不用力拉緊繩子，這個連結就消失了。除了這兩種情況外，你還可以掌握拔河比賽的緊張程度，也就是調節妨礙有效溝通的壓力和阻力。

成功溝通的目標就是共用這條繩子，讓它保持強勁有力，但又要避免弄髒雙方人員，這就是生活中成功溝通面臨的一個巨大且關鍵的挑戰。

西漢時期的著名文人司馬相如和才女卓文君曾出現過感情波折、婚姻危機，但是，卓文君及時做出反應，與丈夫進行了適當的溝通，用一首令人讚

嘆的詩挽救了他們的婚姻。

據說司馬相如在長安被封為中郎將後，自己覺得身分不凡，便有了休妻之意，於是將一封書信寄給了卓文君。

卓文君朝思暮想，盼望丈夫的家書，萬沒料到盼來的卻是寫著「一、二、三、四、五、六、七、八、九、十、百、千、萬」十三個數字的家書。卓文君看畢，明白了丈夫的意思是對自己已經無意（無億），十分傷心。想著自己如此深愛對方，對方竟然忘了昔日感情，於是提筆寫道：「一別之後，兩地相思，只說三四月，誰知五六年．七弦琴無心彈，八行字無可傳，九連環從中折斷。十里長亭望眼欲穿。百思念，千絲牽，萬般無奈把郎怨。萬語千言說不完，百無聊賴十倚欄。重九登高孤身看孤雁，八月中秋月圓人不圓。七月半燒香秉燭問蒼天，六月伏天人人搖扇我心寒，五月石榴紅勝火，偏遇陣陣冷雨澆花端，四月枇杷未黃，我欲對鏡心意亂，忽匆匆，三月桃花隨水轉，飄零零，二月風箏線兒斷。噫！郎呀郎，巴不得下一世你為女來我為男。」

司馬相如拆開信一看，原來是用數字連成的一首詩。司馬相如一連看了好幾遍，夫人的才思敏捷和對自己的一往情深，都使他受到很大震撼，越看越感慚愧，越覺得對不起對自己一片癡情的妻子。於是親自回鄉，把夫人接往長安。

生活中的很多危機都是因為彼此缺乏溝通而產生的，當你的工作、家庭出現了不和諧的音符，不要抱怨，也不要視而不見，要積極行動，拿出你的誠意，與對方進行有效溝通，相信一定可以化險為夷。

非語言溝通就在身邊

一個漂亮的少女在商店購物時，看到一個討喜的小夥子迎面走來。當走

近時，兩個人的目光接觸了兩秒鐘，然後少女轉過頭，微笑而略顯羞澀地走過。當他們擦肩而過後，她轉過頭，以確定他是否在注意她。溝通就在這裡就發生了作用，他停下來與她交談。在他們交談之前，他們沒有說過一句話。顯然，他們之前所進行的是非語言溝通。

據研究，高達 93% 的溝通是非語言的，其中 55% 是透過臉部表情、形體姿態和手勢傳遞，38% 是透過音調傳遞。

在非語言溝通中，溝通雙方相互作用的本質十分明顯，沒說一個字，你就能透過衣服的選擇、臉部表情、姿勢或任何其他非語言信號來溝通。僅僅是路過這種簡單行為，你也在發出信號並可從幾乎不相識的過路者那裡得到信號。你在想「多漂亮的大衣，不知道是在哪裡買的？」「她正在我們宿舍，真想多了解她」，「他的個子真高，可能是個運動員。」當別人看到你時，他們也可能同樣在對你進行評估。

當你第一次聽一位新老師上課，或是第一次聽上司報告時，你對老師、上司所做出的判斷是建立在非語言行為上的。當他們把講稿拿出來，為同學們說明這個課程的教學目標時，或是這一年的工作任務時，你就會將其與你以前碰到的其他類似的老師或者上司對比。你就可以得出對這位老師或這位上司的基本評價，自己該如何應付，該怎麼做。身為老師或上司也在不斷評價你，透過姿勢衣著來判斷，回想他以前遇到與你相似的學生或員工，並評估你是哪種類型的學生或員工。

那麼，非語言溝通包括哪些呢？

輔助語言

輔助語言是由伴隨著口頭的有聲暗示組成的。我們的表達方式所表現的含義與詞語本身所表現的含義一樣多。比如，一個家長用溫和的聲音告訴孩子去打掃房間，而兩個小時過去，房間仍然保持原樣時，這位家長嚴厲地說：「如

果你不馬上做，你就有麻煩了。」聽到這樣的口氣，這個孩子便趕緊開始行動。

　　輔助語言包括說話速率、說話音調、說話音量和說話品質這些聲音特點。當這些因素中任何一個或全部被加到詞語中時，它們能修正其含義。據研究者估計，溝通中 39% 的含義受暗示的影響，也就是並非詞語本身，而是它們的表達方式。

形體動作

　　形體動作也稱為形體語言，對應著大量的非語言溝通。

- **象徵**：象徵是指存在著直接詞語解釋的形體動作。沿途搭車的旅客，伸手招呼是「請停車，我要搭車」的象徵。伸開 V 字形手指象徵著勝利。上下點頭是同意，左右搖頭是不願意。在我們的社會中，絕大多數人都知道這些象徵的含義，並透過它去傳遞一些特定訊息。象徵在不同的文化中，通常是不能通用的。

- **說明性動作**：說明性動作加重就如強調詞語的含義。如果某人問你的衣箱有多大，你或許會詞語描述它並用手勢去說明它的尺寸。如果某人給你指路時，她或許指向前面的路並在適當的地方做向左或向右的手勢。說明性動作有助於使溝通更加準確。如果某人告訴你他釣了條大魚，透過他用手比劃，你就會對這條魚的大小有一個概念。他可以告訴你魚長多少釐米。但透過手的說明性動作，你知道得會更加準確。然而，不是所有的說明性動作都是手勢。如老師在黑板上，用底線來說明這段內容是很重要的。

- **情感表露**：情感表露是透過面部和形體動作來展示情感的激烈程度。如果你走進教授辦公室，教授說：「我可以看出你心情不好」，他在對你表露出的關於情感的非語言暗示做出反應。你可能用形體姿勢表明：「我要和你就你的一些觀點進行爭論」。

· **調整性動作**：調整性動作包括點頭、手勢、變換姿勢和其他表示開始和結束相互作用的形體動作。在非常簡單的情形中，當老師指向下一個發言人時，他會用一種調整性動作。在更微妙的情形中，當你說話時，對方可能把身子稍微轉開，這表示對方不喜歡聽或不願意繼續交談。

眼中的訊息

一個人的眼神很重要，它可以傳遞各種不同的訊息，年輕人想要做自己的事，光從自信的目光中就看得出來；還有那種戀愛中人充滿火辣辣光芒的眼神；有些人的眼神則流露出咄咄逼人的目光。

吸引力

有些研究調查顯示，有吸引力的人與沒有吸引力的人相比，前者從他人那裡得到的反應更積極。研究者發現，有吸引力的女性更常約會，更容易說服男性。在生活中多數人認為，有吸引力的男人或女人和其他人比起來，表現得更為敏捷、善良、強健、好交際和有趣。在工作中，吸引力使人在多方面受益，甚至還能獲得較高的薪水。

服裝

服裝會使人對其主人產生非常強烈和直觀的印象，所以，它對非語言溝通的作用極其重要。服裝也能反映出多種訊息，而透過選擇特定的服裝，著裝者也能表現自己的地位、歸屬、遵循的規範等。

第九章

領導力就是影響力

讀懂人才「識別經」

　　古人云：為治以知人為先。即治理國家要以了解、識別人為最首要的事情。

　　只有知人才能善任，因為對一個人了解越深刻，使用起來就越得當。帝王之德，莫大於知人。一個國君，有賢不知，知而不用，用而不任，這是一個國家的三種不祥之兆。所以，身為國君，最大的隱患就在於不能知道和識別人才。若不能識人，勢必不能用人。一旦知道和識別了人才，如果不及時推薦和提拔使用，則為失察的表現；同樣，一旦了解和識別的人既缺德又缺才，如果不及時從其擔任的位置上撤職和採取切實可行的措施進行罷免，仍將其使用，這必然是國家之禍，使人民受害，將會後患無窮。正因為古今中外的有識之士對識人看得非常重要，所以產生了共識：要想國家繁榮富強，人民安居樂業，領導人必須識人。這樣的共識，不僅適用於國家治理，同時適用於一切企業、團隊的管理。

　　漢朝有個叫陳平的人，他家境清貧，但喜好讀書。剛開始時他跟隨魏咎做事，繼而服務於項羽，最後歸順於漢朝。他透過魏無知推薦得見劉邦，劉邦跟他談話，見他有才智很高興，問道：「子之居楚何官？」陳平答：「為都尉。」當天，劉邦就任命陳平為都尉，使為參乘，典護軍。諸將知道了都為之譁然，說：「大王一旦得楚之亡卒，未知其高下，而即與同載，反使監護軍長者。」劉邦聽了，更加厚待陳平。

　　過了一段時間，周勃、灌嬰等大將也對陳平有意見，認為劉邦如此信任陳平不當，都詆毀他說：「陳平雖然是個美男子，只不過像帽上的美玉罷了，其實內裡未必有真才實學。我們聽說陳平在家時，曾和嫂嫂私通；在魏王那裡做事不能容身，逃亡出來歸附楚王；歸附楚王不相合，又逃來歸降漢王。

現在大王如此器重，讓他做高官，任命他為護軍。但我們聽說陳平私下接受將領的錢財，錢給得多就得到好處，錢給得少的就遭遇壞的處境。以我們看來，陳平是個反覆無常的小人，人品不怎麼樣，希望大王明察。」劉邦聽後也起疑，便叫魏無知來，責備他為何推薦陳平這樣的人，魏無知說：「我推薦的是有才能的人，陛下所問的是品行。現在如果有人有尾生、孝己那樣的品行，但對戰爭的勝負沒有益處，陛下願意用哪種人呢？現在楚漢對峙，我推薦善出奇謀的人，只關心他的計謀是否能夠有利漢王罷了。至於私通嫂嫂、接受錢財是個人的品德問題，這和計謀沒關係。大王又有什麼值得懷疑的呢？」劉邦又叫來陳平，責備他說：「先生在魏王那裡做事不相合，便去楚王那裡做事，但又半道離開。如今又來我這裡，講信用的人是這樣三心二意的嗎？」陳平答道：「我在魏王那裡做事，魏王不能採用我的建議，所以我離開他到項王那裡做事。但項王卻不能信任人，他所信任寵愛的，不是那些項氏宗族就是妻家的兄弟，即使有奇才也不能重用，我這才離開楚王。聽說漢王能夠用人，所以來歸附大王。我空身而來，不接受部下的錢財便沒有辦事的費用。如果我的計謀確有值得採納的，希望大王採用；假若沒有值得採用的，錢財都還在，請允許我封好送回官府，並請求辭職回家。」劉邦見他說得有道理，便向他道歉，厚加賞賜，擢升為護軍中尉，監察全體官兵。從此，諸將不敢再詆毀陳平。

　　劉邦如此重用陳平，足見他的確是個善於知人和用人的領袖，而陳平也的確是個奇才。在後來劉邦戰勝項羽以及劉家政權未被呂氏所奪等事件中，陳平的奇計產生了重要甚至是決定性的作用。

　　美國汽車大王艾科卡在任福特汽車公司總裁時，他周圍聚集了一大批優秀的管理人才。而當他離開福特公司到克萊斯勒公司任董事長時，這批人紛紛擁向克萊斯勒，他們放棄福特的優厚待遇，謝絕了福特的一再挽留，而甘願和艾科卡一起冒險和備嘗艱辛。由此可見艾科卡的知人善任和人際交往的

特殊魅力。艾科卡說：「我設法尋找那些有幹勁的人，那樣的人不用多，有 25 個就足以管好美國政府。在克萊斯勒，我大概有 12 個這樣的人。使這些管理人員有力量就是讓他們懂得如何用人和讓人做事。」

同樣經營一項事業，景氣時有人賺，也有人賠；不景氣時有人關門倒閉，也有人欣欣向榮。同一家公司，前任經理負債纍纍，換個經營者一下就扭轉「乾坤」。其中的奧妙何在？法國康門塔里一福爾香色採礦冶金公司，曾一度陷入瀕臨破產的境地。然而，自從亨利‧法約爾被任命為該公司經理後，局面很快開始扭轉，使企業走出死胡同，迎來了「柳暗花明又一村」的景象。其絕處逢生的根本原因就在於亨利‧法約爾精於管理，善於用人。他發揮了科學管理方面的傑出才幹，培養了一批幹練的管理人員，拯救了這個企業。

由此可見，企業的興旺與否，其中的關鍵之一在於如何用人。

「橫看成嶺側成峰，遠近高低各不同。」由於各人的觀察角度和立足點不同，廬山西林壁映入眼簾的形象也千姿百態。觀山如此，看人也如此。一個聰明的領導人，就在於能夠了解團隊中的人各自的長短，用其所長，避其所短，把自己的部下組織成一支樣樣皆精的隊伍。

▌以身作則最具影響力

人在做，天在看。上級做事，員工學習。因此，上級要以身作則，從細節做起。只有自己做好，員工們才會「服」。當一個人「服」了，不僅做事會很努力，而且會心甘情願跟隨你。可見，領袖以身作則是團隊擁有執行力的關鍵之一。

有一次，曹操率領士兵去打仗。那時正是小麥快成熟的季節。曹操騎在馬上，望著一望無際的金黃麥浪，心裡十分高興。

正當曹操騎在馬上邊走邊想問題時，突然「撲喇喇」的一聲，路旁的草

叢竄出幾隻野雞，從曹操的馬頭上飛過。曹操的馬沒有防備，被這突如其來的情況驚嚇。牠嘶叫著狂奔起來，跑進附近的麥地。等到曹操使勁勒住驚馬，地裡的麥子已經被踩倒一大片。

看到眼前的情景，曹操把執法官叫來，十分認真地對他說：「今天，我的馬踩壞了麥田，違犯了軍紀，請你按照軍法對我治罪吧！」

聽了曹操的話，執法官十分為難。按照曹操制定的軍紀，踩壞莊稼，是要治死罪的。可是，曹操是主帥，軍紀也是他制定的，怎麼能治他的罪呢？

想到這，執法官對曹操說：「丞相，按照古制『刑不上大夫』，您是不必領罪的。」

「這怎麼行？」曹操說，「如果大夫以上的高官都可以不受法令約束，那法令還有什麼用？何況這糟蹋了莊稼要治死罪的軍令是我下的，如果我自己不執行，怎麼能讓將士去執行呢？」

「這……」執法官遲疑一下又說：「丞相，您的馬是受到驚嚇才衝入麥田的，並不是您有意違犯軍紀，踩壞莊稼，我看還是免罰吧！」

「不！你的理不通。軍令就是軍令，不能分什麼有意無意，如果大家違犯了軍紀，都去找些理由來免罰，那軍令不就成了一紙空文嗎？軍紀人人都得遵守，我怎麼能例外？」

執法官頭上冒出了汗，他想了想又說：「丞相，您是全軍主帥，如果按軍令從事，那誰來指揮打仗？再說，朝廷不能沒有丞相，老百姓也不能沒有您呐！」

眾將官見執法官這樣說，也紛紛上前哀求，請曹操不要處罰自己。

曹操見大家求情，沉思了一會說：「我是主帥，治死罪是不適宜。不過，不治死罪，也要治罪，那就用我的頭髮來代替腦袋吧！」說完，他拔出寶劍，割下自己的一把頭髮。

美國全國疾病研究中心教授 L·杜嘉說：「你的下屬一看你的行動，便明

白你對他們的要求。」要讓別人跟著你轉，你就要能吸引人而且比別人轉得更快。領袖敢為人先、身先士卒，才能激發下屬的活力；反之，領袖畏首畏尾，躑躅不前，則會嚴重影響企業組織的活力和表現。管理就是領導，領導就是領著員工走、導著員工前行的那個人。管理是以身作則，帶領下屬工作的。不能以身作則，這樣的管理就是徒有虛名。

曾子是春秋時期魯國人，他不但學問高，而且為人誠實，承諾別人的事總是說到做到。

有一天，曾子的妻子要去趕集，孩子哭著叫著要和媽媽一塊兒去。於是媽媽騙他說：「乖孩子，待在家裡等娘，娘趕集回來給你殺豬吃。」孩子信以為真，一邊歡天喜地地跑回家，一邊喊著：「有肉吃了，有肉吃了。」

孩子一整天都待在家裡等媽媽回來，村子裡的玩伴來找他，他都拒絕了。他靠在牆根下邊曬太陽邊想像著豬肉的味道，心裡高興得不得了。

傍晚，孩子遠遠看見媽媽回來，他一邊三步併作兩步跑上前迎接，一邊喊著：「娘，娘快殺豬，快殺豬，我都快要饞死了。」

曾子的妻子說：「一頭豬頂咱家兩三個月的口糧呢，怎麼能隨隨便便就殺豬呢？」

孩子「哇」的一聲就哭了。

曾子聞聲而來，知道事情的真相後，二話沒說，轉身就回到屋子裡。過一會兒，他舉著菜刀出來，曾子的妻子嚇壞了，因為曾子一向對孩子非常嚴厲，以為他要教訓孩子，連忙把孩子摟在懷裡。哪知曾子徑直奔向豬圈。

妻子不解地問：「你舉著菜刀跑到豬圈裡做什麼？」

曾子毫不思索地回答：「殺豬。」。

妻子聽了噗嗤一聲笑了：「不過年不過節殺什麼豬呢？」

曾子嚴肅地說：「妳不是答應過孩子要殺豬給他吃嗎？既然答應了就應該做到。」

妻子說：「我只不過是騙騙孩子，和小孩子說話何必當真呢？」

曾子說：「對孩子就更應該說到做到了，不然，這不是明擺著讓孩子學著家長撒謊嗎？大人都說話不算話，以後有什麼資格教育孩子呢？」

妻子聽後慚愧地低下頭，夫妻倆真的殺了一頭豬，並且宴請鄉親，告訴鄉親教育孩子要以身作則。

領導者在臺上說得口沫橫飛，還不如身體力行做實事，這樣才更能鼓勵、號召下屬。嘴上說得天花亂墜，講得振振有詞，做起來又是另一套，倒不如不講不做。因為這樣言行不一，無異於在臉上刻下「偽君子」幾個字，讓人看了驟生反感。一個領導者只有嚴格地要求自己，帶頭做表率才能服眾。更何況，己欲立而立人，己欲達而達人。只有自己願意做的事，才能要求別人也去做；只有自己能做到的事，才能要求別人也做到。

在管理中，領導身教不僅能起導向和示範作用，而且還有凝聚人心、化解矛盾、鼓舞士氣和催人奮進的特殊功能。可以說，身教就是管理人員與下屬的黏合劑。

不要擺主管架子

如果你是部門裡的一員，難免會聽到或參與過這樣的討論，「我們的主管，官雖然只有芝麻大，架子擺得倒不小。他越是這樣，我們就越懶得理他。」「你們主管講起話來怎麼是那個樣子，官腔官調的，真讓人受不了。」「他總以為自己很了不起，卻不知背後有多少人罵他。」

對於愛擺架子的領導者，人們很不喜歡。現實中，這樣的領導者還真不少，這些人不僅與其上級關係一般，而且與下屬之間關係也不好。

俗話說：「騾馬架子大了能駕轅，人架子大了不值錢。」人們還把架子戲謔為「臭架子」，可見對其厭惡之深。常聽人們說「某某人沒架子」，這

是對一個人發自內心的褒獎。特別是那些有一定權勢有一定地位的人，念念不忘自己的「身分」，常常放不下架子，總愛擺譜，以為那樣能顯示自己的「身價」與「威風」，結果擺來擺去，反倒讓人覺得是種虛偽和淺薄。

從領導者的威信來說，那些藉助自己的真才實學、高超的業務水準和工作能力，與眾人建立密切感情關係的領導者更有威信。而那些假藉領導資歷、官職大小、常擺出一副官樣的領導者，則威信越小，更容易成為孤家寡人。過分突顯自我，藐視他人的存在，嚴重脫離現實，這不是現代領導者的作風。身為現代領導者，還是少擺架子為好。

人一旦有了架子，就好比蓋樓時搭的架子，架子可以把人抬到與樓一般高，沒了架子，人就達不到那樣的高度。但有了「架子」很不方便，彎不下腰，轉不了身，脖子和眼睛都不靈活。「架子」看起來很威風，其實虛弱得很。

沒有架子的領導者不僅不把自己當領導者，還沒有「我的」、「你的」的概念，他總用「其實不是下屬在為我工作，而是我和他們共同為大家工作」的想法去思考問題。在他的公司，每個員工都有自己的夢想和追求，他絕對不會用某個框架去限制大家，反而會盡最大可能支持他們。

沒有架子的領導者從不輕易得罪下屬，從不對下屬說一句苛刻的話。即使下屬錯了，他也會平心靜氣地與下屬一起研究解決，更不會去抓誰的小辮子，去打擊那些直言進諫的人，下屬可以隨時發表自己的看法。「老闆，我覺得你提的某某建議不是很可行，我們建議……」他會十分興奮地告訴下屬，「好吧，這事你直接負責，就照你說的去做。當然，如果在做之前你能考慮一下我的建議，也許會更好。」

沒有架子的領導者不會為維護自己的表面尊嚴去對付任何人，他的處世原則是：重要的不在於誰對，而在於什麼是對的。

領導者需要在下屬面前樹立威信、以便取得下屬的全力支持。然而，靠

端架子、擺威儀建立自己的領導威信，最終只會成為孤家寡人，越活越累。而那些糊塗得「忘記」了自己身分的領導者，將越做越輕鬆。與下屬打成一片，以個人魅力影響而不是靠權術統御下屬的領導者，才是真正成功的領袖。

▍感情投資報酬豐厚

身為領導者，要懂得對下屬進行感情投資，這樣才容易凝聚人心。

感情投資，指的是不用一切形式或物質的手段，而用精神或感情的手段鼓勵和獎賞他人。比如做些關切的舉動，幾句打動人心的話語，幾滴同情的淚水……這些東西不像物質的獎賞可以拿過來就用，但它的作用比物質獎勵大得多。它不但可使受獎者感激涕零，也可以改變很多人對受獎者的看法。

在所有的投資中，感情投資是花費最少、報酬率最高的一種投資。這是為什麼呢？

道理很簡單 —— 每個人都需要感情投資。沒有人不渴望擁有親情、友情和愛情；沒有人不渴望別人的理解、信任和支持 —— 不管是親人、朋友、同事、上司、社會或來自陌生人的。即使在重物質、輕精神，日益物化、商品化的今天，這點仍舊沒變。因為情感需求是人的需求金字塔中最高層次的需求。馬斯洛說：「愛是人類的本能，人類需要愛，就像需要碘和維他命 C 一樣。」感情投資正好滿足了這種人性的需求。

戰國時期，有個著名軍事家叫吳起，他擔任魏軍統帥時，與士卒同甘共苦，深受下層士兵擁戴。

一次，一個士卒身上長了個膿瘡，吳起身為一軍統帥，竟親自用嘴為那個士卒吸吮膿血，全軍上下無不感動。然而，當這士兵的母親得知這消息時卻哭了，有人奇怪地問道：「妳兒子不過是小小的兵卒，將軍親自為他吸膿瘡，妳兒子能得到將軍的厚愛，這是妳家的福分啊！妳怎麼倒哭了呢？」這位母親

哭道：「這哪裡是愛我的兒子呀，分明是讓我兒子死心塌地為他賣命。想當初吳將軍曾為孩子的父親吸膿血，結果打仗時，他父親非常賣力，衝鋒在前，終於戰死沙場。現在他又這樣對我兒子，看來我兒子的命也不長了！」

我們暫且不論吳起的「居心叵測」，但人非草木、孰能無情？有了這樣「愛兵如子」的統帥，部下自會竭盡全力、效命疆場了。

下屬能否全身心地投入工作，是事業成功的關鍵之一。領導者抓住下屬的心，也就抓住了一群活生生的人。領導者一般有兩種類型：有些是權嚴型，他們依靠高聲、粗暴的咆哮驅使人們工作，然後以威嚴來激勵部屬；而大多數領導者的要求雖然相同，卻把他們的嚴厲融於說理、分析及幽默中，他們也希望自己的命令能暢行無阻，但他們卻不用權威型的領導方式，他們知道自己接觸的是「人」，因此善於打情感牌。

美國有家電視機廠，因經營不善而瀕臨倒閉，老闆萬般無奈，只好請來一位日本人。這位日本經理上任後使了三招：一是邀請員工喝咖啡，還送每人一臺半導體收音機。然後他誠摯地說：「你們看看，環境這麼髒亂，這樣怎麼能好好工作呢？」於是大家一起動手清掃，工廠的面貌也煥然一新。二是經理主動拜訪工會負責人，希望「多多關照」，解除了員工對新任經理的心理戒備，在感情上靠向了工廠。三是看到人手不足，經理沒有僱用別人，而是把以前解僱的老員工請回來上班，使員工從心裡感到溫暖。採取這些措施後，大大激發了員工的積極和創造性，工廠的生產蒸蒸日上，重振了企業雄風。

事業留人、待遇留人是可以根據經濟實力隨時改善的，說到底是金錢待遇問題。然而，很多時候，感情比金錢待遇更有威力。可以說，感情留人是高明的留人之道。感情留人，就是要努力營造一種積極向上，團結和諧的人際關係和工作環境，讓大家心情舒暢地工作。感情留人的成功與否，關鍵取

決於領導者。

　　保羅・蓋提（Paul Getty）是西方首屈一指的石油大亨，他把大部分時間花在油田裡和僱員一起工作。而某次發生的偶然事件，雖然事件不太重要，卻讓蓋提意識到和員工建立良好關係有多重要。

　　這天，保羅・蓋提在油井工地注意到一個名叫漢克的搬運工動作懶散，他生氣地罵起來：「你在幹什麼？振作起來，笨蛋！」罵完之後，他還咆哮一聲。而漢克平靜地答道：「好的，老闆。」。不過，他還是奇怪地看了蓋提一眼。這讓蓋提莫名其妙。不一會兒，他發現了漢克有手傷。漢克本來可以回去接受治療，但因為不願讓同事和老闆失望，於是留了下來。得知這情況後，保羅・蓋提走到漢克身旁說：「抱歉！我剛才不該發火。我開車送你進城找個醫生看看你的手傷。」聽到老闆這句話，漢克和夥伴們久久地瞪著他，然後相繼笑了起來。從此以後，保羅・蓋提發現，他的員工做起工作來都更賣力了。

　　保羅・蓋提身為老闆，未事先查明真相便亂發脾氣犯下錯誤，使下屬產生牴觸情緒，幸好他及時發現過錯，立刻真誠地道歉，並提出合理而適當的補救方法。這樣，他們之間就建立起良好的關係。

　　身為領導者，要想把下屬「留住」並心甘情願好好工作，就必須懂得抓住下屬的心，用情感打動下屬。

▍明確規則，賞罰分明

　　賞與罰是領導別人的兩大「利器」，賞罰分明，令出必行，能夠最大限度地激發別人的積極性。

　　秦惠公死後，年幼的出子即位，人稱「小主」。小主的母親把持國政，並重用奄變。奄變為人奸詐，不久就把秦國弄得一團糟。賢人都憤憤不平，

隱匿不出；老百姓也怨聲載道。

公子連此時正流亡在魏國，覺得時機已經成熟，就打算乘機回秦國奪取政權，取代小主為君。於是他借助秦國大臣和百姓的支持回到秦國，來到了鄭所要塞。

鄭所要塞的守將是右主然，他下令嚴加防守，不放公子連進去，他說道：「實在對不起公子，俗話說：忠臣不事二主。公子您還是盡快離開這裡吧！」

迫不得已之下，公子連離開鄭所要塞，進入北狄，轉道來到焉氏要塞。守塞的菌改把他放了進去。小主的母親和奄變聽到這消息後，大驚失色，馬上下令起兵攻打公子連。

秦國的將士接到命令說：「敵寇在邊境上。」將士出發時都口口聲聲說：「去迎擊敵寇！」但走到半路，將士便乘機發動譁變，都說：「我們不是去迎擊敵寇，而是去迎接國君。」

於是公子連率軍殺回國都，小主的母親走投無路自殺身亡。公子連立為國君，是為秦獻公。

秦獻公登基後要重賞有功人員。他很感激菌改，想大加賞賜；同時又怨恨右主然，想重重處罰他。

大臣監突了解秦獻公的打算後，便進諫道：「國君，這樣做是不行的。秦公子流亡在外的很多。如果您這樣做，那麼以後大臣就會爭先恐後地把流亡在外的公子放進國來。這對您是很不利的。」

秦獻公想了想，認為監突的意見確實非常有理。於是他下令赦免右主然，而賜給菌改以官大夫的爵位，賞給守塞的士兵每人二十石米。

賞罰分明得當，是古今中外一切用人者的根本原則。領導者一定要正確使用賞罰，切莫隨心所欲，無原則的賞罰。孫武曾把「法令孰行」、「賞罰分明」作為判明勝負的兩個重要條件，而曹操也說：「明君不賞無功之臣，不賞不戰之士。」

百事可樂公司的產品在國際市場上長盛不衰，暢銷全球。該公司總裁韋恩‧卡洛威（Wayne Calloway）談到他如何取得這一成績時，肯定地回答：「賞罰分明。」韋恩‧卡洛威堅持優勝劣汰的用人原則，他親自制定各類人員的能力標準，每年至少一次與屬下共同評價他們的工作表現。如果一個屬下達不到標準，韋恩‧卡洛韋會給他一段時間學習進步，以觀後效；如果已達標準，第二年就會習慣性地提高要求。經過評估，公司的管理人員被分成四類：一是最優秀者將得到晉升；二是可以晉升，但目前尚不能安排；三是需要在現有職位多工作一段時間，或者需要接受專門培訓；四是最差者將被淘汰。

　　劉邦平定天下後，大封功臣，蕭何地位最高，有人對此有異議，劉邦反駁說：「在打獵時，追捕野獸兔子的是獵狗；但發現獸兔的蹤跡，指使獵狗追捕的，卻是獵人。你們只能捕殺野獸，功績如同獵狗。而蕭何能發現野獸蹤跡，指使獵狗去追捕，功績如同獵人。」司馬遷在為蕭何作傳時，也十分中肯地評論說：「蕭何嚴守律法，為民生疾苦著想，依法從事，在建立漢朝的功臣中，功績地位居群臣之首。」這種從大處著眼的原則，是以賞罰來領導人所必需的，因此也是賞罰分明中所不可或缺的一條。

　　在現實中，賞罰要收到實效，就必須懂得賞罰的藝術。

- **賞罰要注意思想溝通**：《孫子‧行軍篇》中說：「卒未親附而罰之，則不服，不服則難用也，卒已親附而罰不行，則不可用也。」意思是，在士卒還未從思想上感受到自己的過失時，執行懲罰會讓他們不服，心中不服，就很難指揮他們；而在士卒已經感受到自己的過失時，如果不執行紀律，就不能將其用於作戰。賞罰對於被賞罰者，有個心理承受能力的問題。領導者與下屬若在思想上溝通過，心理上就容易接受這樣的賞罰；若雙方在思想上有隔閡，則獎賞會被認為是收買人心，懲罰會被認

為是故意整人。

- **賞罰要注意以身作則**：「其身正，不令也行，其身不正，雖令不從。」在紀律面前應人人平等。領導者只有自己帶頭執行法紀，才能做到賞罰嚴明。自己有私心，貴賞，就不能有力地獎賞下屬；自己有短處，怕罰，就不敢大膽批評下屬。領導者如能做到言出法隨、嚴於律己，賞罰時大家就會心服口服。三國時，諸葛亮錯用馬謖，失守街亭，自貶三級，就是嚴以自律的典型表現。

- **賞罰要出於公心**：賞罰必須公正，當賞則賞，該罰則罰。所憎者，有功必賞，所愛者，有罪必罰，如此才能使大家心悅誠服。不然，如果「對其所喜者，鑽皮出羽以掩其過，對其所惡者，洗垢求瘢以彰其疵」，賞罰也就失去強化作用，有時還會收到相反效果。

- **賞罰要把道理講清楚**：民族英雄戚繼光在自己的治軍實踐中認知到：「賞罰要合乎情理，理興於心，情通於理」，「賞罰人人知其所以賞罰之故，則感心發而頑心消，畏心生而怨心止。」賞與罰，先把道理講清楚，將善惡、功過分清楚，大家知道了受賞受罰的原因，賞則使大家見其功勞而心悅誠服，罰則使大家及本人真正受到教育而消除怨恨之心。批評是罰的形式之一，罰一般都含有批評的意思，在批評人時，領導者要曉之以理、動之以情、明之以害，使對方從思想上受到教育，改正錯誤，克服缺點。

- **賞罰要掌握「分寸」**：這就好比，動力原理的運用要重視「刺激量」，刺激量不足或過剩，都不能最大程度地激發動力。賞罰只有適度，恰到好處，才能達到激勵與懲戒的目的。獎賞過濫，無功受祿，無勞受賞；在獎勵時採齊頭式平等，會賞而無思，產生不了激勵作用。同樣，罰不能罰不當罪，若處罰過輕，就無法教育本人和他人；處罰過重，使犯錯者

沒有改過的機會，會將人「一棍子打死」，不符合「懲前毖後、治病教人」的原則。所以，正確的賞罰應該要適度，當賞則賞，當罰則罰，賞之有據，罰之有因。

・ **賞罰要嚴守信用**：古代兵書《尉繚子》中說：「賞如日月，信如四時」，賞罰必須嚴格執行規章制度，言出法隨，說到做到，不能隨心所欲，說了不算。如果高興即賞，不高興即罰，會搞得下屬無所適從，人心混亂。長此以往，領導者就會失去威信。

給下屬充分的信任

有家電器公司打算開拓北部的新市場，需要開家新店。總經理經過多方考慮，發現有能力主持這家新店的主管為數不少，但這些老資格的人卻必須留在公司總部工作，以免影響總公司的業務。

這時，老總想起一位年輕的業務，他剛滿 20 歲。他認為這位年輕業務可以做好新訓的工作。

於是，總經理決定派這個年輕業務擔任新店的負責人。總經理把他找來，對他說：「這次公司決定在北部設立一個營業所，我希望你去主持。」

聽了總經理這番話，這位年輕業務大吃一驚。他驚訝地說：「這麼重要的職務，我恐怕不能勝任。我進公司還不到兩年，只是個新進的小職員。年紀也才 20 出頭，也沒什麼經驗……」他臉上的表情有些不安。

總經理很信賴他。並以幾近命令的口吻對他說：「你沒有做不到的事，你一定能做到。放心，你做得到的。」

這個員工一到北部，立刻展開活動。因為總經理的充分信任，他幹勁十足，平常與店員同吃同住，銷售業績紅火。兩年後，就在北部開了第二家分店，繼而又開了第三家、第四家……

　　領導者給下屬多少信任，下屬就會還給領導者多少幹勁。信任和幹勁是成正比的。因此，下屬能創造卓越的成績，既與下屬的努力有關，也是領導者高度信任的結果。

　　古人云：「疑人不用，用人不疑。」對下屬而言，沒有比得到上級信任更讓自己欣慰和得到鼓舞的事。古人有「士為知己者死」之說，可見，信任可以產生強大的動力，能激發人的奉獻精神。當領導對下屬充分信任，把重要的任務交給他們，下屬就會因得到器重而產生知遇之感，必然會更加服從上級，加倍努力工作，發揮自己的聰明才智和創造性，把工作做到最好。

　　尉遲敬德是唐初著名戰將，在大唐的建立過程中屢建奇功，功勳卓著，尤其對唐太宗李世民忠心耿耿。

　　本來尉遲敬德是劉武周手下一員大將，在西元 620 年，他與另一員大將尋相一起向唐太宗投降。但尋相見風使舵，沒過多久便又叛亂。此時尉遲敬德尚在軍中，殷開山、屈突通等人疑心曾與尋相同處敵方陣營的尉遲敬德也將叛亂，於是將他捆綁起來，押到李世民面前，建議李世民殺一儆百，以儆效尤。

　　李世民不經思索便道：「尉遲敬德何許人物！若要叛亂，還會落在尋相之後嗎？」於是立即上前親自為尉遲敬德鬆綁，並親切安慰他：「大丈夫以義氣相許，請千萬不要將這點小誤會放在心上。我絕不會輕信旁人之言，加害忠良勇士。」

　　尉遲敬德聞言深受感動，從此對唐太宗死心塌地，願效犬馬之勞。

　　其實早在李世民打敗劉武周，尉遲敬德戰敗被迫投降時，屈突通就已提醒李世民要小心尉遲敬德是被迫歸順，未來恐將叛變，不應委以重任。

　　李世民卻如此赤誠相待，故尉遲敬德才會終生只忠於李世民一人。後來李世民與李建成爭位，李建成曾送尉遲敬德一車金銀欲收買他，卻被他嚴詞拒絕。

唐太宗對自己任用的人能推心置腹，不加猜忌。西元 627 年，唐太宗剛即位，親自率領數百名宿衛將士在殿前學射箭。眾大臣以為此舉不利太宗的安全，紛紛諫阻。唐太宗一概不聽，並深情地說：「王者視四海如一家，疆域之內，都是我的赤子，我一一推心置腹，怎麼會連自己的侍衛也加以猜忌呢？」

　　由於皇帝的信任，諸多侍衛個個自勵，數年間便成為一支精銳之師。

　　由此可見，只有相信下屬，用人不疑，才能與下屬建立起密切關係，上下一心，才能做好事情。每一個下屬都渴望獲得領導者的信任。如果領導者高度信任下屬，讓他們放開手腳大膽工作，那麼，下屬就會受到激勵，發揮出最大的聰明才智，同時充滿幹勁，變革創新，表現出最大的工作熱情。

　　聰明的領導者都知道，給下屬充分的信任是最關鍵的。

　　信任你的下屬，你的下屬會更加賣力工作，他們覺得一定要對得起上級對自己的信任，不能辜負上級的期望；相反地，不信任下屬，會影響他們對企業的忠誠度，損害企業與員工間的關係，離心離德，使下屬的積極主動大打折扣，工作效率、績效也會大打折扣，更嚴重的還會「另投明主」，就算輕微者也會消極怠工，損耗時間，受損失的還是領導者自己。

　　信任你的下屬，會點燃他們工作的熱情，鼓舞士氣，讓大家齊心協力，沒有戰勝不了的對手，沒有攻不破的「山頭」。疑心你的下屬，會使你的氣度變小，胸襟變窄，事業更受局限，這甚至會成為發展事業的致命弱點，影響你和企業的發展成長。

　　總之，信任是種巨大的力量，也是經營管理上的一種重要手段。

▌李開復：九種最重要的領導力

願景比管控更重要

在吉姆・柯林斯（Jim Collins）著名的《基業長青》一書中，作者指出，那些真正能名留千古的宏偉基業都有個共同點：有令人振奮並可幫助員工做重要決定的「願景」。

願景就是公司對自身長遠發展和終極目標的規畫和描述。缺乏理想與願景指引的企業或團隊，會在風險和挑戰面前畏縮不前，他們對自己從事的事業不可能擁有堅定、持久的信心，也不可能在複雜的情況下，從大局、從長遠出發，果斷決策，從容應對。

有些人誤以為，企業管理者的工作就是將 100% 的精力放在對企業組織結構、營運和人員管控上。這種依賴自上而下的指揮、組織和監管的模式雖然可在某些時候發揮一定效果，但它會大幅限制員工和企業的創造力，並容易使企業喪失前進的目標，使員工對企業未來的認同感大大降低。相比之下，為企業制定一個明確的、振奮人心的、可實現的願景，對於一家企業的長遠發展來說，其重要性更為顯著。處於成長和發展階段的小企業可能會將更多精力放在求生存、強化營運等方面，但即便如此，管理者也不能輕視願景對於凝聚人心和指引方向的重要；對於已經發展、壯大的成功企業而言，是否擁有美好的願景，就成了該企業能否從優秀邁向卓越的核心重點。

信念比指標更重要

就像每個人都離不開正確的價值觀指引，每個企業也需要擁有正確的、符合公司利益的價值觀。在這裡，價值觀其實就是企業長期堅守、能影響企業行為、判斷是非對錯的根本信念。擁有正確的價值觀是成功的企業能保持基業長青的祕訣。

每個企業的領導者都應當把堅持正確信念，恪守以誠信為本的價值觀放在所有工作的第一位，不能只片面追求某些數字上的指標或成績，或一切決策都從短期利益出發，而放棄了最基本的企業行為準則。相比之下，正確的信念可以帶給企業可持續發展的機會；反之，如果把全部精力放在追求短期指標上，雖然有機會獲得一時的成績，卻可能導致企業發展方向的偏差，使企業很快喪失繼續發展的動力。

人才比策略重要

在 21 世紀，無論怎樣渲染甚至誇大人才的重要都不為過。21 世紀是人才的世紀，21 世紀的主流經濟模式是人才密集型和智力密集型經濟。擁有傑出的人才可以改變一種產品、一家企業、一個市場甚至一個產業的面貌。

團隊比個人重要

在任何一家成功的企業中，團隊利益永遠高過個人。企業中的任何一級管理者都應當將全公司的利益放在第一位，部門利益其次，個人利益放在最後。

這樣的道理說起來非常明白，但在實際工作中就不那麼容易掌握。例如，許多部門管理者總是習慣性地把自己和自己的團隊當作優先考慮的對象，而在不知不覺中忽視了公司的整體策略方向和整體利益。這種做法是大錯特錯，因為如果公司無法在整體策略方向上取得成功，公司內部的任何一個部門，任何一個團隊就無法獲得真正的成功，而團隊無法成功的話，團隊中的任何個人也不可能得到多大的成功。

授權比命令重要

21 世紀的管理需要給員工更多空間，只有這樣，才能更充分地激發員工的積極性，最大程度地釋放他們的潛力。將選擇權、行動權、決策權部分地甚至全部下放給員工，這樣的管理方式將逐漸成為 21 世紀企業管理的主流。

在 21 世紀，放權式管理會越來越接近員工的期望，是最聰明的管理方式。因為當企業聚集了一批足夠聰明的人才後，如果只是把這些聰明人當做齒輪使用，讓他們事事聽領導指揮，很可能會適得其反。

平等比權威重要

在企業管理的過程中，儘管分工不同，但管理者和員工應該處於平等地位，只有這樣才能營造出積極向上、同心協力的工作氛圍。

平等的第一個要求是重視和鼓勵員工的參與，與員工共同制定團隊的工作目標。這裡所說的共同制定目標是指在制定目標的過程中，盡可能讓員工參與，允許他們提出不同的意見和建議，但最終仍然由管理者做出選擇和決定。

這種鼓勵員工參與的做法可以讓員工更願意支持並投入公司的事務，對管理者也會更加信任。雖然並非每位員工的意見都會被採納，但當他們親身參與決策過程，當他們的想法被聆聽和討論，那麼，即使最後意見未被採納，他們也會有強烈的參與感和認同感，會因為被尊重而擁有更多責任心。

均衡比魄力重要

很多人誤以為做領導者就必須高調、有魄力，像個精力充沛、一呼百應的將軍。這樣的領導者也許很適合一座 19 世紀的工廠，但他不會是個 21 世紀的好領導人。

在著名企業管理學家吉姆・柯林斯的《從優秀到卓越》一書中，作者透過大量案例調查和統計，討論並分析一家企業或一位企業領導者如何從優秀（Good）上升到卓越（Great）的層次。該書的重要結論之一就是：最好的領導者不是那種最有魄力的領導者，而是那種具備絕佳情商，能在不同的個性層面達到理想均衡狀態的「多元化」管理者。

理智比激情重要

　　管理者應善於理解自己，能在工作中自覺地、理智地自省、自制和自律。

　　管理者應該要充分認知並理解自己的能力，清楚知道自己的長處和不足，明白自己擅長哪些事，自己辦不到哪些事。只有充分自省，才能在各種複雜情況面前做出正確判斷，才能在與同事或下屬合作時，得到他人充分的信任。

真誠比體面重要

　　真誠是所有卓越管理者的共同品質。管理者應當學會以誠待人，尊重員工，讓員工知道你理解並且感謝他們的工作。一些領導者為了「面子」而，處處維護自己所謂的「權威」，不願將自己的真實一面展現在員工面前。殊不知，這種遮遮掩掩的領導者很難得到員工的真正信任與支持。

第十章
如何贏得領導者的青睞

▌在上司面前「秀」一下

漢武帝即位後，廣招天下賢士，東方朔得到選拔錄用。漢武帝命他當公車署待詔，但俸祿微薄，不受重視。東方朔很失落，他想呀想，終於想出一個改變境況的辦法。

一天，東方朔對宮中看馬圈的侏儒說：「皇上認為你們這些人毫無用處。耕田勞作種不好田，任職做官不能治理民事，參軍入伍不會指揮作戰，只會白白耗費衣食，如今皇上要把你們全部殺掉。」侏儒們聽後非常害怕，大哭起來。東方朔又教唆說：「皇上就要從這裡經過了，你們何不叩頭請罪。」

過了一會兒，漢武帝果然前呼後擁地經過這裡。侏儒都跪在地上，邊磕頭邊痛哭。漢武帝不解地問：「你們為什麼哭？」侏儒們回答說：「東方朔說皇上要把我們都殺了。」漢武帝很生氣，馬上命人把東方朔找來，責問道：「大膽東方朔，你竟敢編造謊言，該當何罪？」東方朔等待的正是這個機會，便振振有詞地說：「侏儒身高 3 尺，俸祿是一袋粟，得 240 錢。臣身高 9 尺，俸祿也是一袋粟，也得 240 錢。侏儒飽得要死，臣卻食不果腹。如果皇上認為臣有才能，請用厚祿待我；如果皇上認為臣無才能，請讓我回家，不要讓我在此消磨時光。」漢武帝聽後哈哈大笑，知道東方朔是對自己發牢騷，所以並未怪罪。不久，東方朔被任命為金馬門待詔，得到漢武帝的重用和寵幸。

很多人在辦公室裡像老黃牛一樣默默耕耘許多年，就是沒有升遷的機會，有的不免抱怨老闆太不夠意思，不多關照自己。其實，這種情況下，應該問問自己，有沒有做過什麼特別的工作給老闆留下深刻印象？有沒有說過令老闆驚奇的話？如果沒有，就不要抱怨了，因為你從來不敢在老闆面前展示自己與眾不同的一面，老闆事情那麼多，自然很少注意到你。

秦國大軍攻打趙都邯鄲，趙國雖然竭力抵抗，但因在長平遭到慘敗後，

國力不足。趙孝成王要平原君趙勝想辦法向楚國求救。平原君是趙國的相國，又是趙王的叔叔。他決心親自上楚國去和楚王談判聯合抗秦的事。

平原君打算帶二十名文武全才的人一起去楚國。他手下有三千門客，可是真要找文武雙全的人才卻不容易。挑來挑去，只挑中十九人，其餘都看不上眼。

他正著急時，有個坐在末位的門客站了起來，自我推薦說：「我能不能來湊個數呢？」平原君有點驚訝地說：「您叫什麼名字？到我門下有多少日子了？」那個門客說：「我叫毛遂，到這兒已經三年了。」平原君搖搖頭說：「有才能的人活在世上，就像一把錐子放在口袋裡，它的尖端很快就會冒出來。可是您來到這裡三年，我沒聽說您有什麼才能啊。」毛遂說：「這是因為我到今天才讓您看到這把錐子．要是您早點把它放進袋裡，它早就戳出來了，難道光露出尖端就算了嗎？」旁邊十九個門客認為毛遂在說大話，都帶著輕蔑的眼光嘲笑他。可平原君倒賞識毛遂的膽量和口才，就決定讓毛遂湊上二十人之數，當天辭別趙王，前往楚國。

平原君和楚考烈王在朝堂上談判合縱抗秦之事。毛遂和其他十九個門客都在臺階下等著。從早晨談起，一直談到中午，平原君為了說服楚王，把嘴唇都說乾了，可是楚王說什麼也不同意出兵抗秦。臺階下的門客等得實在不耐煩，可是誰也不知該怎麼辦。有人想起毛遂在趙國說的一番豪言壯語，就悄悄對他說：「毛先生，看你的啦！」毛遂不慌不忙，拿著寶劍，上了臺階，高聲嚷著說：「合縱不合縱，三言兩語就可解決。怎麼從早說到現在，太陽都爬到頭頂了，還沒談妥呢？」楚王很不高興，問平原君：「這是什麼人？」平原君說：「是我的門客毛遂。」楚王一聽是個門客，更加生氣，罵毛遂說：「我和你的主人商量國家大事，輪得到你多嘴？還不趕快下去！」毛遂按著寶劍跨前一步說：「你用不著仗勢欺人。我主人在這裡，你破口罵人算什麼？」楚王看他身邊帶著劍，再聽他話中的那股狠勁，開始有點害怕，就

換上和氣的臉色對他說：「那你有什麼高見，請說吧。」毛遂說：「楚國有五千多里土地，百萬兵士，原來是個稱霸的大國。沒想到秦國一興起，楚國連連打敗仗，甚至堂堂國君也當了秦國的俘虜，死在秦國。這是楚國最大的恥辱。秦國的崛起，不過是個沒有什麼了不起的小子，帶了幾萬人，一戰就把楚國的國都──郢都奪了去，逼得大王只好遷都。這種恥辱，就連我們趙國人都為你們羞恥。想不到大王倒不想雪恥呢。老實說，今天我們主人和大王商量合縱抗秦，主要是為了楚國，而不單是為我們趙國啊。」

毛遂這番話，真像一把錐子一樣，一句句戳在楚王心上。他不由得臉紅了，接連說：「說的是，說的是。」毛遂步步相逼：「那麼合縱之事就定了嗎？」楚王對毛遂佩服得五體投地，連連表示同意。平原君簽訂合縱盟約後歸來，從此把毛遂當作上賓對待。

毛遂自薦的故事給我們的啟發是：一個人要成功，就要善於把握機會、勇於在領導者面前表現自己。

有位心理學家說過：「能吸引別人注意的人，是因為他隨時都在思索，即使再小的事也倍加小心。這種人不用扮演式、展覽式地誇耀他的上司，而是在尋找自己分內職責以外，能使上司滿意或感興趣或上司想做但又未付諸實施的事情。這種人往往會得到上司的青睞和提拔。」

「老實做人，踏實做事」固然重要，但也要懂得表現，做好本職工作的同時要讓上級注意到自己，別讓事情「白」做了。要懂得先讓上級注意到自己，再進一步讓上級賞識你，乃至提拔你。晉升之路如同爬梯子，你要看到梯子在哪裡，也要學會讓別人給你梯子往上爬。

▎表現你的敬業精神

這是一個真實的故事。故事的主角是日本郵政大臣野田聖子。

　　當野田聖子還是個妙齡少女時，她曾利用假期到東京帝國飯店打工，第一份工作是洗廁所。開始，野田聖子根本無法適應，當她手拿抹布伸向馬桶時，本能的反應就是作嘔。但酒店的上司對她要求極高，必須將馬桶擦得光潔如新。她非常為難，不知是鼓起勇氣繼續做下去，還是知難而退、選擇跳槽？正當野田聖子猶豫不決時，同單位的一位同事──曾經的廁所清潔工來到她面前，她沒有用空洞的理論講述工作和人生之路該怎麼走，而是做了一次示範。

　　只見這位同事一遍遍擦洗馬桶，直到擦洗得光潔照人。擦完後，她用茶杯從馬桶中舀滿一杯水，端起來一飲而盡，動作非常自然，好似喝了一杯可口的飲料。臨走時，同事對野田聖子投以意味深長的微笑與鼓勵的目光。

　　同事沒有一句話語，卻使野田聖子的內心為之震顫。她從未想到在人們眼中最骯髒的馬桶，竟能刷洗得如此乾淨。一個小廁所，竟顯示出人生最高深的哲理。野田聖子激動得熱淚盈眶，她痛下決心：「就算我得洗一輩子廁所，也要在這個職位上做最優秀的人！」

　　從此，野田聖子變成一個敬業熱情、立志創造奇蹟的人。她的工作品質很快達到那位同事的水準。假期結束，當經理驗收考核成果，她在所有人面前，從她清洗過的馬桶裡舀了杯水喝下去。這個舉動同樣震驚在場所有的人，尤其讓那位經理明白，這名工讀生是值得招攬的人才。

　　正是憑著這種簡直匪夷所思的敬業精神，野田聖子畢業後順利進入帝國飯店工作。37歲以前，她是日本帝國飯店最出色的員工和晉升最快的人。37歲以後，她步入政壇，繼而得到小泉首相賞識，成為日本內閣郵政大臣。

　　從野田聖子身上，我們看到了高度的敬業精神。

　　在經濟迅速發展的今天，職業道德已經成了我們工作中不可或缺的重要條件。而敬業就是一個職業人應該具備的職業道德之一。敬業不僅是拿人薪水、替人工作、對上級有個交代，更重要的是要把工作當成自己的事業，要

融合使命感和道德感，因為每個人的工作都不只是為了謀生，我們還要透過工作來實現自己的人生價值。

　　敬業是種職業態度，也是職業道德的崇高表現。一個沒有敬業精神的人，即使有能力也不會得到別人的尊重和接受；相反，能力相對較弱但有敬業精神的人卻能找到發揮能力的舞臺，並步步實現自身的價值。美國職業成功學家詹姆斯‧羅賓斯（James Robbins）是這樣闡述敬業精神的，「敬業，就是尊敬、尊崇自己的職業。如果員工以一種尊敬、虔誠的心靈對待職業，甚至對職業帶有敬畏的態度，他就已經具有敬業精神了。但是，他的敬畏心態如果沒有上升到視自己的職業為天職的高度，那麼他的敬業精神就還不徹底，他還沒掌握精髓。」

　　每個公司中的員工都應該磨練和培養自己的敬業精神，因為無論處在什麼位置，做什麼工作，敬業精神都是走向成功的最寶貴的財富。但在現實中，卻總有許多人不敢正視問題，在工作中偷懶，不負責任，遇到問題就繞開，對待工作總是敷衍了事，這樣的員工腦子裡根本無法理解何為敬業，更不會把工作看作神聖的使命，這就是不忠於自我的表現。這種人總以為可以瞞騙上級或同事，他們卻不知旁觀者清，被蒙蔽的只是自己，領導對他們的所作所為其實非常清楚。

　　「追求熱愛的事業，而非一份可以賺錢的工作。」這句簡單的名言，或許可以讓許多人避免失去對工作的熱情。在職場中，我們透過工作付出勞動，就會領到相應的薪水，這很正常。但是，如果把工作的目的僅限定在就是為了每個月底領到那份薪水，這樣就很難受到上級的喜歡和器重，更不會有多大的成就和發展。

　　所以，在工作中表現高度的敬業精神，你將很快得到上級的青睞。

與老闆同舟共濟

眾所周知，一條船航行在驚濤駭浪的海上，船上的每一個人都不可能單獨逃生。

在美國海軍陸戰隊，被提到最多的一句話就是「不離不棄」。每一個海軍陸戰隊隊員都知道，不管是與長官或戰友，都要不離不棄，否則，犧牲的可能就會大大提高。

同樣，企業如同一條大船，它需要所有船員 —— 也就是員工，全力以赴把船划向成功的彼岸，同時，這條船也承載著它的船員，避免他們掉入大海。大船一旦沉了，會有很多人失去工作，有很多家庭的收入受到影響，這固然沒有送命那麼嚴重，但也是無人願意接受的現實。

在企業這條船上，老闆就是船長。這個位置給予他的不僅是權力和地位，還有責任，他要思考船的航向，要避免船觸暗礁或冰山，要保障一船人的安全 —— 雖然，從表面看來是保障他的船的安全。從這個意義上說，一旦進入一家企業，就等於上了一條遠航的船，老闆就成了你工作中極其重要的一個人，你的前途、家庭，都將受惠於這個人。

查爾斯·施瓦布出生在美國鄉村，一個偶然的機會下，他來到鋼鐵大王卡內基所屬的一個建築工地打工。施瓦布下定決心一定要成為最出色的員工。他一邊積極努力工作，一邊學習各種技術知識和管理知識。結果，他從一個普通工人一步步升任為技師、部門主管，最後升至建築公司經理、伯利恆鋼鐵廠廠長、鋼鐵公司董事長。是什麼讓他的地位不斷提升呢？是對公司的忠誠，是對老闆的忠心耿耿。這裡有一個例子就可充分證明。

有一年，當時控制著美國鐵路命脈的大財閥摩根（J. P. Morgan）提出與卡內基聯合經營鋼鐵廠的要求，並放出風聲說，如果卡內基拒絕，他就去找當時美國第二大的伯利恆鋼鐵公司合作，這樣一來，卡內基必定會處於弱勢。

卡內基有些動搖，於是就讓施瓦布負責和摩根談這件事。施瓦布經過認真仔細的分析和研究後，告訴卡內基，其實摩根沒有想像的那麼厲害，伯利恆與摩根的聯手也不可能一蹴而就。經過分析，卡內基也承認自己高估了對手，並對施瓦布刮目相看，給予重用。

由此可見，全心全意為老闆出謀劃策、替公司著想的員工對一個企業來說有多重要。每個員工都該明白，自己的薪資完全來自公司的收益，公司的利益就是自己利益的來源。「大河有水小河寬，大河無水小河乾」就是這個道理。

此外，一個公司員工的成功除了個人的努力外，也不可忽視公司作為工作和學習平臺的作用。如果失去這個平臺，也不會有理想的結果。維護公司利益就是維護和建設這個平臺，只有這個平臺越來越大、越來越好，才能為員工創造更多機會，提供更大的發展空間。

身為公司的一員，努力維護和建設這個平臺應是每個員工義不容辭的責任和義務。自覺主動地維護公司利益是一個員工起碼的職業道德，無論何時，都應把公司的利益放在第一位。

吳成林任職於一家很小的電腦配件製造公司，老闆只比吳成林大 3 歲。這年 10 月，公司接到一筆加工 50 萬顆硬碟的超級訂單。然而，「天有不測風雲」，在公司全部資金都投入的情況下，由於技術和控制上的原因，所生產的硬碟出現嚴重缺陷。結果 50 萬顆硬碟被全部退貨，公司遭受致命打擊，還欠了銀行一屁股債。

老闆召開員工大會，用多方求助籌來的錢發了薪水，向員工陳述了公司面臨的困難，並希望員工和他共同面對這暫時的困難。結果，很多員工提了辭呈，不等老闆批准就收拾東西走人了。還有些人吵著要失業賠償。最後，老闆心一橫，就在他們草擬的「賠償協議」上簽了字。當老闆走出辦公室時，意外發現居然還有個人在安靜地工作，這個人就是吳成林，這個平常不

怎麼接近老闆也從來沒說過自己忠誠的人讓老闆非常感動。他問吳成林為什麼不走、為什麼不像別人一樣要賠償金呢，吳成林笑了笑說：「憑什麼要賠償金呢？我根本就沒打算離開，我認為公司還大有希望，你是公司的老闆，你在公司就在，公司在我就在。」吳成林留了下來，並把自己存的 5 萬元全部借給老闆。一年後，公司資產由原來的負數變成五千多萬。沒過多久，老闆將公司的一半股權給了吳成林，並誠摯聘請他出任公司總裁。

老闆說：「我要感謝我的員工，在我要放棄的時候，是他身上表現出與企業共患難的精神感染了我，幫助企業戰勝了困難，他讓我知道了什麼樣的員工才是企業真正需要的，什麼樣的員工才是企業的脊梁。」

這就是員工與老闆同舟共濟並獲得成功的例子。忠誠的員工不會在企業陷於困難時獨自抽身，而與老闆同舟共濟是對忠誠的最高要求。與老闆同舟共濟的人就能得到老闆最大的獎賞。

現如今，社會競爭異常激烈。最豐富的是人才，而最匱乏的是人心，尤其是忠誠。儘管現在忠誠已不是一種類似於主僕般絕對的依附關係，而是一種基於「契約精神」的權利和義務對等的忠誠。但「義」字當頭、和老闆同生死共存亡的員工往往會收穫意外的驚喜。

▍從細節感動老闆

細節決定一個人的成敗，這點無庸置疑。對於職場中人來說，一定要留心「小惡」與「小善」這些細節，也許一個小小的愛心就會改變你的命運，讓你一舉成名；也許一點小小的私心和貪欲就會毀掉你的大好前程，在善與惡之間，在成與敗之間，就在於如何正確選擇和把握。

托爾斯泰曾說過：「一個人的價值不是以數量而是以他的深度來衡量。」成功者的共同特點，就是能做小事，能夠抓住生活中的一些細節。

在產品和服務越來越同質化的今天，細節的完美是企業競爭的制勝之道。有家公司的牆上貼著這樣一句格言：「苛求細節的完美。」如果每個人都能恪守這條格言，我們的人格素養無疑會有大大提高，也會避免很多失誤與嘆息。

希爾頓飯店的創始人、世界旅館業之王希爾頓（C. N. Hilton）就是個注重「細節」的人。

希爾頓要求他的員工：「大家要牢記，萬萬不可把我們心裡的愁雲擺在臉上！無論飯店遭遇何等困難，希爾頓的服務生臉上的微笑永遠是顧客的陽光。」正是這小小的永遠的微笑，讓希爾頓飯店的身影遍布世界各地。

一家企業的副總裁凱普曾入住希爾頓飯店。那天早上剛打開門，走廊盡頭站著的服務生就走來向凱普先生問好。讓他奇怪的並不是服務生的禮貌舉動，而是服務生竟能叫出自己的名字，因為在他多年出差生涯中，在其他飯店住宿時，從來沒有服務生能叫出客人的名字。

原來，希爾頓要求樓層服務生要時刻記住自己服務的每個房間客人的名字，以便提供更細緻周到的服務。當凱普坐電梯到一樓時，一樓的服務生同樣也能叫出他的名字，這讓他很納悶。服務員於是解釋：「因為樓上打電話過來，說您下來了。」

吃早餐時，飯店服務員送來一道點心。凱普就問，這道菜中間紅的是什麼？服務員看了一眼，然後後退一步回答。凱普又問旁邊那黑黑的是什麼。服務員上前看了一眼，隨即又後退一步回答。她為什麼後退一步？原來，她是為了避免自己的唾沫落到客人的早點上。

也許你會覺得這些都是不起眼的小事，但將事做到完美，不僅是現代社

會商業競爭的關鍵因素，也是對每位員工責任心的一種考驗。

日本東京有家外貿公司，與英國的一家公司有貿易往來。

英國公司的經理經常需要購買從東京到神戶的火車票。很快，這位經理發現：每次去神戶時，坐位總在右側窗口，返回時又總在左側窗口。這位經理詢問日本公司的購票小姐其中的緣故，購票小姐笑著答道：「車去神戶時，富士山在您右邊；返回東京時，富士山在您的左邊。外國人大都喜歡富士山的美麗景色，所以我特意為您安排不同的座位。」這位英國經理十分感動，他立刻把這家日本公司的貿易額從 50 萬英鎊提高到 200 萬英鎊。

在他看來：身為這家公司的一個普通職員，對於這樣微不足道的小事都能想得這麼周到，那麼跟這樣的公司做生意還有什麼不放心的呢？

「天下難事，必做於易；天下大事，必做於細。」這句古語精闢地指出一個人想成就事業、完善人生，就必須從簡單的事做起，從細微之處入手。

某個午後，瞬間大雨傾盆，行人紛紛進入附近的店鋪躲雨。一位老婦人也蹣跚地走進費城百貨公司避雨。這時，一個年輕人誠懇地走過來對她說：「夫人，我能為您做點什麼嗎？」老婦人微微一笑：「不用了，我在這兒躲會兒雨，馬上就走。」老婦人隨即又心神不定：不買人家的東西，卻借用人家的廳堂躲雨，似乎不近情理，於是，她開始在百貨公司裡逛起來，哪怕買個小髮飾呢，也算給自己的躲雨找個心安理得的理由。

正當她猶豫徘徊時，那個年輕人又走過來說：「夫人，您不必為難，我搬了把椅子給您，放在門口，您坐著休息就是了。」兩個小時後，雨過天晴，老婦人向那個年輕人道謝，並向他要了張名片，就顫巍巍地走了出去。

幾個月後，費城百貨公司的總經理詹姆斯收到一封信，信中要求將這位年輕人派往蘇格蘭收取一份裝潢整個城堡的訂單，並讓他承包寫信人家族所屬的幾個大公司下一季辦公用品的採購訂單。

詹姆斯驚喜不已，匆匆一算，這封信帶來的利益，相當於他們公司兩年

的利潤總和！

　　他迅速與寫信人聯繫後，方才知道，這封信出自一位老婦人之手，而這正是美國億萬富翁「鋼鐵大王」卡內基的母親，也就是那位避雨的老婦人。

　　詹姆斯馬上把這位名叫菲利的年輕人推薦到公司董事會上。毫無疑問，當菲利拿起行李飛往蘇格蘭時，他已經成為這家百貨公司的合夥人了。那年，菲利22歲。

　　隨後幾年中，菲利以一貫的忠實和誠懇，成為「鋼鐵大王」卡內基的左膀右臂，事業扶搖直上、飛黃騰達，成為美國鋼鐵行業僅次於卡內基的富可敵國的重量級人物。

　　菲利用一把椅子就輕易與「鋼鐵大王」卡內基攀上關係，從此走上讓人夢寐以求的成功之路。

　　「不積跬步，無以至千里；不積細流，無以成江河。」一個人只有從大處著眼，小處著手，不論工作大小均全力以赴，才能確保工作順利進行，並用高效率結束。身為一名員工，你必須真正了解「平凡」中蘊藏的深刻內涵，關注那些以往認為無關緊要的平凡小事，並盡心盡力認真做好它。

　　真誠地希望在職場打拚的人牢記這幾句話：事情不分大小，都要有嚴謹的態度，都應使出全部精力，做到最好，否則不如不做。一個人如能養成這樣的好習慣，他的職業生涯必將走得更順暢。

▎千萬不可功高震主

　　職場上，無論我們有多大的本領，也要做到功高不蓋主。這是與領導者交往的重要原則之一。

　　李泌在唐代中後期政壇上，是位重要人物，他歷仕玄宗、肅宗、代宗、德宗四代皇帝，在朝野內外很有影響。

　　唐德宗時，他擔任宰相，西北的回紇族出於對他的信任，要求與唐朝議和，相互通婚，這可給李泌出了個難題。從安定國家的大局考慮，李泌是主張與回紇建立友好關係，但唐德宗因早年在回紇人那裡受過羞辱，對回紇懷有深仇大恨，堅持拒絕。於是事情僵在那裡。正巧這時，駐守西北邊防的將領向朝廷發來告急文書，要求給邊防軍補充軍馬，此時的唐朝已經空虛得沒有這樣的實力了，唐德宗一籌莫展。

　　李泌覺得這是個可以利用的時機，便對唐德宗說：「陛下如果採用我的主張，幾年後，馬價會比現在低十倍！」

　　唐德宗忙問什麼主張，李泌不直接回答，先賣個關子說：「只有陛下以至公無私之心，為了江山社稷，屈己從人，我才敢說。」

　　唐德宗說：「你怎麼對我還不放心！有什麼主張就快說吧！」

　　李泌這才說：「臣請陛下與回紇議和。」

　　這果然遭到唐德宗的拒絕：「別的主張我都能接受，只有回紇這事，你再也別提，只要我活著，就絕不會與他們議和。我死了之後，子孫後代怎麼處理，那就是他們的事了！」

　　李泌知道，記仇的唐德宗不會輕易被說服，如果操之過急，言之過激，不僅辦不成事，還會招致皇帝的反感，給自己帶來禍殃。於是，他便採取逐漸滲透的辦法，在前後一年多的時間裡，經過多達 15 次陳述利害關係的談話，才算將唐德宗皇帝說服。

　　李泌又出面向回紇首領談判，使他們答應了唐朝的五條要求，並向唐朝皇帝稱兒稱臣。這樣一來，唐德宗既擺脫困境，又挽回了面子，十分高興。唐朝與回紇的關係終於得到和解，這完全是由李泌歷經艱苦一手促成的。唐德宗不解地問李泌：「回紇人為什麼這麼聽你的話？」

　　如果是個淺薄之人，必然大誇自己如何聲威卓著，令異族畏服，顯示出自己比皇帝高明，這樣一來必然會遭皇帝的猜疑和不滿。李泌卻是個極富政

治經驗的人，他對自己一字不提，只是恭敬地說：「這全都仰仗陛下的威靈，我哪有這麼大的力量！」

聽了這樣的話，唐德宗很是高興。從此對李泌更加寵信。

身為職場中人，要時刻注意檢點自己的言行，對於得到的成績不要張揚，這樣的處世原則才能讓你遠離很多是非。

不少人在講自己的成績前，往往會先說一段話，如我能得到這樣的成績是某某上級和同事幫助的結果。這種套話雖然非常乏味，卻能讓你顯得謙虛謹慎，從而減少他人的忌恨。

即便你是公司元老、創業功臣，也切記不要居功自傲。要知道，在封建社會裡，「功高震主」是為臣者的大忌，如今雖說時代變了，但在一個相對自成體系的企業裡，企業最高決策者的權威同樣不容置疑。我們見過為數不少的知名經理人，因為居功自傲、功高震主而黯然出局。這些教訓告訴我們，做個成功的職業人士，特別是到了老闆副手、準接班人等位置的時候，光有運籌帷幄的能力和令人信服的業績還不足以擔此大任，還要懂得「大音稀聲」和「無成有終」的道理。

一個人要想功高不蓋主，就應切實做到以下幾點：

主動把功勞讓給上級。對員工來說，有些工作完成之後，要盡可能把功勞歸在上級名下，讓上級臉上有光，以後他便少不了再給你更多建功立業的機會。如果你缺乏遠大抱負，斤斤計較一己之得、一棋之勝，只想讓自己風光，可能就會得罪上級，得不償失。注意：讓功一事不可在外面或同事中張揚，否則不如不讓的好。雖然這麼做有可能埋沒了你的才華，但你的上級總會找機會還你這筆人情債的。

主動把過失攬到自己頭上。聞過則喜的上級固然好，但這種人品高尚的人並不多見，大多數上級是聞功則喜、聞獎則喜的。在論功行賞時，上級總是喜歡衝在前面，而犯了錯或有了過失以後，許多領導都有退後心理。此

時，上級急需員工出來保駕護航，勇於代他受過。注意：除了嚴重性、原則性的錯誤不代上級受過之外，適度為上級受過無可厚非。這樣做其實也是一筆報酬率很大的投資，因為你替上級代過，贏得他的感激和信任，以後上級一定會報答你，用加倍的實惠來補償你的損失。

主動為上級捧場。得罪上級和得罪同事、朋友不一樣，是不能不小心避免的。有些年輕人不肯捧人，第一是認為捧人就是獻媚，有損自己的人格；第二是自視清高，覺得一般人都比不上他；第三是怕別人勝過自己，弄得相形見絀。希望職場人能徹底摒棄這些心理，適時為上級叫好，長此以往必能體驗到其中的好處。

總之，不與上級爭功，在關鍵時刻把功勞讓給上級，不在他人面前張揚你對上級所做的犧牲，不與上級計較個人利益的得失，這些都是下屬應特別注意之處。

▌與上司保持適當距離

有家人才招聘網站的調查資料統計顯示：47.7% 的受訪者與上司關係普通；與上司界線分明，敬而遠之的為 36.7%；和上司親密無間的人只占4.8%，還有 10.8% 的人對上司採取的是「兩面政策」，表面上親近，但背地裡時常抱怨上司的種種不是。

一位職業顧問認為：前兩種是絕大多數人所面對的情況，他們深知員工和上司的地位不同而刻意保持一定距離。與上司親密無間，固然不一定是壞事，但過分了就會惹來是非，甚至侵犯上司的威嚴。至於「兩面派」的行為，可能是情勢無奈所致，並非長久之計。

其實，幾乎每個身在職場中的人都期望自己能給上司留下深刻良好的印象，一些人認為只要和上司像朋友一樣相處，升遷加薪自然會順理成章，然

而這是一個迷思。雖然讓上司全面了解自己，是員工升遷計畫成功的關鍵。但在任何時候，上司就是上司，即使上司和下屬的關係很不尋常，也不表示上司和下屬之間就沒有距離。

　　甘程和她的女上司陳燁非常合得來，不只在工作上很有默契，就連個人喜好也驚人地相似。她們都喜歡同一品牌的化妝品，喜歡相同的套裝，喜歡喝咖啡，喜歡聽老歌……所以，兩人在一起的時間相對也就多一些。有一次，兩人不約而同穿了一件相同款式而且風情萬種的襯衫，她們在更衣室相遇，開玩笑地互罵彼此是妖精，於是甘程私下就稱陳燁「老妖精」，陳燁也樂得回一句「小妖精」。辦公室本是多事之地，她們的親密自然招來別人的非議。陳燁從此開始留心，她想慢慢疏遠甘程，可是甘程卻沒意識到這點。一天，陳燁在自己的辦公室接待一位客戶，甘程敲門後進來，以為沒有別人就對陳燁問：「嗨，老妖精，今晚去看電影怎麼樣？我拿到兩張電影票。」陳燁的臉色立刻很不自然，只說了一句：「妳莽莽撞撞得像什麼樣子？這是在辦公室。」甘程這才發現那張寬大的黑色辦公沙發上，坐著一位穿黑風衣的清瘦老企業家。不久，甘程被調到行銷部做統計，離開了這份自己十分喜歡的人事工作。

　　由此可見，與上司的親密關係不一定會成為避風港，相反地，有時反而會給我們帶來負面影響，想必這是甘程在當初走近陳燁時沒有預料到的。

　　下屬與上司在公司中的身分和位置是不同的，這點身為下屬一定要牢記於心。不要讓關係過度緊密，以至捲入上司的私人生活中。過分親密的關係，有時是十分冒險的。

　　劉羨文是業務部主管韋升達夫人王愛玲的好朋友，他們兩家人常在休息日聚會。劉羨文在部門裡做統計，她的電腦水準極佳，公司的電腦故障大都找她修理。韋升達對此亦深表欣賞，劉羨文就把常見故障的處理方法告訴韋

升達，最後總是說：「其實一點也不難。」

公司因發展需要，準備成立開發部，韋升達卻沒有推薦劉羨文，他對夫人說：「其實劉羨文懂的做的也沒什麼了不起，而且她太情緒化，就拿我們這幾次聚會吃飯來說吧，一會說吃上海菜，一會兒又想嚐嚐海鮮，我們依了她去漁港，但她又嫌離家太遠，她老公說了她幾句，她就發起脾氣。你說這種人要是當了主管，手下的人不知要受多少罪呢。而且以後和她是平級關係，少不了要在工作上合作，她要是使起小性子，你說事情要怎麼做？」

對劉羨文的熟悉讓韋升達對劉羨文失去客觀公正的判斷和評價，劉羨文從而失去被舉薦的機會，儘管在他人眼裡，劉羨文靈活的頭腦、敏銳的思維、認真仔細的工作風格，皆不失為開發部的最佳人選。

在辦公室裡，每個人都會試圖掩飾弱點，向別人展示自己最優秀的一面，然而，這種努力常會因為和上司過從甚密而功虧一簣。

朋友之間相知相識是件好事，可是，如果對方是你的上司，那到底是福是禍？這就不一定了。而當中最諱忌的莫過於你知道上司的隱私。對上司的生活和私事瞭若指掌，會在無形中對他造成威脅，萬一事情出了差錯，你當然難脫干係。所以，要盡量避免走近上司的生活圈，這也是一條自我保護法則。

還有，如果你與上司關係密切，還有可能會造成與同事間的疏遠。你和上司關係密切，在被委以重任之後，一些原先的朋友會疏遠你。更嚴重的是，出於嫉妒或別的原因，他們還有可能會散布對你不利的流言。比如說你仗著上司這個後臺，或說你一定給了上司什麼好處之類。

于欣欣在一家港資公司上班，雖然才做了 3 年的人力資源部經理，但還是被別人稱為「老員工」，因為集團總部對總經理的頻繁任免，這裡的人事變動頻率也很高，而于欣欣始終「堅守」在自己的職位上，沒有任何變動。

于欣欣說自己之所以沒有隨著舊上司離職而被遣散，不過是她能掌握與

上司交往的分寸。許多人都想和總經理打成一片，拉近關係，只有于欣欣與他們保持不遠不近的淡漠關係，來往只是因為工作需要，絕沒有任何私心或不可告人的目的。

俗話說，「一朝天子一朝臣」，上司或總經理的變動，會不可避免波及下屬的職位，新任管理層一般會在人事上來個「大換血」，尤其在你的舊上司非正常離職的前提下。如果你在別人的印象裡是他的班底，那麼，這時你也許就該做好走人的準備了。但于欣欣在這方面掌握得很好，以至於始終能巍然不動。

不管怎麼說，與上司保持適當的距離，對你總是利大於弊。

▌學會「察顏觀色」

善於察顏觀色者，獲得發展的機會往往比木訥者多得多。

西元前 195 年，燕王盧綰謀反。此時劉邦已經 62 歲，加上前一年秋天征討黥布時不幸中箭受傷，傷口一直未癒，無法親征，便命樊噲前去平叛。誰知出師不久，有人就在劉邦面前說樊噲圖謀不軌。劉邦聞言怒道：「樊噲見我病重，必是盼我速死。」決意臨陣換將。劉邦將陳平招來計議之後，決定以陳平的名義前往樊噲軍中傳詔，車中暗載大將周勃，待到軍中，宣旨立斬樊噲，由周勃取而代之，繼續伐燕。

陳平、周勃奉命出發。在路上，陳平私下對周勃說：「樊噲乃主公故交，且是至戚。平楚之功最大的也是他。不知主公聽了何人讒言，忽有此舉。一旦主上氣消，或許後悔。兼有呂后和呂嬃從旁搬弄，難免歸罪你我二人。以我之見，你我不如拿住樊噲，綁赴朝廷，或殺或免，聽憑皇上自己處置。」周勃道：「我乃一介武夫，君是智謀之士，連張良也服你。你說怎麼辦就怎麼辦吧。」

　　陳、周二人來到樊噲軍中，命人築起一臺，宣樊噲接旨。樊噲並無多慮，獨自趕來接詔。不料，臺後突然轉出大將周勃，喝令將樊噲拿下，押入囚車。樊噲正要喧鬧，陳平忙走到樊噲身邊耳語幾句，樊噲方始無言，聽任陳平押返京師。行至途中，漢帝劉邦便已病故。陳平暗自慶幸先前未斬樊噲，否則怎麼向呂后交代。原來，當時的西漢中央政權內部權爭異常激烈，以皇后呂雉為代表的外戚呂氏，力圖取代開國老臣，控制軍國大權。漢高祖劉邦年老多病，不久於世。在此情況下，有心人首先要考慮如何在這種複雜的環境中生存下來，然後才能顧及其他方面。陳平之所以不殺呂后的妹夫樊噲，便是基於這樣的考慮。

　　再說陳平押解囚車，一路直奔長安。還在途中，就遇使者傳詔，命他與灌嬰一同屯戍滎陽。陳平想到樊噲的事還來不及辯白，再遠離朝廷，自然凶多吉少。於是，他心生一計，讓囚車照常行進，自己則先策馬星夜飛馳長安。

　　那時漢帝棺木尚未安葬，陳平一至宮中，伏在靈前且哭且拜，幾乎暈死過去。果然不出陳平所料，呂后一見陳平來到，急忙從幃中走出，怒詢樊噲下落。陳平暗自得意，表面上卻邊拭淚邊答道：「臣知樊侯本有大功，不敢加刑，僅將樊侯押解來京，聽候主上親裁。不料臣已來遲一步，主上駕崩，臣不能臨終一見主上，真可悲也。」呂后一聽陳平未斬樊噲，心中一喜，便將怒容收起。又見陳平涕淚交流，忠君之意溢於言表，頓生哀憐之心，便說道：「君沿途辛苦，回家休息吧！」陳平答道：「現值宮中大喪，臣願留充宿衛。」呂后道：「君須擔任大政，守衛之士，令數武士足矣。」陳平聽了，又頓首固請道：「新立儲君，國事未定，臣受先帝厚恩，理應不離儲君左右，事無巨細，臣須親侍儲君飲食起居等事，方始放心。」

　　呂太后聽陳平口口聲聲顧念嗣君，既感他未斬樊噲之恩，又喜他忠於兒子之意，於是不絕於口地嘉獎道：「忠誠如君，舉世罕有。現在嗣主年少，處處需人指導，先帝臨終，曾言君才可用，敢煩君為郎中令，輔相侍主，使

我釋憂。」陳平一再叩首謝恩，真的沒有回家，而是隨伴惠帝去了。

　　陳平在極其複雜激烈的宮廷權力鬥爭漩渦中，以謀略家的敏銳洞察力，違旨智救樊噲，並成功防範了政敵的種種構陷。

　　從陳平察顏觀色的故事中，我們也可悟出很多現代職場的道理。

　　與老闆步調一致是職場中人獲得老闆賞識的不可或缺的法寶。要想掌握老闆的意圖，與老闆步調一致，你就必須學會察顏觀色，要讓自己的行動跟得上老闆的思路。這樣才能和老闆一起乘船出航，共同抵達雙贏的彼岸。

　　身為下屬，腦筋要轉得快，要跟得上老闆的思路，這樣才能成為老闆的得力助手。為此，你不僅要努力學習知識技能，還要向老闆學習，這樣才能感知到老闆的意圖。

　　小劉是某公司職員。她言辭犀利，還有豐富的幽默細胞，是公司的「開心果」。但如此可愛的小劉，卻總是得不到老闆的青睞。這都是因為小劉不懂察顏觀色的後果。

　　小劉平時愛與同事開玩笑，後來看老闆斯文、對下屬也總是笑咪咪的，她膽子大了起來，竟開起老闆的玩笑。比如有一天，老闆穿著一身嶄新的衣服來上班，灰西裝、灰襯衫、灰褲子，灰領帶。小劉誇張地大叫一聲：「老闆，今天穿新衣了！」老闆聽了咧嘴一笑，還沒來得及品味喜悅的感覺，小劉接著又說：「哈哈，怎麼看怎麼像只大老鼠！」「老闆臉上立刻浮上尷尬的笑容。還有一次，客戶來找老闆簽字，連連誇獎老闆：「您的簽名可真氣派！」小劉恰好走進辦公室，聽了又是一陣壞笑：「能不氣派嗎？我們老闆可是暗地練了 3 個月！」老闆臉上又露出不悅的神色。

　　也許，「察顏觀色」這四個字聽起來不大順耳，但在辦公室裡學會察顏觀色絕對令你受益匪淺。千萬不要把坐在那間辦公室裡的老闆想像成不食人間煙火的聖人，推斷他應該如何，指望他隨時都能客觀公正，不知深淺地去

捋虎鬚，你要做的是在完成工作的同時留意他的脾氣性格、喜怒哀樂。

　　與老闆相處時，要懂得察顏觀色，當然這並不是討好的伎倆，而是身為聰明下屬的智慧，不要光顧著自己的感受，還要懂得參悟老闆的心聲。

第十一章
左右影響力的法則

▎從眾心理：讓別人追隨你

　　從眾指個人受到外界人群行為的影響，而在自己的知覺、判斷、認知上表現出符合大眾輿論或多數人的行為方式。一般情況下，多數人的意見往往是對的。從眾服從多數，通常不會錯。但缺乏分析，不做獨立思考，不顧是非曲直的一味服從多數則不可取，那是消極的「盲目從眾心理」。

　　有位學者曾進行從眾心理實驗，結果在測試人群中僅有 1/4 至 1/3 的受試者沒有發生過從眾行為，保持了獨立性。可見它是一種常見的心理現象。從眾性是一種與獨立性相對的意志特質；從眾性強的人缺乏主見，易受暗示，容易不加分析地接受別人的意見並付諸實行。

　　從眾心理在我們生活中比比皆是。大街上有兩個人在吵架，這本不是什麼大事，結果，人越來越多，最後連交通也堵塞了。後面的人停下腳步，也抬頭向人群裡觀望……

　　美國作家詹姆斯・瑟伯（James Thurber）曾用段十分傳神的文字，描述了人們的從眾心理：

　　突然，一個人跑了起來。也許是他猛然想起與情人的約會，現在已經遲到很久了。不管他想些什麼吧，反正他在大街上跑了起來，向東跑去。另一個人也跑了起來，這可能是個興致勃勃的報童。第三個人，一個有急事的胖紳士，也小跑起來……十分鐘內，這條大街上所有的人都跑了起來。嘈雜的聲音逐漸清晰，可以聽清「大堤」這個詞。「決堤了！」這充滿恐懼的聲音，可能是電車上一位老婦人喊的，或許是個交通警察說的，也可能是個男孩子說的。沒人知道是誰說的，也沒人知道真正發生了什麼事。但兩千多人都突然開始奔跑。「向東！」人群喊叫起來。東邊遠離大河，東邊安全。「向東去！向東去！」……

　　從眾心理還表現在工作、課業等方面。有的上級意見本是錯的，有些員

工由於害怕反對會對今後不利，而違心地投了贊成票，結果後面的人都跟著投下贊成票。如果這時你能堅持己見，對今後的工作是有益無害的；有的老師的某個解題方法本來不是最好的，由於很多學生不反對，而導致絕大部分學生效仿老師的解題方法。如果你這時能提出比老師更好的解題方法，那不是能讓很多學生少走冤枉路嗎？

　　看來，從眾心理對人的影響確實很大。造成人產生從眾心理的原因有許多方面。在團體中，個體會因標新立異、與眾不同而感覺孤立，而當他的行為、態度與意見與別人一致時，卻會有「沒有錯」的安全感。從眾源於一種團體對自己的無形壓力，迫使一些成員違心地產生與自己意願相反的行為。

　　一個臺灣女孩出生在英國，長在英國，她所受的教育及生活方式都是英式的。女孩 12 歲時和媽媽回到臺灣生活。下了飛機後，女孩和母親要穿越馬路。但在十字路口時，紅燈亮了，路上沒有車輛，她習慣性地站在原地等候，這時她看到周圍的人全都沒注意紅燈是否亮起，便穿越馬路。她張望一下，沒等媽媽攔住她，便也跟著大家穿越馬路。當媽媽問她為什麼，她低下頭說：「我以為這麼多人都這樣做，他們的做法一定是對的。」

　　後來她在臺灣長大，這件事早已被她遺忘。一個偶然的機會下她又去了英國，也是在一個十字路口，紅燈亮了起來，路上沒有車輛，她按臺灣人的習慣穿越馬路。走到路中間時，突然發現前後沒人，回頭望去，發現英國人全都秩序井然地站在原地等候，他們都詫異地看著她，她的臉刷地紅了起來，趕緊退回到人群中。

　　在此，不去評論女孩前後的舉動是否正確，也不去評論哪個國家的秩序好壞，僅從女孩的心理活動，以及做出不同舉動的行為來看，女孩的確受到從眾心理的影響。因為人們意識中會習慣性地認為，大家都堅持的想法以及都做的舉動是正確的，否則這麼多人中一定會有人發現這是錯的，進而拒絕做這件事。既然沒人提出這樣的質疑，那麼大家便可以繼續同樣的行為。

俗話說：「一人膽小如鼠，二人氣壯如牛，三人膽大包天。」這句看似庸俗簡單的話，精闢地說明了人們的從眾心理。生活中的任何事情都是這樣，首先不論好壞，只要有人敢做，其他人便會蜂擁而上。因為很多時候，當大家都參與其中時，便會被少數人理解為是合情合理的行為，進而引發更多人的參與。正因人們習慣從眾，所以便常被人以此影響他人，當作為自己服務的工具。

某些商業廣告就是利用從眾心理，把自己的商品炒熱，從而達到目的。生活中也確實有些震撼人心的大事會引起轟動，讓群眾競相傳播、議論、參與。但也有許多情況是因人為的宣傳、渲染而引起大眾關注。常常輿論一「炒」，人們就跟著湊熱鬧。廣告宣傳、新聞媒體報導本屬平常之事，但有從眾心理的人就會跟著湊熱鬧。

「木秀於林，風必摧之；獨雁南飛，險必隨之。」與眾不同是要承受很大心理壓力的，人們正是畏懼這樣的心理壓力，所以，多數情況才會選擇從眾思想以及行為。從影響人的角度而言，便可以利用他人「隨波逐流」的心理為自己營造聲勢，讓其在你的聲勢中心甘情願地為你服務。

投射效應：別相信自己的感覺

朋友過生日時，你挑了件自認最適合朋友的禮物，但生日過後卻從未見朋友用過那件禮物；當上級讓你按照計畫表做一件事的時候，也許為了突顯自己的能力，你用其他辦法做了這件事，卻遭到老闆責備；為了讓父母高興，你為他們買了名貴的衣服、高級補品，但父母仍然悶悶不樂；為了託朋友辦事，你曾試著送菸、送酒，甚至送錢，但朋友仍向你搖頭；為了提高孩子的成績，你為他買各種學習相關的電子產品和參考書，但孩子的成績依然沒有進步⋯⋯生活中的這些事，相信很多人都經歷過，但不知曾歷過這種事和正在經歷這種事

的你，是否想過其中的原因？這便是心理學中投射效應的影響力。

那麼，什麼是投射效應？

所謂投射效應，是指以己度人，認為自己具有某種特性，他人也一定與自己有相同的特性，把自己的感情、意志、特性投射到他人身上並強加於人的一種認知障礙。即在人際認知過程中，人們常常假設他人與自己具有相同的特性、愛好或傾向等，常認為別人理所當然知道自己心中的想法。比如，一個心地善良的人會以為別人都很善良，一個經常算計別人的人就會覺得別人也在算計他，等等。「以小人之心，度君子之腹」就是一種典型的投射效應，當別人的行為與我們不同時，我們習慣用自己的標準去衡量別人的行為，認為別人的行為違反常規；喜歡嫉妒的人常將別人行為的動機歸納為嫉妒，如果別人對他稍不恭敬，他便覺得別人在嫉妒自己。

俗話說：「物以類聚，人以群分。」在生活中，這不只是一句俗語，更是人們心理活動的一種折射。在眾人眼中，同一群體的人總會有某些共同特徵。所以，在影響人的過程中，對於那些身分、地位、年齡、性格與自己相同或相似的人，便會習慣性地用自己的偏好去認知、評價、判斷、衡量，認為他們也應該與自己有同樣的想法、觀念、處世原則等。但事實上，在這種心理的驅策下，人們的行為往往有失偏頗，也無法影響他人為自己做事。

宋朝的著名才子蘇東坡結識了佛印和尚，後來兩人成了好友。有一天，蘇東坡去拜訪佛印和尚，和他相對而坐，蘇東坡就開玩笑說：「我看你是堆狗屎。」可是佛印卻微笑說道：「我看你是一尊金佛。」蘇東坡認為自己占了便宜，非常得意。回到家後，他就得意地將這件事告訴自己的妹妹，沒想到蘇小妹卻說：「哥哥，你錯了。佛曰『佛心自現』，你看他人是什麼，就表示你看自己是什麼。」

曾經有位心理學大師這樣說：人們經常誤以為自己的生活周圍是透明的玻璃，我們能夠看清楚外面的世界。其實，所有人的四周都是一面巨大的鏡

子，鏡子反射著自己生命的內在歷程、價值觀和自我的需要，也就是我們看見的並非外面的世界，而只是自己。

堯到華山視察，華封人祝他「長壽、富貴、多子多孫」，堯都辭謝了。華封人說：「長壽、富貴、多子多孫，是所有人都希望的事，你為什麼不喜歡呢？」堯說：「孩子太多了，就會多操心；太富裕了，就會有很多煩心事；壽命太長了，也是一種痛苦，除了病痛，還要為失去工作和生活的能力而焦慮、悲哀。因為以上三點，所以我不喜歡。」

確實，人的心理特徵不一樣，就算是「福、壽」等基本目標也不能夠隨意「投射」給別人。

具體地說，投射效應有以下三種表現：

第一是相同投射。在與陌生人來往時，因為對彼此不了解，相同投射效應特別容易發生，通常在不知不覺中就已然從自我出發做出判斷。自己覺得熱，就以為別人也悶熱難耐，以致客人來了就大開冷氣；自己愛喝酒，招待客人就推杯換盞猛勸酒；有的老師講課時，對於某些概念不加說明，以為這是十分簡單的基本常識，學生應該非常熟悉，但是，在老師看來很簡單的東西，在學生看來不一定簡單。這種投射作用發生的主要機制在於忽略自己與對方的差別，在意識中沒有把自我和對方作出區別，而是混為一談，認為他人也和自己一樣，從而合二為一，對對方進行自我同化。

第二是願望投射。也就是把自己的主觀願望加於對方的投射現象。認知主體以為對象正如自己希望的那樣。比如一個自我感覺良好的學生，希望並相信導師會給他的論文好評，結果他就會把普通的評語都理解為讚賞。

第三是情感投射。一般來說，人們對自己喜歡的人會越看覺得優點越多；對自己不喜歡的人，則越看越討厭，越來越覺得他有很多缺點，令人難以忍受。因而人們總是過度讚揚和吹捧自己喜愛的人，而嚴厲指責甚至肆意誹謗自己厭惡的人。這種現象在感情生活中表現得十分明顯。

為了影響對方，人們會想盡方法向對方施加拉近距離的方法，但其方法會受到自我思維定式的影響。克服這種心理傾向的關鍵是認清別人與自己的差異，不能總是以己之心度人之腹。另外，還需要客觀地認識自己，既要接受自己，又應不斷完善自己。同時，我們必須時刻保持理性，克服潛意識和慣性思考的不良影響，讓事物的發展規律還原它本來的面目，學會辨證地分析和解決問題，學會客觀和冷靜地看待我們周圍的這個世界。

▎破窗效應：誘導的連鎖反應

　　破窗效應是在這樣的背景下提出來的：

　　1969年，美國史丹佛大學心理學家菲利普·津巴多（Philip Zimbardo）進行了一項實驗：他找來兩輛一模一樣的汽車，把其中一輛停在加州帕羅奧圖的中產階級社區，而另一輛停在相對雜亂的紐約布朗克斯區。停在布朗克斯的那輛，他把車牌摘掉，把頂棚打開，結果當天就被偷走。而放在帕羅奧圖那輛，放了一星期也無人理睬。後來，津巴多用錘子把那輛車的玻璃敲了個大洞。結果才過幾個小時它就不見了。以這項實驗為基礎，政治學家威爾遜（James Wilson）和犯罪學家凱林（George Kelling）提出了一個「破窗效應」理論，他們認為：如果有人打破一幢建築物的窗戶玻璃，而這扇窗戶又得不到及時維修，別人就可能受到某些暗示性的縱容去打破更多窗戶。久而久之，這些破窗就給人造成一種無序的感覺。結果在這種社會大眾麻木不仁的氛圍中，犯罪就會滋生、繁榮。

　　我們日常生活中也經常有這種經驗：桌上的財物，敞開的大門，可能使本無貪念的人心生貪念；對於違反公司或廉政規定的行為，有關當局沒有認真處理，沒有引起員工重視，從而使類似行為再次甚至多次重複發生；對於工作不講求成本效益的行為，有關主管不以為然，使下屬員工的浪費行為

得不到糾正，反而日趨嚴重等等。一間房子如果窗戶破了沒人修補，不久之後，其他窗戶也會莫名其妙地被人打破；一面牆上如果出現一些塗鴉沒有清洗，很快牆上就會布滿亂七八糟、不堪人目的東西。而在一個很乾淨的地方，人們會不好意思丟垃圾，但是一旦地上有垃圾出現，人們就會毫不猶豫地隨地亂扔垃圾，絲毫不覺羞愧。這就是「破窗效應」的表現。

美國有家公司，規模雖然不大，但以極少炒員工魷魚著稱。

有一天，資深車工克羅在切割臺上工作了一會兒，就把切割刀前的防護擋板卸下放在一旁。沒有防護擋板，雖然造成安全隱患，但收拾加工零件會更方便快捷，這樣克羅就可以趕在中午休息前完成三分之二的零件。不巧的是，克羅的舉動被無意間走進廠房巡視的主管逮個正著。主管雷霆大怒，命他立刻裝上防護板後，又站在那裡大聲訓斥半天，並聲稱要作廢克羅一整天的工作。第二天一上班，克羅就被通知去見老闆。老闆說：「身為老員工，你應該比任何人都明白安全對於公司的意義。你今天少完成一些零件，少賺了些利潤，公司可以換個人換個時間彌補過來，可是你一旦發生事故、失去健康乃至生命，那是公司永遠都補償不起的……」

離開公司那天，克羅流淚了，工作了幾年時間，克羅有過風光，也有過不盡如人意的地方，但公司從沒有人對他說不行。可是這次不同，克羅知道，這次觸碰的是公司的靈魂的。

這個小小的故事向我們提出這樣一個警告：一些「小過錯」通常能產生無法預料的危害，沒能及時修好自己「打破的窗戶玻璃」，也許也能毀了自己的職業生涯。

在管理實踐中，管理者必須高度警覺那些看起來輕微但觸犯公司核心價值的個別「小錯」，並堅持嚴格依法管理。如果不及時修好第一扇被玻璃被打破的窗戶，就可能會帶來無法彌補的損失。

紐約市交通警察局長布拉頓受到「破窗理論」的啟發。紐約的地鐵被認為是「可以為所欲為、無法無天的場所」，針對紐約地鐵犯罪率的飆升，布拉頓採取的措施是號召所有交警認真推進有關「生活品質」的法律，他以「破窗理論」為師，雖然地鐵站的重大刑案不斷增加，他卻全力打擊逃票。結果發現，每七名逃票者中，就有一名是通緝犯；每二十名逃票者中，就有一名攜帶凶器。結果，從抓逃票開始，地鐵站的犯罪率竟然下降了，治安大幅好轉。他的做法證明，小奸小惡正是暴力犯罪的溫床。因為針對這些看似微小、卻有象徵意義的違章行為大力整頓，卻大大減少了刑事犯罪。

　　在日本，有一種稱為「紅牌作戰」的品質管制活動。日本的企業將有油汙、不清潔的設備貼上具有警示意義的「紅牌」，將藏汙納垢的辦公室和廠房死角也貼上「紅牌」，以促其迅速改觀，從而使工作場所清潔整齊，營造出舒爽有序的工作氛圍。在這樣一種積極暗示下，久而久之，人人都遵守規則，認真工作。實踐證明，這種工作現場的整潔在保障企業的產品品質上發揮了非常重要的作用。

　　從破窗效應中，我們可以得到這樣一個道理：任何一種不良現象的存在，都在傳遞一種訊息，這種訊息會導致不良現象的無限擴展，所以必須高度警覺那些看起來偶然、個別、輕微的「過錯」，如果對這種行為不聞不問、視若無睹、反應遲鈍或糾正不力，就會縱容更多人「去打破更多窗戶玻璃」，就極有可能演變成「千里之堤，潰於蟻穴」的惡果。

　　所以，無論何時何地，我們都要約束自己的言行，不要做「破窗」之人。

▌木桶效應：團隊影響力的弱點

　　木桶效應是指要把一個木桶裝滿水，木桶的每塊木板就必須同樣平齊且沒有破損，如果這個水桶的木板中有一塊不齊或某塊木板有破洞，這個桶就

無法裝滿水。也就是說，一個木桶能裝多少水，並不取決於最長的那塊木板，而是取決於最短的那塊木板。這也可稱為短板效應，一個木桶無論多高，它裝水的高度取決於其中最低的木板。

同樣地，任何一個組織，都可能面臨共同的問題，即構成組織的各個部分往往優劣不齊，而劣勢部分往往決定了整個組織的水準。

一個企業想成為結實耐用的木桶，首先就要想辦法提高所有板子的長度。只有讓所有板子都維持「足夠高」的高度，才能充分表現團隊精神，完全發揮團隊作用。在這個充滿競爭的年代，越來越多管理者意識到，只要組織裡有一個員工的能力很弱，就足以影響整個組織達成預期的目標。而要提高每個員工的競爭力，並將他們的力量有效地凝聚起來，最好的辦法就是對員工進行教育和訓練。企業培訓是一項有意義而又實在的工作，許多著名企業都很重視對員工的訓練。

根據權威的市場研究公司預計，在美國，到 2005 年，企業花在員工培訓的費用總額已達 114 億美元，而被譽為美國「最佳管理者」的奇異集團金融業務的執行長麥克·尼爾（Mike Neal）宣稱，奇異集團每年的員工培訓費用就達 5 億美元，並且將成倍增加。惠普公司內部有一項關於管理規範的教育專案，光是這個培訓專案，研究經費每年就高達數百萬美元。他們不僅研究教育內容，而且還研究哪一種教育方式更易於被人接受。

員工培訓事實上就是透過教育訓練來增加這一個個「木桶」的容量，增強企業的總體實力。而要想提升企業的整體績效，除了對所有員工進行教育訓練外，更要注重對「短板」—— 非明星員工的開發。

在實際工作中，管理者往往更注重對「明星員工」的利用，而忽略一般員工的利用和開發。如果企業將過多精力用於關注「明星員工」，而忽略占公司多數的一般員工，將會打擊團隊士氣，從而使「明星員工」的才能與團隊合作兩者間失去平衡。而且實踐證明，超級明星很難服從團隊的決定。「明

星」之所以是「明星」，是因為他們覺得自己和其他人的起點不同，他們需要的是不斷提高標準，挑戰自己。所以，雖然「明星員工」的光芒很容易看見，但占公司人數絕大多數的「非明星員工」也需要鼓勵。三個臭皮匠，頂個諸葛亮。對「非明星員工」激勵得好，效果可以大大勝過對「明星員工」的激勵。

　　所以，在加強木桶裝水能力的過程中，不能把「長板」和「短板」簡單地對立起來。每一個人都有自己的「長板」，與其不分青紅皂白趕他出局，不如發揮他的長處，把他放在適合的位置上。

　　除了用人，木桶效應在企業的銷售能力、市場開發能力、服務能力、生產管理能力等方面同樣有效。進一步說，每個企業都有它薄弱的環節，正是這些環節使企業許多資源閒置甚至浪費，發揮不了應有的作用。如常見的互相推託、決策低效、執行不力等薄弱環節，都嚴重影響並制約了企業的發展。

　　可見，企業要想變好、變強，必須從產品設計、價格策略、通路建設、品牌培植、技術開發、財務監控、隊伍培育、文化理念、策略定位等各方面一一達到標準才行。任何一個環節太薄弱，都有可能導致企業在競爭中處於不利位置，最後導致失敗的惡果。

莫非定律：一切皆有可能發生

　　莫非定律的主要內容是：事情如果有變壞的可能，不管這種可能性有多小，它總會發生。

　　比如，你口袋裡裝著一枚金幣，生怕別人知道也生怕遺失，所以每隔一段時間就會去用手摸口袋查看金幣是不是還在，於是你的規律動作引起小偷的注意，最後金幣被小偷偷走。即使沒被小偷偷走，那個被你摸來摸去的口

袋最後也終於磨破，金幣就掉出去遺失了。

這就說明，越害怕發生的事就越會發生的原因，就因為害怕發生，所以會非常在意，越在意，就越容易犯錯。

莫非定律告訴我們，容易犯錯是人類與生俱來的弱點，不論科技多發達，事故都會發生。而且我們解決問題的手段越高明，可能面臨的麻煩就越嚴重。所以，我們在事前應該盡可能想得周到、全面一些，如果真的發生不幸或損失，就笑著面對吧，關鍵在於總結所犯的錯誤，而不是企圖掩蓋它。

2003 年，美國「哥倫比亞」號太空梭即將返回地面時，在美國德州中部地區上空解體，機上 6 名美國太空人以及首位進入太空的以色列太空人拉蒙全部遇難。「哥倫比亞」號太空梭失事也印證了莫非定律。一次事故之後，人們總要積極尋找事故原因，以防下一次事故發生，這是人的一般理性都能理解的，否則，或者從此放棄航太事業，或者聽任下一次事故再次發生，這都不是一個國家能接受的結果。

人永遠不可能成為「上帝」，當你妄自尊大時，「莫非定律」就會讓你知道厲害；相反地，如果你能承認自己的無知，「莫非定律」也說不定能幫助你。

這其實是機率的作用，人算不如天算，正如老話所說的「上得山多終遇虎」。還有「禍不單行」。別如樂透，連著幾期沒開出大獎，最後必定滾出一個億萬大獎來，災禍發生的機率雖然也很小，但累積到一定程度，也會從最薄弱的環節爆發。所以，關鍵在於平時就要清理死角，消除安全隱患，降低事故機率。

生活中，莫非定律被認為無處不在。

當你在街上準備攔一輛計程車去赴一個時間緊迫的約會時，就會發現街上所有的計程車不是有客就是根本不理你，而當你不需要計程車時，卻發現

周圍有很多空車，隨時等待你的召喚。

當你炒股時，你越怕跌，它就偏偏跌給你看；你越盼漲，它卻偏不漲；你剛忍不住賣了，它卻開始漲了；你看好三支股，買進其中一支，結果除了你手中那支外，其他兩支都大漲特漲。

如果你把一片乾麵包掉在新地毯上，它兩面都可能著地。但你把一片一面塗有果醬的麵包掉在新地毯上時，常是有果醬的那面朝下。

隨著社會的發展，莫非定律的內涵出現眾多變體，其中最為人熟知的就是「如果壞事有可能發生，不管可能有多小，它總會發生，並引起最大的損失」、「會出錯的，終將出錯」。

莫非定律是條悲觀的宿命論法則，凡事總是從最壞的方面考慮，就像一種詛咒，如果被它盯上，你就會永遠處於錯誤中，不斷迷失在失敗裡。

事情總有兩面 —— 積極面與消極面，所以，我們不妨從積極的一面去理解莫非定律，就會得到如下啟示：

首先，凡事必有因果，不要歸咎於運氣不好。當我們遇到失敗和挫折時，我們應該冷靜地分析得失，找到真正的原因和解決問題的方法，而不是怨天尤人。只要找到正確的方向、方法，持之以恆，善於藉助團隊的力量，你就一定能成功。

其次，要重視心理暗示的作用。人們在追求成功時，會設想目標實現時非常美好、令人激動的情景。這個美好的願景就會對人構成一種積極向上的心理暗示，它為我們提供源源不斷的動力源泉。地震災害中的許多倖存者，正是抱著對未來生活的嚮往和渴望，憑藉積極的自我暗示才頑強堅持到最終被成功救援，得以生還。所以我們要善於利用積極的心理暗示，來消除莫非定律的消極作用。

最後，要善於做好危機管理，防患於未然。在人生旅程中會有各種意想不到的事故出現，雖然我們不知道這些意外會是什麼，會在何時來臨，但

是，只要我們能防患於未然，做好事前防範工作，預先制定緊急事件處理機制，危機到來時就不至於措手不及。

「莫非定律」是客觀存在的，弱者把它當做無力回天的藉口，而強者則把它當成提醒自己隨時保持警惕的警鐘。面對大自然的高深莫測，面對人類認知世界的局限，如果我們能想得更周到、更全面些，採取多種預防措施，就能將災難和損失的發生可能降到最低。莫非定律並不可怕，只要我們能以科學理解，積極對待，就一定能夠戰勝莫非定律帶來的負面影響，始終保持良好的心態！

蝴蝶效應：把影響力傳染給別人

蝴蝶效應是由混沌學開創人之一、美國氣象學家愛德華・羅倫茲（EdwardLorenz）於 1963 年提出的。其大意為：一隻南美洲亞馬遜河流域熱帶雨林中的蝴蝶，偶爾搧動幾下翅膀，可能兩週後會在美國德州引起一場龍捲風。原因在於，蝴蝶翅膀的運動，導致身邊的空氣系統發生變化，並引起微弱氣流的產生，而微弱氣流的產生又會引起四周空氣或其他系統產生相應的變化，由此引起連鎖反應，最後導致其他系統的極大變化。

蝴蝶效應說明，事物發展的結果，對初始條件具有極為敏感的依賴性，初始條件的極小偏差，將會引起結果的極大差異，從而造成很大的影響力。

「蝴蝶效應」也可稱「撞球效應」，它是「混沌性系統」對初值極為敏感的形象化術語，也是非線性系統在一定條件（可稱為「臨界性條件」或「閾

值條件」）出現混沌現象的直接原因。

蝴蝶效應之所以令人著迷、令人激動、發人深省，不但在於其大膽的想像力和迷人的美學色彩，更在其深刻的科學內涵和內在的哲學魅力。混沌理論認為在混沌系統中，初始條件十分微小的變化經過不斷放大，對其未來狀態會造成極其巨大的差別。我們可以用西方流傳的一首民謠對此進行說明。

這首民謠是：

丟了一個釘子，壞了一隻蹄鐵；

壞了一隻蹄鐵，折了一匹戰馬；

折了一匹戰馬，傷了一位騎士；

傷了一位騎士，輸了一場戰役；

輸了一場戰役，亡了一個帝國。

馬蹄鐵上一個釘子是否遺失，本是初始條件十分微小的變化，但其「長期」效應卻是一個帝國存與亡的根本差別。這就是軍事和政治領域中的所謂「蝴蝶效應」。有點不可思議，但確實能造成這樣的惡果。一個明智的領導人一定要防微杜漸，一些看似極微小的事情卻有可能造成團體內部的分崩離析，那時豈不悔之晚矣？橫過深谷的吊橋，常從一根細線拴個小石頭開始。

「蝴蝶效應」的理論以實證手段證明了中國 1,300 多年前《禮記·經解》：「《易》曰：『君子慎始，差若毫釐，謬以千里。』」與《魏書·樂志》：「但氣有盈虛，黍有巨細，差之毫釐，失之千里。」的哲學思想，從這點說明感知比認知來得直接，這裡有個故事：

商紂的王叔箕子見到紂王用象牙筷子就很害怕，因為有了象牙筷子，杯子也換成犀玉杯，有了象牙筷子犀玉杯就不吃粗食豆湯，要吃牛肉、象肉、豹肉等精美的食物。吃牛肉、象肉、豹肉，就不會穿著粗布短衣在茅屋中進食，就會穿著華衣美服，在華麗的宮殿進食。箕子從紂王開始用象牙筷子而預見到紂王將來的窮奢極欲，以致亡國。

　　縱觀今天的企業，其命運同樣受「蝴蝶效應」的影響。消費者越來越相信感覺，所以品牌消費、購物環境、服務態度……這些無形的價值都會成為他們選擇的因素。所以只要稍加留意，我們就不難看到，一些管理規範、運作良好的公司在他們的公司理念中都會出現這樣的句子：

　　「在你的統計中，對待 100 名客戶裡，只有一位不滿意，因此你可自豪地說只有 1% 的不合格，但對於該客戶而言，他得到的卻是 100% 的不滿意。」

　　「你有一次對客戶不友善，公司就需要 10 倍甚至更多的努力去補救。」

　　「在客戶眼裡，你就代表公司」。

　　今天，能讓企業命運發生改變的「蝴蝶」已遠不止「計畫之手」，企業高枕無憂的壟斷地位日漸勢微，開放式競爭讓企業不得不考慮各種影響發展的潛在因素。

　　精簡機構、官員失業、取消分配宿舍等措施，讓越來越多人遠離傳統的保障，隨之而來的是得依靠自己來決定命運。而組織和個人自由組合的結果就是：誰能捕捉到對生命有益的「蝴蝶」，就不會被社會拋棄。

　　同樣的道理，蝴蝶效應會改變人的一生。

　　影響力與一個人對他人的開放性有密切關係。生活中有一些人相當封閉，當對方向他們說出心事時，他們卻總是閉口不談自己的事。但這種人不一定都是內向者，有些人話雖不少，但總說些無關緊要的話題，從不觸及自己的私生活，不談自己內心的感受。

　　總體來說，一個人要想提高自己的影響力，他對別人的開放性展現在兩方面：一是由初次見面時待人接物的習慣所決定的，這稱為社交性。一個有

影響力而社交能力強的人善於閒談，但談話中未必會涉及根本問題。第二個方面是由一個人是否願意將自己的本意、內心展現給他人所決定，這稱為自我展示性。

實際上，人和人情感上多少有相通之處。如果你願意向對方適度袒露，總會發現相互的共同之處，總能和對方建立某種感情聯結。對可以信任的人吐露祕密，有時會突然贏得對方的心，贏得一生的友誼。

一個燦爛的微笑，一個習慣的動作，一種積極的態度或真誠的服務，都可能發現生命中意想不到的起點，它能帶來的遠遠不止一點點喜悅和表面上的收獲，而是會給一個人帶來具有影響力的人生。

▌互惠原理：讓施與受形成良性循環

互惠原理在我們周圍隨處可見。

1985 年 9 月 19 日，墨西哥發生大地震，為了幫助墨西哥地震中的受難者，當時並不富裕的衣索比亞紅十字會向墨西哥捐出 5,000 萬美元。這讓很多人震驚。事後證實，1935 年衣索比亞抵抗義大利的衛國戰爭時，墨西哥曾給衣索比亞提供過巨大幫助。

美國康乃爾大學雷根教授主持過一個實驗：實驗對象被邀請參加所謂「藝術欣賞」，與另一個人（雷根教授的助手，我們稱他為喬，實驗對象不知情）一起對一些畫作評分。實驗分為兩種情況：其一，喬在評分休息期間，出去幾分鐘，買了兩瓶可樂，給了實驗對象一瓶，並告訴他說：「我去買可樂，順便幫你帶了一瓶。」當時可樂是 10 美分一瓶。其二，喬在休息出去後，沒有給實驗對象帶任何東西。當評分結束後，喬請試驗對象幫他一個忙，說他目前正在賣彩券，如果他賣的彩券數目最多，他就能得到 50 美元獎金，彩券每張 25 美分。實驗的目的是比較在兩種情況下喬賣掉彩券的數

目。結果是，第一種送可樂的情況下賣掉的彩券數是第二種情況的 2 倍。

以上兩個例子中，顯著的共性是一方給予另一方恩惠，而另一方做出積極的回報。所謂互惠原理，概括地說，就是一種行為應該用另一種類似的行為來回報。其關鍵是一方的行為造成另一方的負債感，另一方會運用類似的行為來消除負債感。一個人如果接受別人的恩惠卻不回報，在社會中是非常不受歡迎的。

在生活中，互惠原理還表現為，人們常會以相同方式，回報他人為自己付出的一切，也就是行為孕育同樣的行為，友善孕育同樣的友善，付出也會孕育同樣的付出。你怎樣對待別人，別人就會怎樣對待你。因為，當人們給予他人好處後，他人心中會有負債感，並且希望能透過同一方式或其他方式還這份人情。所以，有時候適度吃點小虧的人，往往能獲得長遠的利益。

小明是個用心經營服裝店的店主，不到兩年的時間內，他將自己的一家小店擴展出五家分店，迅速成為當地服裝行業的龍頭。他做服裝生意秉承兩個原則：一是「以量制價，物美價廉」；二是他有一套不錯的互惠模式。如客人 A 在商店買到物美價廉的貨物後，如果能介紹客人 B 也來購買，那麼客人 A 將會得到一張折扣卡，客人 B 介紹客人 C，客人 B 也會得到折扣卡，循序漸進地進行，在商店獲得利潤的同時，客人也會因得到商店給予的利益，激發介紹朋友的欲望，從而促進商店的消費。

小明這種看似吃虧的促銷方式，其實巧妙地運用了心理學中的互惠原則：把實惠送給顧客，同時使顧客自發地為自己介紹客戶。互惠原理的威力在於，即使是個陌生人，或是一個不討人喜歡或不受歡迎的人，如果先施予我們一點小小恩惠，然後再提出自己的要求，也會大大提高我們答應這個要求的可能。

這個使我們產生負債感的恩惠並不一定是我們主動要求的，它完全可以是強加到我們頭上的。而即使這個好處不請自來，這種負債的感覺還是照樣

存在。

我們接受恩惠的義務感削弱了自己的選擇能力，把決定我們會對誰負債的控制權交到了別人手裡。

所以很多時候，會產生這樣一種不對稱，所有真正的選擇都在主動施予恩惠的人手裡：他選擇了最初的恩惠，他也選擇了恩惠被回報的方式。

郭峰是一家外商的白領員工，有著穩定的工作和不錯的收入。他愛上了和他同一個學校畢業的林曼，為了追求林曼，送花、請吃飯、出去玩……幾乎一切追女孩的辦法都用上了，但仍然沒有打動林曼的芳心。後來，郭峰知道林曼是個孝順的女孩，生活中很多事都會徵求媽媽的建議。於是，郭峰借著坐車讓座的機會，認識了林曼的媽媽。經過一段時間熟悉後，郭峰經常在能力範圍內幫林曼媽媽的忙，有時還會買些好吃的東西送給老人家，李媽媽很喜歡郭峰。當老人得知他沒有女朋友後，便有意提到自己的女兒，還說要介紹他們認識。結果，郭峰成功追到了林曼。

也許有人認為郭峰的做法是別有用心，但我們無法否認郭峰的方法很有效。他巧妙而靈活地藉助心理學中的互惠原則，為自己贏得愛情。從這點來說，他是個成功者。世界就是這樣，只有你先施恩於人，別人才可能給你回報。施恩會讓對方對你產生負債感，在負債心理的影響下，對方會心甘情願為你提供你需要的東西。

為什麼互惠原理有如此威力？關鍵就在那種令人難以忍受的負債感。由於互惠原理對人類社會的進步發揮了很大的作用，這種負債感對每個人來說都是一種迫不及待想要卸下的重擔。一旦受惠於人，就如芒刺在背，渾身都不自在。而我們之所以會痛痛快快付出比我們得到更多的一切，就是為了盡快使自己從這樣的心理重擔下解脫。

互惠原理這個根深蒂固的社會規則對個人來說是把雙刃劍，你可以利用它來達到你的目的，當然你也會成為別人的目的，但如果這個目的是別人需

要的而你也需要的話，那麼互惠就成了一種良性的互動。

第十二章
瞧這些影響力非凡的大師

▌歐巴馬：一匹夢想與行動催生的黑馬

2008 年 11 月 4 日，美國各大電視網公布的初步統計結果顯示，美國民主黨總統候選人、伊利諾州國會參議員巴拉克‧歐巴馬在當日舉行的總統選舉中擊敗共和黨對手、亞利桑那州國會參議員麥坎，當選第 56 任美國總統已成定局。統計結果出來後，大家都深感震撼，歐巴馬獲得 297 張選舉人票，超過當選總統所需的 270 張選舉人票；麥坎僅獲得 145 張選舉人票。

成功當選美國第 44 位總統後的歐巴馬在芝加哥發表勝選演說，表示「這是屬於大家的勝利，美國即將開始改變」。同時，他還感謝了自己的家庭和團隊，並向對手麥坎表示敬意。麥坎也在隨後致電歐巴馬表示祝賀，歐巴馬也表示非常期待麥坎能加入未來的美國政府一起共事。

僅從歐巴馬邀請曾經對手共事一事就能看出，他是個胸懷大度的人，而這樣的人，往往是最具影響力的人。當然，歐巴馬的影響力，還展現在他孜孜不倦追求夢想的過程。

約 50 年前，歐巴馬在雅加達讀小學時就在作文中寫道：「我長大想當總統」，如今，他的夢想果真實現。從檀香山到雅加達，漂泊四海的經歷造就了歐巴馬獨具魅力的性格，從而使他成為繼約翰‧甘迺迪之後，在美國本土以外最受歡迎的政治人物。

歐巴馬的父母在檀香山的瑪諾亞之夏威夷大學相識，當時他的父親以國際學生身分在校求學。在歐巴馬 2 歲時，父母分居，隨後離婚。他的父親便前往哈佛大學攻讀博士學位，最後返回肯亞。而他的母親嫁給一位印尼學生。歐巴馬 6 歲時，與母親一家遷居到印尼首都雅加達。18 歲時，歐巴馬回到美國本土生活。21 歲時，歐巴馬考入哈佛大學法學院，第二年成為校刊《哈佛法學評論》104 年歷史中首位非裔主編。1991 年，歐巴馬獲得哈佛「極優等」法學博士學位，並成為一名民權律師。

青年時代的歐巴馬還經歷過一段「街頭混混」生涯。歐巴馬對自己這段不光彩的經歷毫不諱言。十幾歲時，歐巴馬與任何一個絕望的黑人青年一樣，不知生命的意義何在。他抽大麻，也用過古柯鹼，經常酗酒還吸菸。他承認自己曾在夏威夷海灘和街頭遊蕩、翹課。好在這段「街頭混混」的生活沒有持續太久。1970 年代末，他進入哥倫比亞大學主修國際關係。大學畢業後，歐巴馬到芝加哥的一個貧民社區做起社區工作者。正是這段底層工作的經歷，讓歐巴馬決心投身於公眾事業。

　　可以說，歐巴馬是在沒有父愛的呵護下成長的。美國歷史上，喬治‧華盛頓、湯瑪斯‧傑弗遜、詹姆斯‧門羅、泰迪‧羅斯福、赫伯特‧胡佛、喀爾文‧柯立芝這幾位總統都在少年時便失去父親。心理學家相信年幼喪父的孩子更獨立，更容易找到屬於自己的人生軌道，成年後更具有變革的特質。

　　複雜坎坷的成長經歷，讓歐巴馬特別關注美國社會底層的生存狀態。從政以來，他喊出很多社會底層民眾的呼聲。歐巴馬是所有美國參議員中最窮的。2004 年，為了獲得競選國會參議員的經費，歐巴馬甚至把公寓拿去抵押。歐巴馬還自稱是唯一要自己報稅的參議員。當了多年「窮人代理人」，歐巴馬累積了雄厚的民意資本。歐巴馬成功地建立起清廉、為百姓著想的形象。從社會底層依靠一己之力奮鬥出頭的個人成長史，加上他雄辯的口才，燦爛的笑容，俘獲了眾多美國人的心。歐巴馬也因此在年輕人、少數族裔、底層平民和自由派中都有不少支持者。

　　2004 年 7 月，美國民主黨召開全國代表大會，歐巴馬被指定在第二天做「基調演講」。為此，歐巴馬親自撰寫演講稿，並發表題為〈無畏的希望〉的慷慨激昂的演講。在演說中，他提出消除黨派分歧和種族分歧、實現「一個美國」的夢想。該演講後，歐巴馬成為全美知名的政界人物。同年 11 月，歐巴馬順利以高達 70% 的選票當選，成為美國歷史上第 5 位非裔聯邦參議員。

　　2007 年 2 月 10 日，歐巴馬在伊利諾州春田市正式宣布參加 2008 年美

國總統大選，並提出重點在「結束伊拉克戰爭以及實施全民醫療保險制度」的核心政策。2008 年 1 月 4 日，在俄亥俄州民主黨初選大會上，歐巴馬贏得了 38% 的支持率，領先知名度高於自己的約翰‧愛德華茲以及希拉蕊‧柯林頓，在民主黨諸位候選人中領先。2008 年 6 月 3 日，歐巴馬票數領先希拉蕊‧柯林頓，被定為民主黨總統候選人；同年 8 月 23 日，在民主黨全國代表大會上，歐巴馬被正式提名，從而成為美國歷史上首位非裔總統大選候選人。

都說每個成功男人的背後總有一個偉大的女性。自然，歐巴馬也不例外，況且，他的背後是三個女強人。她們一路扶持著他，使他成為美國政壇締造的第一個黑人總統，她們分別是歐巴馬的外祖母、母親和妻子。歐巴馬的外祖母勤勉、務實，母親則是充滿理想主義的學者，歐巴馬顯然繼承了她們的優點。而外祖母和母親的開明思想與包容心態，也激勵著青年時期的歐巴馬。歐巴馬的妻子蜜雪兒是普林斯頓大學和哈佛大學的高材生，是名出色的律師，也是歐巴馬最重要的政治顧問。從競選聯邦參議員到民主黨總統候選人提名，蜜雪兒參與了所有決策。正是她們，把歐巴馬塑造成一顆耀眼的政治明星。

歐巴馬的當選還創造了另外一個從未有過的歷史：在相當程度上，他是美國歷史上第一位「網路化生存」的總統。正是互聯網幫助歐巴馬募集了巨額競選經費，讓他不僅打敗財大氣粗的希拉蕊，最後也打敗了只能用公共財政經費競選的麥坎。每一個瀏覽歐巴馬競選網站的人都會成為他爭取的對象。龐大的「歐巴馬粉絲團」再加上志工的精心安排，終於使歐巴馬從民間走向白宮。

可以說，歐巴馬奮鬥的故事深深影響了世界，他由此也成為每個國家有志青年學習的榜樣。

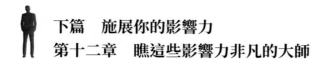

▌比爾蓋茲：世界首富是這樣煉成的

世界首富比爾蓋茲的輝煌成就讓他當之無愧地成為財富與智慧的象徵。

關於他的故事很多，關於他的評論更是眾說紛紜，但不管怎樣，過去的 20 世紀及至現今的 21 世紀，比爾蓋茲都是世界商界一個無法迴避的名字。

比爾蓋茲有很多頭銜，但比較準確的是 —— 他是微軟公司創始人之一、微軟公司主席兼首席軟體架構師。微軟公司在個人計算和商業計算軟體、服務和網際網路技術方面都是全球領導者。在 2008 年 6 月截止的上個會計年度，微軟公司的收入達 620 億美元，在 78 個國家和地區開發業務，全球員工總數超過 91,000 人。

比爾蓋茲能取得如此輝煌的成績，與他對事業的興趣是分不開的。

比爾蓋茲曾就讀西雅圖的公立小學和私立的湖濱中學。在那裡，他發現自己在軟體方面的興趣，並在 13 歲時開始從事程式設計。

1973 年，比爾蓋茲考進哈佛大學。在那和現在微軟的執行長史蒂夫‧鮑默（Steve Ballmer）結為好友。在哈佛時，比爾蓋茲為第一臺個人電腦 MITS Altair 開發了 BASIC 程式設計語言的一個版本。

在大學三年級時，比爾蓋茲離開了哈佛並把全部精力投入他與童年好友保羅‧艾倫在 1975 年創建的微軟公司。在電腦將成為每個家庭、每個辦公室中最重要的工具這樣信念的引導下，他們開始為個人電腦開發軟體。比爾蓋茲的遠見卓識以及他對個人電腦的先見之明成為微軟和軟體產業成功的關鍵。在比爾蓋茲的領導下，微軟持續發展改進軟體技術，使軟體更加易用，更省錢和更有樂趣。公司致力於長期發展，從目前每年超過 50 億美元的研究開發經費就可看出這點。

華倫‧巴菲特曾評價比爾蓋茲說：「如果他賣的不是軟體而是漢堡，他也會成為世界漢堡大王。」言下之意並不是微軟成就了比爾蓋茲，而是其商業

天賦成就了這個世上最富有的人。

對於理財，比爾蓋茲自然也有自己的一套。對微軟公司前途的信心使比爾蓋茲仍然把財富的絕大部分投在公司股票上，儘管他已不擔任公司的執行長，但身為微軟的首席架構師，他仍然主導公司的發展方向和策略規畫。不過精明的他也會在價位好時適度套現一些股票。股市交易紀錄顯示，其中一個月比爾蓋茲就在公開市場出售了 100 萬股微軟股票，獲得收入近 2,700 萬美元。

當然，像比爾蓋茲這樣的聰明人絕不會把「把雞蛋放在一個籃子裡」的。具有遠見的比爾蓋茲早在網路股泡沫破裂前就開始分散投資。比爾蓋茲在 1995 年成立一家投資公司，據了解，該公司管理的投資組合價值 100 億美元，其中很大一部分投入了收入穩定的債券市場，主要是國庫券。

比爾蓋茲看好代表新經濟的數位及生物科技產業，但在投資時並不排斥傳統經濟，尤其看重表現穩定的重工業部門。比爾蓋茲曾透過自己的投資公司收購紐波特紐斯造船公司 7.8% 股份，後來這些股票幾乎上漲了一倍；他對加拿大國家鐵路公司的投資也為他帶來了豐厚的回報，不到一年內股價就上升了大約 1/3。此外，比爾蓋茲也喜歡向抵禦市場風險能力很強的公用事業公司投資。而比爾蓋茲對科學創新的興趣，也使他把醫藥和生物技術產業當作重要的投資方向。

事實上，富可敵國的蓋茲夫婦生活儉樸，唯一稱得上奢華的只有他們位於西雅圖郊區價值 5,300 萬美元的豪宅。不過據到過比爾蓋茲家的人介紹，豪宅內陳設相當簡單，並不是常人想像的富麗堂皇。比爾蓋茲曾說過：「我要把我賺的每一筆錢都花得很有價值，不會浪費一分錢。」

在過去幾年裡，比爾蓋茲把他的大量個人財富捐給慈善事業。據統計，比爾蓋茲至今已為世界各地的慈善事業捐出近 290 億美元，成為世上最慷慨的富人。目前，以蓋茲夫婦倆人名字命名的比爾和梅琳達‧蓋茲基金會是全

球規模最大的私人慈善組織，其基金規模是老牌福特基金會的 3 倍、洛克斐勒基金會的 10 倍。2005 年 11 月，他在倫敦慶祝自己 50 歲生日時，對在場的記者表示，名下的巨額財富對他個人而言，不僅是巨大的權利，也是巨大的義務，他準備把這些財富全部捐獻給社會，而不會當作遺產留給自己的兒女。

　　截至 2008 年 6 月，比爾蓋茲正式退休，比爾蓋茲的財產為 580 億美元，他的遺囑中宣布將拿出 98% 給自己創辦，以他和妻子之名命名的「比爾與梅琳達·蓋茲基金會」，這筆錢用於研究愛滋病和瘧疾的疫苗，並為世界貧窮國家提供援助。《富比士》雜誌 2009 年 3 月 12 日公布全球富豪排名，比爾蓋茲以 400 億美元資產重登榜首。從近年來的重大慈善活動來看，比爾和梅琳達·蓋茲基金會出手闊綽，例如曾向紐約捐款 5,120 萬美元，用以建立 67 所以少數族裔和低收入階層子弟為主的中學；捐助 1.68 億美元，幫助非洲國家防治瘧疾；向波札那捐助 5,000 萬美元，幫助那裡防治愛滋病……

　　比爾和梅琳達·蓋茲基金會，在中國汶川大地震時，向中國衛生部捐贈 130 萬美元，捐款將用於衛生部對地震災區的水源安全控制和疾病控制工作。

　　世人對比爾蓋茲的評價褒貶不一。有人說他是成功的企業家，有人說他壟斷行業、欺凌弱小；有人說他是「最慷慨的慈善家」，有人說他是個虛偽的人 —— 他的慈善之舉只是有史以來最昂貴的公關活動；有人說他是當之無愧的全球首富，有人說他只會貪婪地在股市套現，從微軟用戶身上榨錢……但就像美國人所說的那樣：「不管你愛他還是恨他，你都無法漠視他 —— 這就是比爾蓋茲的影響力。」

馬喬麗·馬格納：
花旗銀行中最具影響力的女人

馬喬麗·馬格納（Marjorie Magner）女士從 2003 年起就在銀行界最有權力和影響的職位上，身為花旗銀行集團的核心企業 —— 全球消費者服務集團的董事會主席和執行長，她領導著手下分布全球 54 國的 1.7 名員工。

馬喬麗·馬格納率領著一個非常成功的管理團隊，共同完成各種艱鉅的任務。團隊裡的同事們讚揚她聰明、能幹、謹慎、充滿活力，以及她果斷的管理風格。此外，她還願意不斷自我學習。馬喬麗·馬格納上任後的第一仗就打得非常漂亮，全球消費者服務集團在 2004 年第二季獲得創紀錄的 31 億美元收入，成長幅度達 37%。

馬喬麗·馬格納在紐約布魯克林出生長大，並在距離她兒時住家不遠的布魯克林大學畢業，獲得心理學學位。後來她在普度大學獲得商學碩士學位。畢業後，她在一家保險公司做了幾年精算分析師。1973 年，在其長期導師羅伯特·利普的推薦下，馬喬麗·馬格納在花旗銀行獲得職位。在銀行裡，她的職位一直順利地上升。她從來不因為官職而抱怨或擔憂，也從不反對承擔傳統由男性承擔的職位。「我經常聽到女性說：『妳的位置是屬於男人的』或者『為什麼男人願意為妳工作』。」

「在馬喬麗·馬格納為我們公司工作將近 20 年的時間裡，伴隨著公司的規模急劇擴大和服務領域的不斷擴充，她不斷地向人們證明自己的能力和專業水準。身為管理者、策略家以及併購專家，她的資歷證明她是領導這個企業的最佳人選。她是個理性而具有卓越才華的企業領導者，而且天生便具備激勵他人的能力。她總是以顧客的需求為核心，並將其擺在第一位。」花旗銀行集團董事會主席兼執行長山福德·威爾說。

「她是我們公司在消費者業務方面獲得重大成功不可或缺的人物，這點在我們公司甚至在整個金融界都是眾所周知的。」公司的同事都這樣評價馬喬麗‧馬格納。

　　「這是個令人高興的機會，使我能夠為花旗銀行集團的輝煌篇章再添光彩，並使我能領導世界一流的消費者服務企業，我期盼著和消費者服務集團優秀的高級管理人員以及花旗集團的所有同事一起工作，一起為了實現公司創紀錄的利潤成長而努力奮鬥。」馬喬麗‧馬格納在發表就職演說時曾這樣說過。

　　接受職位後，馬喬麗‧馬格納立即投身於信用卡業務等領域，聽取相關人員的彙報。在必要時很快採取行動。上任兩個月後，馬喬麗‧馬格納造訪日本，去處理該國在困境中掙扎的消費者金融業務。因為日本金融監管部門發現，花旗銀行在日本的四家分行存在一定程度的違法行為。具體的指控是：花旗銀行告訴客戶，只有購買該銀行正在改選的幾種債券，他們才能獲得貸款。這一行為用反壟斷術語來說，就是「搭售」。

　　馬喬麗‧馬格納很快就對當地的管理團隊做了很大調整。如今，這個部門的利潤已經恢復到從前的水準。

　　「她親自到當地去，對人們傳達很多訊息，」集團的首席財務官邁克‧度恩先生說：「這讓人們覺得自己很重要。」這正是馬喬麗‧馬格納的行事風格。

　　花旗集團的消費銀行業務一直是其盈利最多的業務之一，也是其擴張的重點。然而，花旗的對手正以一些富有吸引力的創舉，極具侵略性地向花旗的根據地──紐約推進。同時，花旗的消費銀行利潤還受到低利率帶來的壓力影響。

　　馬喬麗‧馬格納這時並不想提升它的存款利率，使自己陷入降低利潤的

價格戰中。雖然許多銀行都爭先恐後推出一些新業務，或是提供免費支票帳戶、提高存款利率等，但花旗不願採取這些措施。

「進行收購是花旗集團的核心策略。」馬喬麗·馬格納指出花旗的應對之策。

馬喬麗·馬格納把自己的職位當做從事自己喜歡的事業的平臺。在住房方面，她擁護經濟適用房政策，並贊成在開發中國家進行針對個人或中小企業的小額貸款政策，她還是對女性事業進行指導和多樣化專案的關鍵推動者。「在這個職位上，我有機會推動這些事情的發生。」她輕描淡寫地說。

除了做個母親和銀行家，馬喬麗·馬格納最重要的角色是「我身為一個女性本身，以及我如何能夠影響將來」。很明顯，在這方面，她已經是個成功者了。

練就影響力，邊緣人也能散發獨特魅力：

從眾行為 × 互惠原則 × 蝴蝶效應，人脈不廣又如何？將心理學融入日常，打造你的絕佳競爭力

編　　著：藍迪，江城子

發 行 人：黃振庭

出 版 者：崧燁文化事業有限公司

發 行 者：崧燁文化事業有限公司

E - m a i l：sonbookservice@gmail.com

粉 絲 頁：https://www.facebook.com/
　　　　　sonbookss/

網　　址：https://sonbook.net/

地　　址：台北市中正區重慶南路一段六十一號八
　　　　　樓 815 室

Rm. 815, 8F., No.61, Sec. 1, Chongqing S. Rd.,
Zhongzheng Dist., Taipei City 100, Taiwan

電　　話：(02)2370-3310

傳　　真：(02)2388-1990

印　　刷：京峯彩色印刷有限公司（京峰數位）

律師顧問：廣華律師事務所 張珮琦律師

定　　價：370 元

發行日期：2022 年 10 月第一版

◎本書以 POD 印製

國家圖書館出版品預行編目資料

練就影響力，邊緣人也能散發獨特魅力：從眾行為 × 互惠原則 × 蝴蝶效應，人脈不廣又如何？將心理學融入日常，打造你的絕佳競爭力 / 藍迪，江城子編著 . -- 第一版 . -- 臺北市：崧燁文化事業有限公司，2022.10

　面；　公分

POD 版

ISBN 978-626-332-785-6(平裝)

1.CST: 成功法

177.2　　111015156

電子書購買

臉書

獨家贈品

親愛的讀者歡迎您選購到您喜愛的書，為了感謝您，我們提供了一份禮品，爽讀 app 的電子書無償使用三個月，近萬本書免費提供您享受閱讀的樂趣。

ios 系統　　　　**安卓系統**　　　　**讀者贈品**

請先依照自己的手機型號掃描安裝 APP 註冊，再掃描「讀者贈品」，複製優惠碼至 APP 內兌換

優惠碼（兌換期限2025/12/30）
READERKUTRA86NWK

爽讀 APP

📖 多元書種、萬卷書籍，電子書飽讀服務引領閱讀新浪潮！

🎧 AI 語音助您閱讀，萬本好書任您挑選

🔍 領取限時優惠碼，三個月沉浸在書海中

🔔 固定月費無限暢讀，輕鬆打造專屬閱讀時光

不用留下個人資料，只需行動電話認證，不會有任何騷擾或詐騙電話。